师长·社长·校长

——我印象中的陶本一先生

顾　　问　牛仁亮

主　　编　王光龙　蔡智敏

主编助理　裴海安

山西出版传媒集团　山西教育出版社

目录

校长篇

亲友篇

附录

校长篇 

校长

President

与时任国家教委副主任柳斌在一起

陪同时任山西省委书记王茂林

2004 年在上海师大校长办公室

陪同时任山西省省长王森浩参观学校天文馆

陪同时任山西省副省长吴达才视察学生餐厅

陶校长与山西师大的语文课程与教学论

卫灿金

陶校长是从山西师大走向全国的一位著名的语文教育家，而山西师大语文课程与教学论的学科建设也正是在陶校长的亲自参与与直接关心下发展起来的。

一、急中小学语文教育之所急，为中小学教师提供精神食粮

1977年，中小学语文教育在经历“文化大革命”十年浩劫之后，可谓“满目疮痍”“百废待举”。陶校长当时作为中文系教师在平定县搞教育调查，他发现语文教师可参考的教学用书少得可怜，有的学校只有一本《新华字典》作为语文教学的唯一参考资料。这次调查对他思想触动很大，这是促使他萌生创办《语文教学通讯》和《语文报》最初的动机。同时，为了急中小学语文教育之所急，为中小学语文教师提供丰富的精神食粮，他还非常重视教学参考用书的编写，并把它看作是高师院校服务基础教育的一项责任。20世纪80年代他主编了“中学语文丛书”《一百个文学形象》《记叙文一百题》《说明文一百题》《议论文一百题》，和于漪主编了《中学语文备课手册》12册和《文学形象词典》，和我主编了《语文学习百科知识词典》，由他任主编、王光龙和李德龙编写了《全国中学特级教师教案选评》，同王光龙和李德龙主编了“新版中学语文课本学习指导丛书”和《精选语段阅读指导与训练》等。在改革开放初期，在教学参考用书极端匮乏的情况下，陶校长主持编写的这些总量多达几千万字的参考用书如同雪中送炭，及时解决了中小学教师备课中的实际困难，为满足语文教师的知识需求、提高教学质量起到了非常重要的作用。

二、成立叶圣陶语文教育思想研究室，探索语文教学民族化、科学化道路

1978年《人民日报》发表吕叔湘先生《当前语文教学中两个迫切问题》的重要文章，被视作新时期语文教改的进军号。我国的语文教学如何改革？这是陶校长这一时期重点思考的问题。经过长时间的酝酿，1982年初，陶校长组织成立了叶圣陶语文教育思想研究室，由语文教学法教研室和语文报社的几位同志参加。陶校长将“叶圣陶语文教育思想”界定为“以叶圣陶为代表的‘五四’以来现代语文教育先驱者所创导的语文教育思想”，叶老的语文教育思想在现代语文教育史上起着承上启下、继往开来的重要作用。陶校长强调，加强对叶老语文教育思想的研究，对于总结我国近半个世纪以来的语文教育理论，探索新时期语文教学民族化、科学化道路，深化语文教学改革，有着重大而深远的意义。在陶校长的倡议下，学校与语文战线杂志社和上海教育学院共同发起，于这一年的11月在苏州召开了全国第一次叶圣陶语文教育思想讨论会。之后，1985年又与民进中央等组织合作，在苏州召开了第二次讨论会。到1990年，又在扬州召开了“全国中语会叶圣陶语文教育思想研究中心成立大会暨首届学术研讨会”，陶校长任研究中心主任。在研究室成立的十多年里，大家认真研究叶圣陶语文教育思想，发表了一批研究论文，并参加了一些省市组织的叶圣陶语文教育思想的讲座和宣讲活动，之后，由陶校长主持编辑了《叶圣陶语文教育思想研究专辑》，由徐同任副主编，编辑了《叶圣陶的语文教育思想研究》，使叶圣陶语文教育思想的学习和研究活动在全国开展起来。我认为，“学习叶圣陶语文教育思想，走语文教学民族化、科学化道路”，是陶校长这一时期形成的一个重要的语文教育思想，也是他对吕叔湘先生之问所做出的回答。陶校长率先倡导对叶圣陶语文教育思想的研究、学习和实践，成为我国20世纪80年代语文教改的一个重要组成部分，并推动着语文教改不断地向前发展。尤其在这次语文新课程改革的过程中，曾一度出现盲目照搬西方理论、认为“三老”思想已经过时的倾向，陶校长坚持走语文教学民族化、科学化道路的思想更加显现出它的现实意义。

三、注重基础理论研究，加强语文课程与教学论的学科建设

长期以来，陶校长非常重视语文课程与教学论的基础研究，他对语文学科的性质、语文教育的目标，对识字教学、阅读教学、写作教学、听说教学等多个领域最为基本的、深层次的问题都做过深入的探讨，发表过许多精辟的见解。如

早在1987年发表的《要加深对语文教学自身的认识》一文，即对语文学科的性质、语文教育的目标这一根本问题表达了自己独到的见解。他经常和教研室同志一起进行学术讨论，强调从基础理论的研究出发加强语文课程与教学论的学科建设。在20世纪80年代，语文教学论作为高师院校中文系的一门专业必修课，其教材尚未形成一个严密的科学体系。在陶校长的关心和直接参与下，我们教研室在科研上始终将基础理论研究放在首位，将改革和完善这门学科的理论体系作为重要的研究课题。我们教研室对学科的理论体系的建构经过了多轮的课题教学改革与实践，在此基础上，王光龙同志发表了《试论语文学科教育学理论体系的建立》，并由陶校长和王光龙同志任主编，开始编写体现这一新理论体系的教材《语文学科教育学》。这部教材1991年出版，可以说它是我们基础研究的第一个重要成果，省内外有20多所院校采用了这部教材，得到了兄弟院校同行和语文教学论专家们的广泛好评。在20世纪90年代，我们的基础理论研究进一步向纵深发展，尤其是武永明同志在阅读学理论的研究上取得了重大的突破。他发表的《阅读能力结构研究初探》《教学过程浅论》等论文在国内学术界引起普遍关注，倪文锦主编的《新编语文教学论》、曾祥芹主编的《阅读学新论》、香港教育学院何文胜主编的《初中中国语文科阅读能力训练型教科书编选体系的建构初探》等著作和论文，都将他的研究成果引为主要参考文献。在陶校长的关心下，我和武永明合著的《语文课程与教学论研究》一书，正是在多年来学术研究的基础上所形成的一项专题性研究成果。

四、突出学科特色，开展语文学科思维培育研究

在20世纪80年代，通过对叶圣陶语文教育思想的研究，我们从中得到的一个重要的启示，那就是叶老所反复强调的，语文学科的基本任务是"训练思维，训练语言"。我们感到从语文学科的语言研究和思维研究来说，以往的思维研究几乎是一个空白。为此由陶校长和我带头，以语文教学法教研室为主体，中文系八位同志参加，1988年成立了中文系思维科学研究室，陶校长对思维研究表现出极大的热忱。他参加了我省思维科学学会，并担任副理事长。他多次提出语文学科的思维研究，一定要重视思维与语言、思维发展与语言发展的基本理论研究，并强调要从婴幼儿的思维发展研究做起。他在思维研究上做了许多深入的探讨，在语言与思维、思维的分类、创造性思维的培养等方面发表了不少的论文，

在学术界产生了很大的影响，并对语文教育改革起到了积极的促进作用。如在听说读写与思维的关系上，他早在1986年就发表文章指出，“把听、说、读、写四种能力看成是单纯的语言能力是不科学的”，“听、说、读、写还只是一种外部形式，核心是在于启迪学生运用语言文字这种工具进行思维的能力”。基于语文界语言与思维、听说读写与思维关系这一认识的不断加深和明晰，那时香港的语文课程标准将思维与听、说、读、写并列为语文学习的一个范畴，并制订了思维训练的目标、重点、原则和方法，我们内地的课程标准也首次将“发展思维”确立为课程理念和课程目标，可以说这都是大家通过长时期对语文学科思维本质的认识从而逐步形成共识的结果。所以，我认为主张语文学科的思维教育是陶校长的又一重要的教育思想。在陶校长的支持下，中文系思维科学研究室成立之后，我们和他承担了多项省级课题，在中文系开设了相应的选修课，发表了多方面的研究成果，1993年我出版了《语文思维培育学》，1998年谢志礼和李德龙同志出版了《写作思维训练学》，使语文思维培育研究成为山西师大科研的一项特色，走在了全国的前列。

回顾陶校长对山西师大语文课程与教学论学科建设所做的贡献，我们深切感到，正是陶校长的高瞻远瞩使山西师大语文课程与教学论的研究能够朝着正确的方向前进，并取得了可喜的成绩。在山西师大期间，也正是陶校长的语文教育思想形成的重要时期，所以我们应当结合这一时期陶校长的语文教育思想及其影响开展研究，这是当年有幸跟陶校长一起搞研究的每位同志的责任。愿陶校长语文教育思想的研究不断深入，在全国语文教育界发扬光大！

（本文系作者在2010年3月“陶本一先生语文教育暨编辑出版思想研讨会”上的发言）

卫灿金，1942年生，山西新绛人，教授，硕士生导师。1965年毕业于山西师范学院中文系，1981年从岢岚教育局调入山西师范学院中文系任教。曾任中文系副主任、主任，学科所所长。长期致力于语文教学论和语文思维培育研究。专著有《语文思维培育学》《语文教育家思维教育思想与研究》《语文课程与教学论研究》；主编和参编著作9部；发表论文40余篇。曾获曾宪梓教育基金奖。

跟陶校长搞外事工作的日子

牛道生

当山西师范大学 60 华诞即将来临之际，我们深情地怀念陶本一老校长当年为开创山西师范大学外事工作新局面所做出的卓越贡献。

我是 1966 年从山西曲沃中学高中毕业的“老三届”。由于“文化大革命”的原因，直到 1977 年全国恢复高考，我才有机会在邮电部第七研究所附中工作多年后，考入山西师范学院外语系上大学。1982 年 1 月，我大学毕业后留在院长办公室分管外事工作。当时的山西师范学院尚未升格为山西师范大学，学校外事工作的范围十分狭窄，主要任务是每年为外语系聘请 1~2 名外国英语专家，并安排好他们的日常生活。

从 1983 年年底陶校长上任，直至他 1994 年调离山西师大，我一直跟随陶校长搞外事工作，目睹了陶校长如何从国际视野的高度开创山西师大外事工作新局面。他为山西师大顺应中国改革开放的时代潮流，走向世界，建立国际校际交流关系，奠定了坚实的基础。

一、陶校长上任时山西师范学院外事工作面临的重重困难

1983 年年底，陶校长初任山西师范学院院长时，当时学院的外事工作面临着今天人们难以想象的重重困难。

首先，聘请外国专家难。当时，学院还没有成立专门的外事机构，院办分管外事工作的只有我一人。山西师院是属于中国改革开放后全国第一批获准聘请外国文教专家的院校之一。外国文教专家人选材料只能去北京外国专家局去索取。当时外国专家局每年收到的来自国外的英语专家人选材料十分稀少，来北京挑选专家材料的院校又多，因此一有新的外国英语专家人选材料从国外寄到

外国专家局，很快就被抢光了。为此，我每年要去北京的国家外国专家局数次，挑选外国英语专家人选材料，然后带回学校请陶校长审批同意之后，由我以山西师大名义起草英文邀请函，寄往美、英、加拿大等国的专家人选那里，询问他们是否愿意来山西师大任教。由于当时临汾通信条件十分落后，根本不能打国际电话，与外国专家联系的方式只能通过国际信件来往。因此，要联系成功一名外国专家来临汾任教，国际信件要往返数次，时间要持续数个月。又由于临汾远离大都市，各方面条件比较差，对外国专家缺少吸引力，因此，每次我往国外寄出十多份邀请函，能收到的回信寥寥无几，最后下决心愿意来临汾的外国专家更是凤毛麟角。通常为了聘请到比较合适的外国专家人选，我总是提前一年时间做准备，多次往返北京外国专家局索取外国专家人选材料，费好大劲才能最终落实下来一名愿意来临汾任教的外国专家。

其次，外国专家来临汾后的旅游安排难，而外国专家又喜欢节假日外出游玩。虽然当时中国有许多地方对外开放了，但是临汾地区还没有全面对外开放。根据当时临汾市公安局的有关规定，来临汾的外国人的日常活动范围只局限于临汾城区以内，严格限制外国人私自去临汾城区之外的任何地方游玩。在周末或节假日，如果外国专家独自跑到临汾城区外或周边风景区游玩，都会被公安人员阻拦，打电话通知学校去劝说和接回外国专家。例如，临汾尧庙、洪洞广胜寺、襄汾丁村古猿人遗址等，在今天看来外国游客可以随便去游览的地方，当时都不允许外国专家自由地去参观游览。如果我们要安排他们去参观游览，要办许多烦琐的手续才可以成行。按规定我们要给山西省教委、省外办打报告，获得同意后再去山西省军区作战部审批；省军区作战部还要请示原北京军区批准之后，才会给我们签发外国人旅行通行证。我们拿上通行证后才可以陪同外国专家去参观游览这些名胜古迹。当外国专家问我们为什么不允许他们外出游玩时，我们真是左右为难，无法向他们解释详情，只能简单地告诉他们：“这是为了保障你们的人身安全。”因此，外国专家经常闹意见，嫌我们限制了他们的人身自由。我们搞外事的真是左右为难。

第三，外国专家的日常生活安排难。当时的山西师范学院没有外国专家楼，外国专家来校之后，只能安排到学校的普通教工宿舍去住。另外，学校专门给外国专家临时设立的简易小食堂不会做西餐，他们很不适应吃中国饭菜。他们想要自己做饭，可当时在临汾又买不到他们喜欢吃的西餐食料，如黄油、奶酪、果酱、西式面包、可口可乐、咖啡等。为此，每个月他们不得不至少抽一个周末，乘一天一夜的长途火车去北京友谊商店购买这些东西，带回临汾存放在冰箱里供平时食用。因此，外国专家对当时学校的落后生活条件也意见很大。

二、陶校长从国际视野高度重视外事工作，全面优化山西师大的外事接待环境

1984 年，陶校长上任不久就请示将山西师范学院升格为山西师范大学，并很快获得国家教育委员会批准。随之迎来山西师大外事工作生气勃勃的春天。陶校长把外事工作看作山西师大对外开放的窗口，从国际视野高度重视山西师大的外事工作，开始雄心勃勃地规划和改进山西师大的外事工作。

（一）健全外事管理机构

陶校长上任之后首先在校长办公室增设外事科，配备专职干部负责外事日常事务工作；1988 年随着山西师大外事工作的规模日益扩大，又将外事科升格为外事处。

（二）修建外事接待设施，改善外事接待条件

陶校长分两步走，解决外国专家的住房问题，努力改善他们的生活条件。

第一步，短期规划：1985 年动工先修建了一栋高标准的外国专家公寓（其中包括三套设施俱全的套房），基本满足了后来五六年来山西师大工作的外国专家的住房需要。

第二步，长远规划：1987 年动工建设现代化的综合外国专家楼，以便适应山西师大长远外事工作发展的需要。外国专家楼于 1989 年落成，1990 年正式投入使用。在过去的 28 年中，外专楼为来山西师大工作的外国专家提供了舒适的生活居住环境，从而满足了引进更多外国专家来山西师大工作的需要。另外，外专楼还作为山西师大的国际学术交流中心，为山西师大对外交流活动发挥着重要作用，至今仍然是山西师大校园内标志性的建筑之一。

截至 1994 年陶校长调离山西师大，应邀来山西师大工作的外国专家人数一共有 60 人，其中美国专家有 30 人、英国专家有 3 人、加拿大专家有 19 人、日本专家有 8 人。这些外国专家为提高山西师大外语系的外语教学水平发挥了重要作用。

三、山西师大首次与国外高校建立校际交流关系

1984年，陶校长上任不久，就开始把山西师大与国外高校建立校际交流关系摆在学校外事工作的重要议事日程上。1984年下半年，应美国马萨诸塞州布里奇沃特州立学院院长和田纳西州奥斯汀皮耶州立大学校长的邀请，陶校长率领山西师大教育代表团赴美访问了这两所院校。这是山西师大历史上首次与国外高校建立校际交流关系，从而揭开了山西师大与国外高校长期开展校际交流的序幕。

在这次访问中，陶校长代表山西师大与美国这两所高校签订了校际交流协议，并且从1985年开始互相派遣留学生到对方院校学习，互派学者到对方院校讲学和考察。后来，山西师大还与美国纽约市布鲁克林大学、日本早稻田大学等国外高校签订校际交流协议，建立校际交流关系。根据不完全的统计，截至1994年陶校长离任，山西师大一共接收从校际交流渠道来的外国留学生20多名。与此同时，山西师大也向国外校际交流院校派出留学生40多名。另外，山西师大还通过山西省政府留学基金资助，向国外其他院校派遣留学生50多名。

根据我的回忆，从1984年至1994年的十年间，通过校际交流关系应邀来山西师大访问的国外友好院校代表团和学者大约有十多批次，山西师大派往国外友好院校访问的代表团也大约有八批次。例如，山西师大戏曲研究所应邀去美国友好院校举办中国戏曲艺术展览，向海外朋友宣传中国优秀古老戏曲文化艺术；中文系杨吉魁老师去日本友好院校举办个人中国书画艺术作品展览，促进山西师大与日本院校的文化艺术交流。

在此十年间，山西师大一共向国外派遣留学生90多名。他们其中不少人学成归国后，成为国内许多领域的精英和校内许多学科科研教学岗位的骨干力量。例如，中国现代国际关系研究院副院长冯仲平，国家宗教局副局长张彦通，山西科协主席、山西师大原校长侯晋川等人，就是他们中的杰出代表。

四、关心外国专家和留学生的生活，千方百计让他们在山西师大安心工作学习

陶校长十分关心外国专家和留学生的工作、生活和学习，在努力改善他们的生活条件的同时，还热情地和他们交朋友，千方百计让他们安心在临汾工作。

特别令外国专家感动的是，陶校长在百忙中还抽空多次邀请外国专家和留学生到他自己家中做客，与他们促膝谈心，了解他们的思想动态，并亲自动手制

作西式茶点招待他们，使他们有宾至如归的感觉。

有时在节假日，陶校长还请外国专家和留学生到食堂，教他们如何包中国饺子，和他们一起品尝中国传统饭菜。

陶校长邀请外国专家来家中做客

陶校长对外国专家和留学生的关怀和体贴，大大密切了他们与山西师大的关系，他们从内心里感谢陶校长和山西师大对他们的关爱。因此，尽管山西师大地处偏僻的山西临汾，在生活条件上与中国许多大城市的高校相比，有许多不尽如人意的地方，他们还是情愿留在临汾，安心工作和学习。不少外国专家宁愿在山西师大工作多年也不愿意离开，有的甚至走了之后，又要求再来山西师大任教。例如：

陶校长在家中与外国专家促膝谈心

1986 年 9 月，日本专家今井喜昭先生带着妻子、女儿和儿子，应聘来到山西师大工作，连续任教两个学年之后，才于 1988 年 7 月恋恋不舍地离开临汾。

1987 年 9 月，美国专家黛尔・麦卡维莉（Del Macorvery）女士应邀来山西师大工作。1988 年 7 月，她结束一学年的任教之后，带着对山西师大美好的印象返回美国。1991 年底，黛尔女士再次写信请求来山西师大工作，陶校长满足了她的愿望。她于 1992 年 9 月再次应邀来山西师大工作。

1993 年春节期间，她独自去云南旅行，突然病倒在昆明。陶校长得知消息之后，立即指示我和外语系龙梦辉主任于大年初三一同去昆明看望黛尔女士，并接她回临汾。当时正赶上春运期间，在临汾火车站连座位票都出售光了，更谈不上有硬卧票了。我们俩人只好买火车站票进站，从火车车厢窗口硬挤地爬上火车，三天三夜之后才赶到昆明。在昆明下车之后，我们顾不上休息，立即赶往医院看望正在住院治病的黛尔女士。我们在昆明等候了几天，直到她痊愈之后，又为她支付了全部医疗费，办理了出院手续，才接她同我们一道乘火车返回临汾。这件事深深感动了黛尔女士，她非常感谢陶校长在春节期间专门派我们去昆明看望她，并陪着她返回临汾。她第二次从美国来临汾，在山西师大又连续工作两个学年，直到 1994 年 7 月才离开山西师大返回美国。

1989 年 9 月至 1990 年 7 月，加拿大专家克莱蒙特·欧文（Clement Irwin）先生应邀来山西师大工作了一个学年，和山西师大师生在教学工作上密切合作，建立了深厚的国际友情。1992 年 9 月，根据他的要求，陶校长再次邀请他来校任教，直到 1994 年 7 月，欧文先生因突然患了老年中风病，才不得不终止在山西师大的任教生涯。欧文先生患病之后，陶校长立即派人专门护送他去当时山西太原最好的医院——山西医科大学第一附属医院住院抢救治疗，并让我和他在加拿大的亲属取得联系，最后由我护送他去北京同仁医院，再移交给国际救援组织派来的救援人员把他接送回加拿大去治疗。后来欧文先生的亲属打来电话，很感谢陶校长和山西师大在欧文先生生病住院治疗期间所给予他的热情关照。

1993 年 5 月 1—2 日，山西师大受山西省教育委员会和山西省外事办公室的委托，以东道主身份在校园内成功举办了山西省外国文教专家、留学生趣味运动会，吸引全省各个高校的外国文教专家、留学生来临汾参加比赛。在这次趣味运动会上，陶校长代表山西师大发表了热情洋溢的讲话，热烈欢迎全省各个高校外国文教专家和留学生光临山西师大，参加这次山西省高校教育史上首次举办的外国文教专家、留学生趣味运动会。借此机会，山西师大还安排全省外国文教专家、留学生游览参观了山西省南部地区的许多名胜古迹。这次活动不但活跃了山西师大外国文教专家、留学生的文化体育生活，也大大提高了山西师大在山西各高校外国文教专家、留学生中的知名度。

五、陶校长十分关心外事干部的工作、生活和学习

陶校长在山西师大当校长期间的日常工作非常繁忙。他既要考虑全校行政工作的方方面面，又要兼语文报社的社长和总编，还要事无巨细地过问外事工作的各个环节。我发现陶校长在刚担任校长时，住在一间十多平方米的平房里，和妻子分居两地多年，生活十分简朴。一年到头，他看起来精力总是那么充沛；他从来没有养成睡午觉的习惯，除了白天吃饭和晚上睡觉，其他时间他几乎都

全身心地投入到紧张的学校工作中去了。

平时，陶校长十分关心我们外事干部的工作、学习和生活。在工作上，他总是严格要求我们外事干部要时时处处注意国际影响，办事要一丝不苟，认真完成好每一项外事任务，不能有一点马虎。

在学习上，他鼓励我们要努力坚持学好外语，提高外语翻译水平。他还为我们外事干部提供出国进修深造机会，实地了解外国的语言文化和风土人情，回国后进一步搞好外事工作。外事处的大部分业务骨干，都分别到美国、日本进修学习过。

在生活上，陶校长热情关心我们外事干部。从1982年1月在山西师大毕业留校工作到1986年，我和我爱人一直分居两地。我在学校没有宿舍住，只能吃住在外事办公室里。由于外事工作的特殊性质，在搞外事工作的14年里，我从来没有在五一节、国庆节和暑假回家休息过。在这些节假日里是我们外事干部最繁忙的时候。我们要陪外国专家去外地参观游览；我们要在暑假去北京送合同期满的外国专家上飞机回国；之后，还要到北京外国专家局挑选未来的外国专家人选材料；在每年9月1日新学年到来之前，我们又要在北京迎接新来的外国专家。当陶校长得知我的这些情况后，同意把我爱人从侯马平阳机械厂调到山西师大工作，以解决我们夫妇分居两地的问题。

特别使我感动和难忘的是，1987年我母亲去世后，陶校长在工作十分繁忙的情况下，亲自前来参加我母亲的追悼会，以表示哀悼。

在我跟随陶校长从事外事工作的11年中，在工作学习上，我总是以陶校长勤奋、严谨、好学的精神为榜样，珍惜分分秒秒，勤奋工作，刻苦学习，时时处处高标准严格要求自己。在后来离开外事工作岗位以后，我在教学科研上仍然一以贯之。2001年底，我到广东湛江师范学院工作后，当年跟随陶校长搞外事所养成的工作学习习惯，我仍然始终坚持着，所以从2002年至2014年的12年中，我完成了一项国家社科项目和一项教育部教育科研项目，我撰写和出版的五本专著，分别被美国、澳大利亚等国家，以及国内的许多高校图书馆收藏，在国内外学术界产生了一定影响。

今年，我已经72岁了，每当我静下心来回忆往事的时候，仍然情不自禁地怀念跟随陶校长搞外事工作的那些难忘和愉快的岁月。我深深感到，陶校长在山西师大担任校长的11年间，以他高尚的情操、敢为人先的改革精神、无私的工作态度、高效严谨的工作作风、非凡的气质和优秀的人格魅力，不但开创了山西师大外事工作的崭新局面，而且为山西师大各个方面的发展都做出了巨大贡献，在山西师大校史上书写了辉煌的一页，为山西师大留下一笔宝贵的精神财富。

如今，陶校长已经调离山西师大20多年了，在热烈欢庆山西师大60华诞、回顾和总结山西师大外事工作方面所取得的骄人成绩时，我们深情怀念山西师大外事工作的开创者陶本一老校长！

牛道生，曾任山西师范大学外事处副处长、英语系教授、教育科学研究所副所长、比较教育研究所所长和硕士生导师；后调入广东省湛江师范学院，任英语系教授、比较教育研究所所长、广东省人民政府督学，广东省省情调查与对策咨询专家库专家，中国比较教育学会常务理事；已出版著作10部、译著1部，公开发表学术论文100多篇。

陶 校 长

亢立平

翩翩飒爽风，
一事可真诚。
生就不凡志，
鲜花烂漫中。

我曾在山西师大校长办公室为陶校长做过通信员。陶校长的风度，为人做事，令人敬佩。近读师大几位老师忆陶本一校长的文章，思绪荡漾，不能自已，遂吟成一首小诗，以抒发我对陶校长的尊敬与赞叹之意。

亢立平，男，1959 年 11 月生，山西师范大学离退休人员管理处干部。

陶本一精神

冯仲平

我考入山西师大的时间是1981年，当时还叫山西师范学院。毕业时校名已经改了，上学时的政史系也分了家，我留在了历史系，当老师。我和陶校长的联系主要在留校之后。但当学生时和陶校长曾有过两次接触，由于陶校长在学生中威望极高，所以这两次接触至今记忆犹新。

一次是我们班有个同学在食堂打饭时和炊事员发生争吵被打，我是班里的团支部书记，觉得应该向学校反映这件事，所以我带着这位同学一起找到陶校长。了解情况后，陶校长立即要求负责后勤的领导严肃处理。另一次是和我一个系的同学王福奎拉我入伙筹划成立师大演讲协会，我俩商量最好能请陶校长在演讲协会成立大会上讲几句话，可是刚当校长公务繁忙的他能否出席，我们心里没有底。没想到一提出来他就痛快地答应了。记得当天会场挤满了人，陶校长引用正风靡全国大江南北的《我的中国心》中的歌词，“长江，长城，黄山，黄河，在我心中重千斤，无论何时，无论何地，心中一样亲。流在心里的血，澎湃着中华的声音”，激励同学们热爱祖国，努力学习，将来报效国家。陶校长的话深深地感染了每个人。

留校当老师后，如同学校其他年轻教师一样，我也加入了准备考研和出国考试的大军。当时的“考研族”“出国族”真可谓校园里的一道独特风景线：每个人行色匆匆，胳膊下夹着一本考试指南，为了找到一个安静的地方，不约而同地都来到了学校图书馆，为了座位不被别人占了，许多人的书本一直放在桌子上。这种场面不知道母校现在是否还能看到？我猜想大家都有自己的房子，不需要跑到图书馆看书了。

我亲身经历的师大年轻教师的这种学习热潮，无疑受到了当时国家刚刚开始的改革开放政策影响，但更重要的一个原因是得到了陶校长的积极鼓励。我留校的时候陶校长正在大刀阔斧搞改革，不仅自己浑身充满使不完的劲，而且对全校教学提出了很高的要求。为了帮助年轻老师深造，学校利用周末和晚上专门为他们办英语辅导班，而且每年派成绩好的教师赴有出国培训部的外国语学院进修。我当时很幸运，联系到了西安外国语学院，一起去的还有生物系的孙建国、物理系的张彦通、化学系的张奎。半年学习完大家都在西安外院参加了出国英语水平考试和托福考试。顺利通过这两项考试就可以申请出国学习了。很快我就申请到了赴英国读硕士研究生的机会。1988年我到达英国兰卡斯特大学，开始了近四年的留学生涯。

这4年也是我最直接地得到陶校长关心、鼓励和支持的4年。作为一校之长，陶校长不管多忙，只要收到我的信，他都会很快给予热情洋溢的回复。每年春节我都能收到陶校长亲笔写的贺年卡。在英国读硕士有两种选择：如果选择只写论文，不上课，不考试，需要两年时间；如果选择上课、考试，外加论文，只要都顺利过关，一年时间就可以。我选择的是后一种。完成硕士学位论文后，我就征求陶校长意见可否在英国申请读博士。很快他就给我写了一份长达数页的信，首先表示支持我的想法，同时介绍了学校近年来的发展变化，强调师大需要大家学成归来，共同建设。

读博士期间，真正是压力山大，每天一分一秒我都舍不得浪费。不论是在伦敦英国国家档案馆查阅资料，还是在系里写论文，几乎每天都是第一个来最后一个走。在我孤军奋战的日日夜夜，陶校长的信给了我巨大的精神上的支持。当时在兰卡斯特的中国留学生共有十几人，来自国内不同的大学以及政府部门。刚开始大家都不相信校长会给我写信，之后我估计这恐怕就是所谓的“羡慕嫉妒恨”了。

1992年从英国回到母校师大后，每次在陶校长家里聊天我发现他都兴致很高。有一次他谈到了邓小平视察南方谈话，给我留下了深刻印象。还有一次他告诉我欧共体刚签署了一个《马斯特里赫特条约》，这一条约可能会进一步提高欧洲在世界上的地位和作用。当时陶校长和我都没有想到，在我调离师大后竟会和欧洲结下长期的不解之缘。到今天我已经紧紧跟踪、研究欧洲达二十余载！

虽然离开了师大，但我对母校的感情从来没有减弱。每次同学聚会或者遇见从师大来京的老师和学生，大家说得最多的除了学校的发展，就是陶校长了。屈指算来，陶校长调离师大也已经有 20 多年了，是什么让大家对他一直津津乐道？

我觉得是他个人的魅力，更是他带领师大拼搏向前的意志和行动。如果我把这种魅力、意志和行动统称为“陶本一精神”的话，其核心我认为是八个字——拒绝平庸，敢争第一。当年身处闭塞晋南的师大有很多理由自暴自弃，怨天尤人，不思进取。但陶校长不愿在命运面前低头，他拒绝平庸，发誓要将师大办成中国的师大、世界的师大。《语文报》便是他实现这一伟大梦想的有力抓手，而当时以及以后所有的师大人都从《语文报》受到了鼓舞，看到了希望。今天，在几代师大人的不懈努力下，母校人才辈出，成绩斐然，已经冲出山西，走向世界了。我个人认为，这一切均与“陶本一精神”不无关系。

冯仲平，中国现代国际关系研究院副院长、研究员、博士生导师。享受国务院政府特殊津贴。兼任中联部当代世界研究中心特约评论员、教育部国别和区域研究专家委员会委员、中国人民大学欧洲问题研究中心学术委员会委员，《现代国际关系》和《国际研究参考》编委。

具有国际视野，锐意开拓进取的校长

龙梦晖

1983 年后半年，在教师中选拔山西师院院长的消息不胫而走。起初，这消息让大家都不免感到有点新奇和意外。因为自 1958 年山西师大前身晋南师专成立之日起，校级领导都是参加革命早、行政级别高的老干部。热议的候选人有三人，陶本一就名列其中。1984 年 1 月 15 日，新一届领导班子尘埃落定，43 岁的中文系教师陶本一被任命为我院院长。

虽说是普通教师出身，陶本一在山西师院也已工作了 21 年。1978 年他创办了《语文教学通讯》，尔后在 1981 年 10 月又创办了《语文报》，这两份报刊深受广大中学师生及社会各界读者的欢迎，社会影响很大。可见陶本一同志在担任校长之前，已经具有较丰富的基层管理工作经验。他熟悉山西师大，也熟悉高等教育，懂得教育规律。

美国著名高等教育学者、战略规划专家乔治·凯勒曾说过："校长是大学战略管理活动中最重要的组织者、领导者和推动者，校长的战略意识、战略眼光和对战略实施的重视程度，很大程度上决定着一个学校战略管理活动的成败。"

上任伊始，陶校长以极大的精力投入学校的管理和领导工作，提出了"尊重知识、尊重人才、任贤贬庸、奖勤罚懒、以严治校"的办学方针，按照年轻化、知识化、革命化的标准和德才兼备的原则配备全校的中层领导班子。经过两个半月的努力，完成了全校 41 个处级单位的领导班子的配备。新班子也对学校的改革和发展，以及教学、科研、产业、人事、外事、学生管理、财务、基建、后勤等各项工作提出了意见和方案。这样，开始显示出他具有较强的现代教育管理能力和把握学校全局的能力。

我于 1974 年调来山西师院外语系，担任教研室主任 9 年，这次有幸被任命为外语系副主任，一年后主持全面工作。自此后和陶校长有了较多的接触，也对他有了较多的了解。

新上任的系主任们多数和陶校长年龄相仿，经历也有某些相似。上任初期，大家工作热情高，个个积极肯干，校系领导之间工作关系融洽。陶校长勤于且善于和各系主任沟通交流。他认真听取基层意见，提出目标任务和发展思路。

除每两周一次的系主任例会外，陶校长还经常到各个系了解教学以及学生管理情况，进行具体指导。他十分关注外籍教师工作，多次提出：外教不是单纯来顶替我们教师上课，要充分发挥他们在教学和学术上的专长。为此我们开办了青年教师业务进修班，当时任教的是马克·伯杰伦和麦克德米德。他俩各自精选教材，有如打擂台似的精心讲授，课堂教学精彩纷呈。参加听课学习的青年教师的英语水平均有了很大提高。

在陶校长的倡导下，各系都举办了不同层次的学术研讨会。为紧跟全国外语教学科研的步伐，开展与兄弟院校在外语教学科研上的学术交流，我系在1993年10月初举办了第三届全国语用学学术研讨会。来自中国社科院等30余所院校和科研单位的40多位代表参加了会议。大会共宣读了40余篇论文。广州外国语学院何自然教授做了题为“语用学”的专题讲座。陶校长到会致辞，极大地支持了外语系的工作。这次学术研讨会在我校的成功召开，一定程度上提升了外语系的声誉。

作为一名由普通教师提拔起来的校长，陶校长深知师资队伍建设是关系到学校发展的关键。他从振兴山西师大的战略高度考虑，把青年教师的培养作为一件至关重要的大事来抓。他视野开阔，具有国际意识，常在考虑如何开拓与国外大学进行学术交流并建立姊妹校的大事。陶校长还多次告诫我们，要和外教交朋友，发展友谊，并通过他们和他们的关系，为我校和国外大学建立校级联系而牵线搭桥。

来自美国的教师马克·伯杰伦主动提出愿意为山西师大在美国建立姊妹校而努力。在他的帮助下，促成了我校和马萨诸塞州布里奇沃特州立学院的互访，1984年10月最终达成协议并签约建立了校级联系。1985年美国奥斯汀皮耶州立大学教授许刚义来我系做“美国教育”的学术报告。陶校长及时抓住机会，请他帮我校和美国大学建立姊妹校。许刚义教授当即欣然同意。半年后，便促成了美国田纳西州教育代表团来我校访问，并于11月和该州的奥斯汀皮耶州立大学签订了校际交流正式协议。

与美国的这两所大学签署的协议十分有利于我方。互派留学人员的比例均为 2∶1，即对方来 1 人，我校则可送出 2 人，留学人员的学习生活费用则由各校自行承担。当年我去华中师范大学参加全国师范院校外语系主任年会，了解到与会的中西部院校中鲜有与国外建立姊妹校的。这样的优惠的交流条件着实让一些兄弟院校羡慕不已。

校际交流协议签订后，学校决定从大二学生中选拔交换生，送去两所姊妹校学习，作为后备师资培养。为迅速提高选送学生和教师的英语水平，学校开设了高级英语班，外语系承担了教学任务。1985 年 9 月第一批赴美学习的 6 名教师和学生分别赴布里奇沃特州立学院和奥斯汀皮耶州立大学学习。以后的 10 年间，我校共有 86 名教师和学生被送往美国、英国、加拿大、澳大利亚、日本、德国、新加坡等国学习进修。陶校长对选送青年教师出国深造寄予了厚望。记得他曾说过："若每年送出 10 人，10 年就将有 100 人在国外深造，即便是一半人回校工作，届时我校也将会有 50 名从国外学成归来的教师。这必将极大地改进我校的教师队伍结构，提高我校的师资水平。"事实上在这些归国教师中，出现了一些出类拔萃的人才。如数学系教授侯晋川，被授予有突出贡献的回国留学人员的光荣称号，后来又接替陶校长担任了山西师大校长。历史系的青年教师冯仲平，在英国获得博士学位，回校工作后荣获"山西省优秀中青年留学归国人员"称号。外语系中年骨干教师余世豪，在奥斯汀皮耶州立大学获得硕士，回校后出任外语系副主任，后因国家外事工作需要而调离，成为我国常驻联合国代表团文化参赞。

在我担任出国人员英语培训班教学工作的 4 年，送走一批又一批的教师和学生出国学习，可自己始终未能有个出国进修的机会。1989 年，陶校长终于同意我作为高访学者出国进修。9 月我应加拿大麦吉尔大学教育学院院长安德森博士的邀请，去教育管理和政策研究系进修。麦吉尔大学是一所有着 200 多年历史的名校，在当年的国际大学排名中，列第 23 位。我除了在该系选修了"教育科研理论""教育和法律""高校教育管理""电脑理论和应用"等课程外，还在文学院英文系选修了"美国文学作品赏析"；在语言学系旁听了"语义学""转换句法学""社会语言学""英语语音学"等课程。进修期间，我也应加拿大教育学院等单位的邀请，做了题为"中国教育之前瞻""今日中国的英语教学"的学术报告三次。该系系主任透过他的一位博士生——厄瓜多尔一农学院的副院长对我说，我可以留下来申请直接攻读他的博士学位，并允诺在半年内为我争取资助。然而我始终记着陶校长对我的嘱托，更深知山西师大外语系师资力量的不足。最后我还是婉谢了系主任的好意，在 1990 年 3 月底启程按时回国，继续我在外语系的工作。

半年的高访进修，对个人学术上的提高是不小的。1993 年我前去桂林参加"桂林英语教学、海明威国际学术研讨会"，来自国内外学者专家近 400 人。我在分组会上宣读的论文受到好评。《外国语》杂志 1994 年第 1 期刊登的研讨会综述还引用了我文章的观点。同年 9 月，我前去省城太原参加晋升教授的答辩。我全程用英语就我的代表作进行答辩。据我校参加省高级职称评审委员会（由各学科组组长组成）物理学科组组长田诗昆教授告诉陶校长，外语学科组长山西大学的高健教授在评价全省 20 余名申报教授的水平时说："龙梦晖是我们英语组中的佼佼者。"对我个人学术水平的这个评价，也是对山西师大师资水平的赞誉。

校领导通过对美国姊妹校的几次访问，了解到美国高校开设暑假短学期的教学安排。为给学生提供更多的学习时间，拓宽学生知识面，最大限度地开发学生的能力，增强就业能力，陶校长积极倡导实施三学期制。这么大的教学改革在当时引起了很大的争议。在征求方方面面的意见后，终于定下在 1987—1988 学年度开始实施三学期制，开设了不少的选修课，受到了学生们的欢迎。为激发学生的学习积极性，又推行中期淘汰制和中期选拔制。1992 年实行中期分流制，把外语、计算机和数学定为三大基础课，外语学习由过去的 324 课时增加到 468 课时。

1992 年 11 月，陶校长主持召开教学会议，专题讨论适应社会主义市场经济运行机制，加快改革步伐，调整增设专业及专业方向问题。陶校长要求大家认清形势，树立紧迫感和危机感，主动接受市场的挑战，转变观念，围绕社会主义现代化建设的主战场，走大师范的道路，积极培养应用型人才。他强调要加强合作，打破系的界限，促进学科间的交叉与渗透，加强复合型人才的培养。这一系列的举措把山西师大的教学改革又推进到一个新的阶段。

陶校长重视教学改革的同时也十分关注多样化的校园文化建设。在西方的圣诞节、万圣节、感恩节等节日里，外语系各班级通常会举办一些联欢活动。1987 年外语系还举办了第一届英语文化节，活动项目丰富多彩，同学们热情参与，极大地活跃了校园文化。陶校长十分关注我们的英语文化节，并亲临指导。自此以后，我们外语系每年都举办英语文化节，成为山西师大校园文化的一个靓丽品牌。

1993 年 5 月 1—2 日，山西师大承办了省教委主办的山西省外国文教专家留学生趣味运动会。来自全省 16 所高校的外国文教专家、外籍教师及家属、外国留学生 50 余人来我校参加了比赛。陶校长致欢迎辞。参赛运动员人数虽不算多，但各种趣味运动项目不少，需要相当数量的翻译来进行沟通。外语系的学生热情高涨，积极认真地做着裁判和服务人员的翻译工作。学生们的英语交际能力也得到了很好的锻炼。运动会圆满结束，我们的工作受到了省教委的好评。

陶校长平时注重就学校发展规划与教职员工进行沟通交流的同时，也在积极与外界联系咨询，争取外部资金投入，改善办学条件。1991 年 1 月，国家教委计财司基建处处长郭庆五率世界银行贷款专家组来校考察。3 月份，世界银行贷款专家组在国家教委计财司杨法先陪同下来我校考察。4 月份，国家教委召开的世行贷款会议上确定了山西师大为首批项目院校，贷款额为 150 万美元。山西省教委也将拨给相同数额的配套经费。这对改善山西师大的办学条件无疑起到巨大的作用。在准备学校申报世界银行贷款的资料的过程中，数十万字的资料需要翻译成英文，外语系责无旁贷地承担了这一工作。那时计算机房就十几台 286 电脑，时逢寒冬，我们的教师冒严寒，加班加点，拼命赶时间翻译。几位从国外留学回国的教师的出色工作，保证了资料译文的准确。高质量的中英文申报世行贷款资料按时送报，最终使山西师大成功地获得了世界银行的贷款。

作为学校教育代表团团员兼翻译，我曾于 1989 年 3 月陪同陶校长前去美国，访问了奥斯汀皮耶州立大学和布里奇沃特州立学院。这次访问进一步加深了姊妹校的友谊，夯实了校级交流项目。1992 年 5 月份，我再次陪同陶本一校长、王春元副书记赴美国、加拿大访问，在短短的两周时间与在美国、加拿大的 20 余名留学生进行了座谈。考察了加拿大罗伊尔斯特学院 (Loyalist College) 等四所大学，多伦多大学附属中学等两所加拿大中学和加拿大赫斯汀蒂区教育局，并就一些教育合作项目达成了意向性协议。6 月，美国加利福尼亚大学伯克利分校历史系教授姜士斌来校和戏曲研究所进行了学术交流并应邀为历史系师生做学术报告。9 月，以高桥光雄为团长的日本秋田县协和中学代表团一行 16 人来师大实验中学进行友好访问。这一系列的国际教育合作项目为山西师大的办学增添了新的生机，揭开了山西师大国际学术交流的新篇章。

1993 年 10 月，国家司法部和人事部两部联署下调令调我去中国政法大学工作。第二年 9 月，我离开了我工作了整 20 年的山西师大。我由一个普通青年教师成长为大学英语教授，深感是山西师大培育了我，这其中也有着陶本一校长对我工作上的指导和大力支持以及对我个人的关怀。我由衷地感恩于山西师大！同时也为山西师大这些年来所取得的快速发展而高兴而骄傲！期盼着山西师大在未来开创更大的辉煌！

龙梦晖，曾任山西师大外语系主任、教授。后调入中国政法大学，担任外国语学院院长。曾被聘为北京市高等院校高级职称评审委员会英语学科组评委，文学与语言学硕士点评审组成员。作为客座教授，曾前往美国佛蒙特大学、杜肯大学等讲学。

春风万里君子陶

刘次林

人的一生总得遇见几个贵人，陶校长就是我的贵人。但是我与陶校长却是不期而遇的。我老家在湖南，我们那里的人习惯于顺着京广线，要么南下，要么北上，上海对于我们是比较“偏”的地方。1996 年我进入南京师大读博士，按照计划，毕业后回湖南，命运本来已经妥妥帖帖，不会出现意外，只是临近毕业，我本想去的单位在接收家属方面出了点状况，于是我的工作被突然悬置了起来。恰好那个时候，陶校长去南京师大招人，我的导师是南京师大副校长，大概与陶校长对接了，我的导师说，恰好她有个博士生工作单位未定，于是，就这样被陶校长引入了上海师大。

第一次见到陶校长是正式入职之前的双向“见面”。那时候，上海师大校领导还在老行政楼（第一教学楼的东北）办公，陶校长人长得圆润，面相慈和，说话平缓温暖，我因为并不知道他的伟大事迹，所以与他对话也没有胆怯。如果我知道他是大校长、著名语文教育家，或者是《语文报》的创始人，我也许会战战兢兢一些。在陶校长办公室见面以后，他领着我去学科教育研究所，在那里，我见到了未来的领导与同事。当年，学科所一下子引进了四位博士，教工人数几乎增加了一倍，小小的单位也顿时活跃了起来。学科所是在陶校长一手操作下创办起来的，里面的设施、布局都打上了他的印子。色彩以深绿色为主，沉稳中透出洋气；会议室中央是很大的圆形会议桌，立马给人民主平等的氛围；每个员工都有独享的电脑，这在当时非常奢侈。我的博士毕业论文是手写的，最后送到外面的打印店才变成电子版，我还没有用过电脑。记得面对这崭新的电脑，我竟不知道如何开机。在学科所工作的期间也是我们非常愉快的几年，经费足、条件好，而陶校长也乐意为大家花钱，下海南、进西川，专门跑书店让大家大量采购书籍。

对于我们的工作，陶校长极其大方，但是，公家的经费从不让家属占用丝毫。陶校长的夫人大家都很熟悉，有时候我们出去公务的时候希望可以让徐老师一起去，一起去可以，但是，家属的费用全部自费。我们戏称："陶校长待外人如家人，待家人如外人。"陶校长丝毫不保守，一直在探索新的教学方式，那个时候，他专门创建了一个新型学习室，里面构建了电脑局域网，学习者通过操作电脑，实现全班的互联网式学习，那个新潮啊。后来，我知道，陶校长在回上海之前长期担任山西师大的校长，他引领教育改革，推行民主治校，至今还让那里的同事津津乐道。

陶校长用人才却不占用人才，能够为大局、为人的前途而牺牲小单位的利益。只要有机会，他总是极力把自己身边的人才往外面推，以便使人获得更大的舞台。副所长沈韬被推到徐汇区教育局担任副局长。他也力推我去某区教育局，只是因为我个人问题没能去成，但是他并不气馁，后来有机会继续把我推出去到师大二附中做校长。我感觉自己并不能够从事管理工作，所以开始不想去，与陶校长磨嘴皮子，陶校长反复劝，让我认真考虑。后来我还是去了。去了以后，陶校长并不会给我提什么要求，而是放手让我在那里闯。我感觉，陶校长给人机会非常坚定，不给人压力也是非常坚定。

能够在陶校长手下工作，是十分幸运的。我虽然不是陶校长的学生，但是，我 1999 年结识陶校长以来，他其实也是把我当作弟子在带教、培养。博士毕业以后的时光也是我人生的黄金岁月，在此期间，有幸遇上陶校长，沐浴在他大气谦和、厚德载物的春风里，也是我人生宝贵的财富。他对我一路的关照，我自然无法忘怀，同时，作为一个无私的智者、勇于改革的教育家，陶校长毫无疑问一直得到了大家的敬仰！

刘次林，上海师范大学教育学院教授。中国教育学会德育论专业委员会常务理事，上海市心理学会德育心理学专业委员会副主任；亚太地区德育网络联盟（APNME）常务理事。

陶本一：一张靓丽的山西名片

安　洋

曾担心对先生的记述挂一漏十，不足为敬，所以迟迟不敢落笔。后来参加了一次座谈会，感触很深，于是就鼓起勇气写下了下面的文字。

2018 年 5 月 27 日是个星期天，在语文报社的一间会议室里，高国顺老师召集部分在太原的山西师大校友座谈，谈论的主题是“我心目中的陶本一先生”。这个座谈会得到了山西师大领导的高度重视，校长卫建国率学校校友办的原战勇等同志专程从临汾赶来参加。到场的太原校友有陶先生在师大任职期间的同事和学生近 20 人。大家从亲身经历谈起，对陶先生的为人、为师、为教、为学，予以高度概括和评价，言辞恳切，无夸无俗。

听着老师们的叙述，联想到我做记者近 30 年中听到社会各界对陶先生的印象，我在想一个问题：一位不远千里来山西执教的上海人，长期蜗居在临汾那样一个地级城市，后来又到上海任职直至荣退，何以能在山西、能在一代又一代的师生心中产生如此久远的影响？它与所谓的“人走茶凉”形成如此迥异的悖论，这背后一定有其深刻的原因。

从上学到留校，我在师大只学习和工作了 6 年时间。虽然我与陶先生接触的机会并不多，但是他留给我的有些印象却是终身的。当时我留校在校团委工作，创办了一份打印的《大学生与改革》内部刊物，意在激发学生关心改革的热情，征求学生对学校的教学和管理工作的意见。首期发出，就得到了陶校长的关注，“校团委提供了一个很有特色的平台，学生提出了尖锐和客观的建议，这件事的意义不仅仅在当前”。于是，与先生有了关于教育、关于改革话题的讨教和交流，先生当时的教育思想和改革的理念至今都在呼吁者的前沿；于是，《大学生与改革》越办越有生气，有两篇学生的文章还被《人民日报》转载；于是，就有了那一场让许都多学生记忆犹新的“假如我是校长”的大学生演讲比赛（金岭的文章已有记载），当先生上台拉起两位获奖学生（记得是生物系的唐丽达、中文系的孙金岭）的手，宣布特聘他们为校长助理时，几千人的会场掌声雷动。

这些事发生在1983年至1985年期间，虽然过去了30多年，但一个崇尚改革、崇尚创新、崇尚学生的校长形象却无法在我的记忆里淡去。

后来，我离开了山西师大，近30年的记者生涯中，更多的是从第三者角度和新闻视角去认知和感受陶先生。职业的便利和工作的需要，从各类高官到各类平民接触了很多，尤其是教育界，只要你报出家门（山西师大），总会有人提到陶本一这三个字，有关先生的故事也总是一串又一串：《语文教学通讯》的独树一枝，《语文报》在全国教辅类报刊的“霸主”地位，学时制、学分制的改革，中期淘汰和中期选拔制的建立，三学期制的探索，校长信箱和学生、教职工见面日的设立，学生自律委员会的成立，等等。有些见诸了《人民日报》《光明日报》《中国青年报》《中国教育报》等主流媒体，更多的则是被教育界口口相传。从教育部长到全国各地的知名校长我见过不少，他们对山西有这么一位大学校长都感叹不已。记得有一次在全国的会议上见到武汉大学校长刘道玉先生，他说“陶本一是山西的骄傲”。当时，作为山西人，作为陶校长的学生，我内心的骄傲不言而喻。

不过，对我印象最深刻的要数在一次山西省委的常委会上（当时我作为《人民日报》驻地首席记者列席会议），不知是谁突然说了一句“师大的陶本一要调到上海了”，记得包括当时的书记、省长在内的领导都表示出了不舍和惋惜之情。

所以，在我心中，陶本一先生就是一张靓丽的山西名片。这张名片的内涵就是创新、卓越、敬业、执着。今年正值改革开放40周年，我的这种感觉就愈发浓烈。

同时，也解开了我在文中的疑问。

此致敬礼！尊敬的陶校长。

安洋，毕业于山西师大中文系，曾任《中国青年报》记者，《人民日报》高级记者，现任山西省新闻出版广电局副局长。

陶本一印象

任林深

陶本一同志从1962年华东师范大学中文系毕业，服从国家分配，来山西晋南师专工作，到1994年离开山西调回老家上海，在山西工作30多年。从20多岁的小伙子到50多岁的老壮年，人生中体格最强壮、精力最旺盛、思维最机敏，最能吃苦、最能拼搏、最能创新的大好年华，无私奉献给山西的教育事业，从当普通教师，到负责部门工作，最后担任校长，多有主见，多有独创，业绩非凡。即使离开了师大，师大人也常常怀念他、惦念他，赞赏敬佩之意溢于言表。

我来师大的时间比较晚（1975年），和陶本一同志私交不深。但陶本一的性格人品、行事作风、工作成绩给我留下了极为深刻的印象。

陶本一做事总是站得高、看得远，抢占先机。打倒“四人帮”不久，他立刻意识到国家的科学文化教育事业必然要振兴，而当时基础教育的现状是普遍缺乏合格的教师，现有教师又缺乏教学方法的研讨和必要的参考资料。他于是提议对中小学教师搞函授教育。在校、系领导的支持下，他做了详细的函授教育计划，很快得到省教育领导部门的批准。于是，学校中文系的函授教育立即在全省开展起来，不仅受到广大教师的欢迎，也得到地方各级政府的大力支持。这项工作在全省是第一，在全国也是比较早的。

《语文教学通讯》最早是为函授学员编印的学习辅导材料，但陶本一同志视野高远，立意要办成发行全国的中学语文教学研究刊物。他除了和省内外中学语文教师建立广泛联系，征求意见和约稿之外，又向全国知名专家学者如叶圣陶、吕叔湘、张志公等老先生发函征求意见。打倒“四人帮”后，这些老专家、老学者政治上思想上得到解放，他们非常珍惜为国家文化教育事业的振兴发展做贡献的机会，看到陶本一的计划、设计和样本，十分满意，立即来信表示赞赏和支持。有了国内一流专家学者的首肯和帮助，就大大提高了刊物的品位和知名度。当时全国关于语文教学方面的刊物有好几种，但都一般。《语文教学通讯》能够后来居上，拔了头筹，全是由于陶本一同志的把握时局，高瞻远瞩，精心计划。陶本一同志并不是傍名人以自诩，他是诚心拜专家为师，虚心以求教，并得到其真传者，所以后来他本人成为全国知名的语文教育专家，在学术上颇有建树。

中国的基础教育最为人们所诟病的是应试教育。《语文报》也有应试的内容，没有应试的内容就不适应社会的需要，学校、学生、家长三方面都不会认可。但是，应试不等于应试教育。有考试必有应试，有什么样的考试便有什么样的应试，考试不能取消，应试就会存在。问题的根源在于考试，要用素质教育的目标和要求来改革考试的内容、方式和方法。《语文报》对素质教育和应试的关系有清醒的认识，采编和版面处理得当，它不像社会上常常看到的那些以贩卖模拟题、考试题、练习题为内容的小报，《语文报》是以素质教育为宗旨的高规格、高等级报纸。陶本一创办并经营了全国一流的《语文报》，荣膺“报人”的称号当之无愧，但事实不止于此，陶本一还是教育家，是教育大家。他所带领和培养的年轻编辑都是学者型编辑，他的编辑队伍是一支实力雄厚、富有远见、充满朝气的教育教学研究团队，加上中文系卫灿金、王光龙、李德龙、武永明等先生的加盟勠力，形成了自己的研究特色，有自己的教育教学理念和理论体系。为我国语文教育教学的理论和实践做出了卓越的贡献，得到语文界同仁的普遍赞誉。

陶本一是一个“精于算计”的人。函授开始，印刷教材是一大项工作，陶本一分派我外出联系印刷厂，走前吩咐我：“纸张不能太次，成本尽量降低，52克凸版纸要看是哪个造纸厂，有些小造纸厂的纸没有韧性，不耐磨，绝不能用。”我出去跑了好几个县的印刷厂，私下想，如果能在闻喜印刷厂印，我是闻喜人，岂不可以公私兼顾？回来给陶本一汇报时，翼城、万荣选中了，闻喜否决了，因为闻喜比万荣的要价每印张高出一分钱。陶本一为公家节省开支、为函授学员减轻负担如此精于算计，我只有佩服和敬重，哪里还会想“公私兼顾”？

人的一生既要做事，又想一帆风顺，大致是不可能的。函授开始时，陶本一为配合函授教学，编印了《鲁迅作品选讲参考材料》，其中有文章提到“四条汉子”，这是“文化大革命”中为批判周扬等人而出现的提法。“参考材料”仅供参考，按惯例，不仅可以，而且应当选编一些和主流观点不一致的文章。只不过“文化大革命”时期许多所谓大批判文章毫无学术价值，且往往充满了夸大、编造和构陷，“参考材料”不选它比较好。但选不选是好不好的问题，不是对和错的问题。即便如此，陶本一、阎宪康和教育处函授科也认真研究，决定：印发一个通知，向学员说明，挽回影响；没有发出去的存书不要再发。但是，1978年6月16日，教育部和省高教局突然来人调查此事，给的结论是“政治性错误”，接着山西省委又依此结论发了个“［78］70号文件”通报全省。一个调查，一个通报，给“参考材料”定了性。于是学校由梁文院长坐镇主持，从6月20日到9月28日，召开了七次全系教师会。如果在一年之前，这一定是批判会甚至斗争会，无限上纲，上挂下联，落井下石，批倒批臭，什么情况都可能出现。但此时国家的政治气候已经趋暖，人们也都能理智地独立思考了，七次教师会，没有开成批判会、斗争会，虽然陶本一和阎宪康各做了三次所谓的“检查”，也不过是说明事情的经过而已，没有人给上纲上线。其间陶本一有两件事让我记忆深刻：一是6月20日下午第一次全体会议，我坐在陶本一的后面，会前，陶本一回头递给我两片药，黄色糖衣片，子母扣大小，嘱咐我，如果发现他有不适，立刻把药片喂他嘴里。我听说他犯过心脏病，我也知道他是个刚烈的人，接过两片药着实紧张，心想如何应对可能的狂风暴雨。二是7月26日下午大会，主持人左等右等，等不来陶本一，后来弄清楚他是去翼城校对去了，没有向领导请假，只是路遇总支李书记时打了个招呼。大家私下窃笑，会议主持人也无可奈何。陶本一在这一场风波中充分表现了他具有敢于担当不诿过，实事求是不随流，光明正大不怕邪的品质和胆略。1979年6月26日下午，梁文院长在全系教师大会宣读“中共山西省委［79］70号文件”，内容是撤销1978年的70号文件，此事画上了句号。

初识陶本一，看到他总是衣冠楚楚，风度翩翩，举止高雅，谈吐得体，不是凡人，推想他一定是不屑于、不善于、无意于人间俗务。其实不然，他是很有人情味的。下农村劳动时和大家一样不怕脏不怕累，推土挑粪，吃苦耐劳。一起出差时他在路途会说个笑话或者出个鬼点子捉弄人让大家取乐。我的家属刚搬来临汾时，一个孩子要转学到临汾一中，而我来临汾时间短，人生地不熟，陶本一知道后，主动提出带我去找他在临一中教书的同学，连着去了两次。有一年寒假之前，他找我说工作的事，最后顺便问我需要从上海捎什么东西来。我的夫人说想要一块某种布料。我当时觉得让陶本一代买东西实在有点唐突。可陶本一从上海回来立刻到我家送来代买的布料，其花色、图案、质料都令人满意，价钱也不高。后来我夫人提起此事总说陶本一不仅能做大事，小事俗事也考虑周全做得优秀。中文系蔡权同志要调走之前，我出面请自学考试领导组的各位领导一起宴请蔡权，陶本一知道了，说他要参加。席上，依例我先致辞，其中一句是“欢迎校长光临”，然而一不留神，带出了闻喜方言的口音，把“guāng 临”说成了“gōng 临”，陶本一立即重复一句“欢迎校长 gōng 临”，并抿着嘴露出一丝微笑，大家随即大笑起来。四两拨千斤，陶本一用善意的揶揄巧妙地解脱了校长的身份，融入朋友平等和谐的气氛中了。这就是生活中的陶本一。

陶本一在大城市长大，服从国家分配，怀着满腔热情，来到山西临汾这个又小又土的地方，生活习惯的不同，物质文化条件的反差，都没有减弱他报效国家的意志，三十多年，拼搏奋斗不止，为山西师大的发展，为山西教育事业的发展，为我国语文教育教学理论和实践的发展，做出了巨大贡献，他自己也成长为全国知名专家、卓有成就的学者。陶本一是我所敬重的人。

任林深，男，山西闻喜人，1960 年山西师范学院（今山西大学）中文系毕业，先在山西大学附中任语文教师，1975 年至山西师范学院中文系任教，教授，讲授古代汉语、汉语语法学史、《马氏文通》研究等课程。1997 年退休。

陶校长与山西师大的那个年代

苏　涵

我还在山西师范大学读书、教书的时候，遇上了我们的陶本一老师、陶本一校长。风雨人生40年，而那一段时间里许多与陶校长相关的事情，总是念念难忘，甚至会经常引发一些特别的感慨。

一、走出“鸡窝”的年代

陶本一做山西师范大学校长之前，便是我的老师——虽然他只给我上过一节课。那一年，我们班要组织同学到地方中学做语文教学情况调查，正在编辑《语文教学通讯》杂志的陶老师要来给我们讲中学语文教改现状，同学们早早就坐在教室里等待。随着楼道里一阵“咯吱、咯吱”的皮鞋声，穿着笔挺的毛呢大衣的陶老师推门进来了，大家眼前豁然一亮。陶老师从容地脱掉大衣，用纯正的普通话给我们讲中学当时的字、词、句教学，讲“文化大革命”后刚刚起步的语文教学改革现状。这一节课后，陶老师忙着《语文教学通讯》编辑的事，再也没有给我们上过课，但是，偶尔还能在校园里听到他“咯吱、咯吱”的皮鞋声，看到他穿着缝棱整齐的有着暗色花纹的笔挺西裤的身影。

没想到，我毕业之后留校工作，和陶老师成了同事，会经常在资料室里见到他。而我工作几年之后的1983年年底，42岁的陶老师因为办《语文教学通讯》和《语文报》而声名赫赫，直接当了山西师范学院的院长。（编者注，1984年山西师院扩建并更名为山西师范大学，陶院长便成了陶校长）

那个时候，我还住在山西师大当时最低档的宿舍区——鸡窝窑洞里，也就是后来铲平另盖的几座教授楼的所在地。那本来是临汾市的一处养鸡场，只有五六排砖砌的低矮窑洞。划归学校之后，一时没来得及改造，就让我们一帮留校的年轻教师住了进去，门牌仍然叫作“鸡窝窑洞”。那个时候，别人问我住在哪里，我说“住在临汾市马尾巷鸡窝窑洞 2 号”，别人还以为我开玩笑。

那个鸡窝窑洞，房间里没有自来水，没有卫生间。我便买了两只桶，做了一个简易扁担，到院子后边的水管处去挑水。冬天的时候，满院子都是流水冰凌，一不小心就会滑倒。不久，有人发现我们那一排窑洞顶上有裂缝，把情况报到了后勤处。不想，陶校长知道了，很快指示后勤处在我们院子里另建了一排平房，让我们搬了进去。我才第一次有了像样的住处。

在那个房间里，我家第一次买了黑白电视机。有一天，陶校长转到我们那里，查看我们住房的情形。当他看到我家的火炉离放电视机的桌子太近时，还叮嘱我“火炉不要离电视机太近了”！

到了 1985 年年底，在陶校长的努力下，学校在老城墙南边的菜地里盖了第一栋在当时最大面积的教工楼（即后来的南区 25 号楼），优先分给副教授以上的教师。这自然不会有我这个助教的份，我安心地在我的鸡窝里读书、备课。

不想，有一天，房产科科长来到鸡窝窑洞 2 号，说：“陶校长指示，南区新楼还有三套没有分出去，要分给几个青年教师，给你一套，你要吗？”我说：“当然要！”于是，领了钥匙，扛了拖把，拖了一下水泥地板，在春节前，用平车就把所谓的家当搬了过去。从此，我在那个南区 25 号楼 406 房间住了 16 年，在那里写了大约 300 万字的讲义，写了几十篇文章，在那里我从助教做到教授，直到我离开山西师大。

大概是 1987 年的时候，陶校长听过我一次课。我当时讲先秦文学，讲到《庄子》。课后，陶校长还和我讨论了一些问题。不久，又通过其他渠道提醒我，上课时不要坐着。原来，那段时间里，我们一上课就是连续 3 个小时，我可能有时候不写黑板了，就坐一下。听了陶校长的意见，从此几十年间，到现在我都是站着讲课。

二、走向兴盛的年代

陶老师任山西师范大学校长之初，很多人还是心存疑虑的。因为在一般人的心里，陶校长没有做过系主任，没有做过行政部门领导，更没有做过校级的副职，是因为办《语文报》而出名直升为大学校长的，他能管好这所大学吗？人们心存疑虑也很正常。

但是，陶校长上任后的作为，不仅让教职员工们心悦诚服，而且让那个时期就读的学子们心仪敬慕。他治下的山西师范大学经过了蓬勃发展的十年。

这首先缘于陶校长对学校忠心耿耿的无私奉献。

当时，我们这些年轻教师在底下都有一种说法：陶校长的父母在上海，一年最多只能回一次家；陶校长自己又没有孩子，他几乎把所有的精力和时间都交给了学校工作。那个时候，我们经常能在校园里看到陶校长的身影。有时候，他在指挥基建工程；有时候，他在与老师、学生交谈；有时候，他又东走走，西看看，审视学校的每一个细节。

那个时候，学校的基础设施还比较简陋，陶校长呕心沥血地筹划和实施，使学校的面貌在短短几年间就发生了很大变化。

我记得一号教学楼的设计、建设本来都不太好，陶校长上任后，为了改变一号楼的面貌，增加学术与文化气息，亲自指挥艺术学院的老师在一楼门厅里制作了大型壁画。我经常在一号楼一层上课，每每走过鲁迅等文化巨人的画像之下的时候，都会有一种特殊的感觉。陶校长还主持设计制作了那座公共教学楼楼道里直达穹顶的天体宇宙的壁画。而他最大的手笔则是设计建设了巨人广场。学校逐渐从简陋、破旧的状态中蜕变出来，形成了应该有的大学气象。

其次，则是缘于陶校长睿智而通达的办学理念。

20世纪80年代的中国大学，百废待兴，最缺的则是人才。山西师范大学地处晋南的临汾市，不是省会，也不是著名城市，不仅有诸多不便，而且有着严重的空气污染，人才引进有很多困难。陶校长一方面想方设法从外面引进各个学科需要的人才；另一方面则大力培养自己的人才。比如，从三年级本科生中选拔最优秀的学生到重点大学后续培养，然后资助他们攻读硕士、博士学位，学成后回校工作；再比如，强化对留校任教的本科生的培养，等等。那个时候，学校里有各种各样的青年教师培训班，留校的青年教师也都在努力地改变自己，以适应愈来愈严格的学历和水平要求。

我曾经参加过由日本人今井执教的教师日语培训班，虽然我没有学成样子，但我们那个班里有很多比我老的同学和比我小的同学后来都学有所成。

记得那个时候，图书馆二楼有一个专门的教师阅览室，我们几乎每天晚上都去那里学习。有一天晚上，我实在太困了，就靠在椅子上睡着了，还打呼噜，影响了大家的学习，不知道被谁捅了一下才醒来，后来成了大家经常说起的笑料。

那个时候，校园里总呈现着一种生机勃勃的景象。

再次，是缘于陶校长的个人魅力。

陶校长是公认的美男子，但更让老师、学生们倾倒的是他敏捷的思维与出众的口才。他许多时候讲话不用稿子，都是即兴演讲，然而，严密的逻辑思维，标准的普通话，以及由深厚的文学修养与丰富的人生阅历而来的演讲内容，总能征服听众。那个时候，学生间流传着一个说法：在山西师大读四年书，如果没有听过陶校长的演讲，那实在是巨大的遗憾。学生们都盼着开学典礼、毕业典礼或者其他什么时候，能听到他们校长的一次演讲。

我当时还做兼职辅导员，带学生在世纪港湾听过一次他给学生干部的演讲，确实如此。

还有一次，我路过大操场，看到陶校长正在讲话。原来是学校发现有学生赌博，陶校长非常震怒，于是，临时召开全校学生大会。陶校长站着，双手背在身后，即兴讲了一个小时，有批评，有希望，有论理，有劝戒，那种演讲与教育的效果确实罕有其匹。

三、走进人心的年代

陶校长是 1994 年年底离开山西师范大学到上海师范大学任职的。

陶校长临调走前的一两个月里，有很多单位、很多同事都在争着请他吃饭。我们年轻教师当时也想请他，可是一打听，根本排不上，只好作罢。陶校长走的那一天，有许多教职工恋恋不舍地为他送行。

最令人感慨的是，陶校长离开山西至今已经 24 年了，这是一个漫长得足以忘掉许多事情、许多人的时间段，但是山西师范大学的人们至今和陶校长仍然有着非常密切的联系。到现在，还经常有当年的同事、学生去看望他。近几年，陶校长生病住院，更是牵动着许多老山西师大人的心，大家关心地打听他的病情，不少人还专程去上海看望他。这在当今的大学，无疑是非常罕见的现象。

我是 2001 年离开山西师范大学的，不久，就收到陶校长托人带来的一封信，大意是听说我也离开山西师范大学了，表示遗憾。我给陶校长回了信。

2006 年，我在集美大学文学院院长任上，组织申报硕士点，曾经去上海拜访一些重要学者。期间去上海师大看望陶校长，陶校长不仅请我吃饭，而且马上召集了十几个山西师大毕业后、在上海师大读博的学生一起陪我，其中就有孟伟、赵怀俊等人。

这几年我一直准备再去看看陶老师，但是，总是被琐碎的行政事务所缠绕，未能如愿。

然而，岁月风霜却不能减却我对那个年代，对我们的陶老师、陶校长的深切记忆。

苏涵，山西省芮城县人，1955年生。山西师范大学汉语言文学专业毕业后留校，任助教、讲师、副教授、教授。2001年调集美大学文学院，任教授、文学院院长、学科带头人、硕士研究生导师。2017年7月任厦门工学院副校长。长期从事中国古代文学的教学和研究，业余从事中国教育问题研究，偶尔以文学写作自娱。

陶本一：化学学科发展的铺路人

杜黎明

山西师大化学专业如今已发展成为山西省重点建设学科，目前已有5个博士点、11个硕士点和1个教育部国家重点实验室。其所涉及的专业有理科、工科、医科和教育学四大学科，无疑已成为山西师范大学最亮眼的学科之一。但很少有人会想到该学科发展到今天，让这个学科开始起步并快速发展的铺路人是我们的老校长——陶本一先生。

20世纪80年代，如果学生的家长到师大，对孩子所报专业进行报考志愿选择时，总想打听哪个专业好一些，无疑那时我校最好的专业就是数学和中文，这两门学科已成为报考山西师大首选的系科；而化学专业也毫无疑问地被认为是全校最差的专业了，第一志愿报名者寥寥无几，大多是调剂过来的。当时化学系师资力量差，没有高级职称，没有一篇论文，实验室仅有四间平房，没有基本的仪器设备，学生实验完成率不到50%。20世纪80年代初，陶本一先生出任山西师大校长，上任伊始就对学校的学科现状进行调研，在此基础上制订出了山西师大学科建设规划。

化学专业20世纪80年代前一直和生物专业设置为一个系即生化系，那时化学专业没有完整的领导班子，陶先生上任后做的第一件事就是调整和充实化学系的领导班子，将业务水平高、事业心强且具有开拓精神的同志放到领导岗位上。他对新的领导班子的工作给予大力支持，面对化学专业的现状，陶先生多次亲临实验室考察，和系领导及教师座谈，在广泛征求各方意见的基础上制订出了化学专业学科发展规划。当时最大的问题是实验室缺乏，七门专业基础课，只有四个实验室。陶先生召集了化学系、基建处及校办多次召开商讨会，就化学楼的建设问题提出实施方案，并责成化学系等三方人员专人负责化学楼的设计和建设；为了能争取到化学楼的专项基金，陶先生多次到省城找有关领导进行商谈。在他的努力下，化学楼终于在1986年的下半年开工建设，于1994年盖成竣工。当时我任化学系副主任，负责科研和实验室工作。有一天，先生约我一同去新的实验楼去考察，我简单地给他汇报了目前楼内的装修和实验基础设施状况。当他了解到由于经费紧张不能按要求修实验台的情况后，先生立即召开有关部门的协调会，并直接找到省委书记，争取到了100多万的专项基金，终于使化学楼的实验台换成了当时最先进的玻璃钢实验台。

在先生的努力下，化学专业无论是教学还是科研，实验场所的问题都解决了。但是支撑这个专业的最基本的仪器设备仍然处于完全空白的状态，全系的仪器设备总共不到十万元。针对这一困境，先生也想了许多办法，比如设备经费的倾斜，从理科其他系进行调拨。我记得当时就把物理系的X衍射仪都调拨给了化学系。由于历史欠账太多，小打小闹解决不了根本问题，但是学校经费匮乏，全校的设备经费不到二十万，所以仪器设备的购置仍然是制约着化学学科发展的瓶颈。恰在这时有一个十分振奋人心的好消息，教育部争取到一笔世界银行贷款项目，这个项目是针对贫困省和贫困高校设置的一笔贷款项目。由于全国像我们这样的贫困高校绝不在少数，贷款数额有限，所以要争取到这笔贷款绝非易事。相关的省和高校都十分重视，竞争十分激烈，先生认为这是一个千载难逢的机会，要想让我校理科专业打一个翻身仗，争取到这笔贷款至关重要。因此他对此项工作高度重视，多次召开校、系领导参加的商讨会，制订出了项目运作计划，并很快成立了山西师大世界银行贷款办公室（以下简称世行办），他亲自出任世行办主任，我被任命为世行办常务副主任，何吉祥同志出任副主任，还给配备了相关的工作人员。此时我才有了更多的与先生相处的机会。先生的睿智、人格魅力、强大的事业心、对山西师大的深厚感情以及雷厉风行的工作作风给我留下了深刻的印象。不久我们在先生的领导下就开始了紧张而有秩序的工作，每次各系送来的拟购置清单，我们整理归类后送给先生，他总是逐项审查，并提出具体的修改意见。项目申报之前的一个阶段，先生和我们一样从来没有休息日。他总是那么不知疲倦地工作着，有时很晚了，我去他办公室送材料，他还在伏案工作。

不久，我们的世行贷款申报材料基本完成，先生就带领着我们一行四人去北京送材料。在北京材料送去后第二天，教育部相关部门就对我们的项目提出了具体修改意见，时间短任务急，需要修改的地方还真不少，面对这种局面，要在这么短的时间内把材料整理并打印出来，并不是一件很容易的事情。还是先生的办法多，他提出了一种最快捷的修改方式，即将材料复印出两份进行剪贴合并，当时已经傍晚五点多了，而第二天就要把材料送到教育部，所以只能晚上加班。先生和我们一起动手，他剪我们贴，由于修改的地方太多，我们一直干到凌晨三点多。先生开玩笑说："作为校长居然做起了剪贴员的工作了，如果没有世行贷款，一辈子都不可能有这样的机会。"时隔一个月之后，先生带领我们一行三人去省城参加世行举办的项目答辩会，先生的睿智和口才那是众所周知的，十几分钟的项目答辩，博得专家们的一致好评，主审专家在审评会上讲："陶先生在答辩中做了最精彩的演讲，这是我来到中国看到的最有魅力最有气质的大学校长。"由于先生的努力，山西师大历史上最大的一笔办学经费批准立项，150 万美金和 800 万人民币的配套资金陆续到位。这笔钱从根本上改变了我校的办学条件，使理科各个专业都有了长足的进展。我在这里特别要讲的是这批世行贷款对化学专业发展的影响。这批贷款使化学专业发生了翻天覆地的变化，该专业从此插上了腾飞的翅膀。利用这批贷款进口了 12 台大型仪器和相应的设备，这不仅初步满足了教学的需要，使实验开出率由原来的 53%提高到 98%，而且使相当一部分教师具有了从事科学研究的手段和场所，没过几年化学系就有两名教师 SCI 收录论文在全省排第三名和第四名。

先生当校长期间，对师大的发展和贡献举世公认、众口皆碑，我作为基层领导就不多说了，但先生对我们化学学科发展的贡献是永远不能忘记的，他在任期间，盖起了化学楼，安装了最先进的实验台，争取到了世行贷款并购进了多台大型的仪器和设备，从根本上改变了化学专业的办学条件，使这个原本山西师大最差的专业，从此步入了学科发展的快轨道。吃水不忘挖井人，今天，化学专业发展成为山西师范大学的一流学科，我们不能忘记老校长给我们铺的路，是他，使我们走到了今天。

杜黎明，山西师范大学化材学院教授，博导，原化学系系主任，主要从事超分子化学的合成及应用研究。

坐　　标

李文锦

无论做事还是做人，陶老师都是我心中的一个坐标。

我和陶老师相识相处近 40 年。他是我的恩师，是我的好领导、好导师，也可以说是我最好的忘年交。我在他身边学习、工作 18 年，他优秀的作风、为人处事的原则已经深深地渗透到我的血液中。我们离开同一个单位多年了，但时间越久，我对陶老师的思念之情和敬重之情越浓。我们之间的情谊，至真至纯，绝无低俗之气，更无铜臭之味。

我心目中的陶老师，是一个具有浓郁书卷气的真人。

他率真直言，不会掩饰和装扮自己；他坦诚热心，不会怜惜和保护自己；他善良厚道，从来都是与人为善；他虽身居高位，但从不耍权术，也不会耍权术。他只知道顾全大局；只知道工作为重，奉献为重；他极少当面表扬人，当然，也从不背后议论人，背后只是讲别人的好话。

我心目中的陶老师，是一个貌似清高傲气，实则谦逊大度的好人。

他尊重长者贤达：王中青、王增谦、杜石坞、郭璞等都是他所尊敬的好领导；陈曼若、魏永清、李邦权、倪以还、阎宪康等是他在山西师大校内所至尊的长者。他也尊重同辈贤者：蔡佩仪、冯一健、丁耀良、承庆昌等是他相知相助的同辈贤者。他诲人不倦、关爱学生，热情扶植、刻意栽培后生晚辈。除了天不假年，已离开我们的曹福成外，一大批活跃在山西乃至全国教育、文化、宣传、新闻、出版各界的名流和佼佼者，都曾经受到过陶老师的栽培与点化。

我心目中的陶老师是一位事业上高瞻远瞩、孜孜以求、永不满足的人；是一个在干大事业、干好事业的同时，集聚人才、培养人才的学界高人。

1962 年，21 岁的陶老师只身一人从大都市上海，来到黄土高原。30 多年间，他的根，扎在黄土高原；他的汗水，洒在黄土高原；他的事业、他的情感、他的一批批学生留在黄土高原。陶老师栽培的事业之树越来越茁壮，受过他教益的学生风采尽展。

1978 年，陶老师从创办《语文教学通讯》开始，以事业为平台，将全国语文教育界的名流团结在一起。学界泰斗叶圣陶、吕叔湘、张志公等先生，学界名流叶至善、朱绍禹、刘国正、于漪、陶伯英、张春林等先生都是语文报社发展史上的鼎力支持者。

陶老师事业上的远见卓识，体现在各个层面：在他的谋划和领导下，诞生了全国第一份面向中学生公开发行的“语文”专业报；在全国首家与国家教委、团中央连续几届主办了引起出版界、教育界极大反响的“全国中学生读书评书活动”；与中央电视台联合举办了“全国 16 城市中学生语文知识邀请赛”，开启了全国电视知识竞赛的先例；在全国首开先河，成功主办了“全国叶圣陶语文教育思想研讨会”“全国中学生文学夏令营”等影响广泛而深远的一系列活动。凡此种种，不一一列举。

1983 年底，陶老师出任山西师范学院院长。不久，将“山西师范学院”升格为“山西师范大学”。这是陶老师对山西师大的历史性贡献。在陶老师主政山西师大期间，学校大刀阔斧进行了“三学期制”“中期选拔”“学分制”“校长见面日”等一系列教育教学改革；与海外多家著名高校互派留学生等。这些改革措施至少比其他普通院校教育教学改革早了十几年。也正是由于此，使偏于一隅的山西师大声名鹊起，令同行刮目相看。从这些方面完全可以看出陶老师的远见卓识和他极其开阔的胸襟以及高超的领导才能。

我心目中的陶老师还是一位公私分明、廉洁自律的清白干净人。

我和陶老师一起工作的时候，有一点感受特别深：那就是在经济、财物方面，陶老师绝对的公是公、私是私，公私极其分明。他绝不沾公家的一点点便宜。比如陶老师每次给上海的父母寄信或其他的私人信件一律用自己的信纸、信封，写好后贴上自己买的邮票，然后再寄出去。照理说，编辑部不缺的就是信纸信封，走一封“邮资总付”的信件也不算个啥事。可是，陶老师却从来都不这样想。他如一泓清泉，清清亮亮、干干净净。除了这些细节之外，在大的财务管理方面，他更是一丝不苟、严肃认真，严格按照财务管理制度办事。

陶老师以他高尚的人格魅力和追求完美、不断超越自我的工作精神，以提升全民族文化素质、推动语文教学改革为己任的辉煌事业，深深地吸引着一大批社会贤达，也深深吸引并感召着一批批青年学子。

在陶老师70寿辰之际，语文报社东北分部王家振先生曾经写诗一首赞颂陶老师。诗云：“勇立潮头巧驶船，开犁破土拓荒先。鹤鸣志在碧云天，皓首穷经矗岱巅。”这28个字，恰如其分地写出了陶老师孜孜以求、不断创新、追求卓越、勇于担当的人格情操。

我庆幸在我的人生旅途中遇到了陶老师！

他是我心中的坐标！

李文锦，山西省教育科学研究院教授、编审。山西省教育学会副会长、省督学。曾任山西师范大学语文报社副总编辑。

给岁月打个结，为记忆画个符

李前旭

阿柴在群里发了张照片，问谁认识照片里的人。

照片是在病房拍的，一个穿蓝白条形病号服的老人坐在病床边输液，右手边一个中年男子把身体向老人靠近，他们在合影。

我猜测一定是那位男子和拍照片的人去探视老人，然后想留个纪念吧。老人也一定知道有人在拍照，眼光撒向拍照的人。

翻到下边一看，这老人还真认识，他是我们师大的老校长——陶本一校长。

读到这个名字时，着实地吃了一惊。返回去仔细再看那照片，一种悲凉从心底慢慢涌出。

陶校长应该快 80 岁了吧？1994 年底我们离校前他离开山西师大，他那时应该在 55 岁左右吧。转眼 25 年过去了，岁月将一个蓬勃的中年人变成了身形佝偻的老人。那个将儒雅形象深刻于我们心中的陶校长真的就见不到了吗？

如果说山西师大有不完美的地方，那我觉得陶校长作为校长却是完美的。

刚入学时，心情倦怠得像睡不醒的春晨，各种失望，各种逃避，各种泄气笼在心里。有师兄开导说在师大上四年能有两次机会听陶校长演讲，一次是大一入学教育，一次是大四毕业嘱咐。为这两次的演讲，上四年也值。

入学教育我们听了，陶校长讲了什么早已不记得。记得的是他的风度、他的口才、他的博学，那么的儒雅，那么的激情澎湃，那么的引经据典。他把男生们折服了，至于少不更事的一众女生，早已崇拜得一塌糊涂。那个年代没有“追星”一词，如果有，陶校长便是山西师大的“星”。

真的呢，这么多年了，再没有现场听过有哪个校长对他的学生们激情澎湃如陶校长那样的演讲了。

陶校长总是衣着简洁，精神焕发，走起路来腰杆挺拔，精神抖擞。只要见到他，立即有一种神清气爽、精神大振的感染力。那时他的头发已经不多了，但一根根打理得井井有条，目光总是炯炯有神，态度总是和蔼谦逊，这或许便是他的魅力吧！这个校长我喜欢，这或许是大多数同学心底的声音。

陶校长是上海人，他有上海人瘦削挺拔的身材，但没有上海人的轻飘；他有上海人的精明，但没有上海人的市侩和俗气。前几年读《明朝那些事儿》的时候，对那个叫徐阶的内阁首辅痴迷得不得了，那个人也是上海人。不知道为什么，潜意识里就把徐阶和陶校长联结在了一起。不知道是因为陶校长才喜欢上徐阶这个上海人，还是因为徐阶这个上海人让我想起了陶校长。不管怎么说，一个人不经意间就能从你的记忆中走出来，和你打个招呼，露个微笑，那这个人一定深深影响了你。

对陶校长最后的印象是大四的时候，和晋机的同学们在图书馆门前照毕业照，陶校长夹着文件从坡上大步走下来，大家立即跑去邀请他，陶校长欣然入照。最后他还和每个同学都握了手、道了别。笑靥依旧、儒雅依旧。没曾想过，这或许是一生中和陶校长最后的交集了吧？

在师大的时候就知道，陶校长和他爱人未曾养育孩子。如今年老了，谁在病榻前呵护？人生之憾事总让人喟然长叹……

给岁月打个结，把我们留在那个不想离开的点。让年轻、活力和大把大把的愿望陪伴在你我身边。

为记忆画个符，画个清晰的休止符。就让我们休止在师大那青涩的记忆中，那个时候啊，校长正当年，我们正年轻……

李前旭，湖南籍太原人，1967 年出生。1991 年毕业于山西师范大学数学系，现供职于太原幼儿师范学校。

一个勇于开拓进取的人
——陶本一同志风范掠影

李春芳

陶本一同志是我一生最敬重的师友之一。我毕业于南京大学，陶本一同志毕业于华东师范大学。1962年9月，我们同时分配到山西晋南师专任教，到1994年他离开山西赴任上海师大新的领导职务，我与他相处30余年。其间我们同在一个系里工作，同在校园生活，朝夕相处，共同经历过各次政治运动，彼此肝胆相照，风雨同舟。后来陶本一同志创办《语文教学通讯》，我也参与其事，并担任兼职编辑，协助他组稿、审稿，与他一道或受他委派参与国内多次语文教学研讨活动。在长期共事过程中，陶本一同志端正的人品、深厚的学养、杰出的才能、优雅的风度给我留下了极为深刻的印象，特别是对他勇于开拓进取的精神，我更是感佩不已。

陶本一同志勇于开拓进取，具有极强的事业心和顽强拼搏的精神，《语文教学通讯》和《语文报》两个刊物的创办就是最好的见证。山西师大的前身是晋南师专，1964年升格为山西师范学院。它是一个地处偏僻、规模很小、不为人所看重的地方性师范院校，在国内几无影响。但自陶本一同志创办《语文教学通讯》《语文报》两个刊物之后，山西师大却逐渐成为国内家喻户晓的一所颇有知名度的大学。可以这么说，没有陶本一同志，就不会有这两个刊物的问世；没有这两个刊物的问世，就不会有山西师大今日的辉煌。可是有谁能知道陶本一同志创业的艰辛呢?《语文教学通讯》是陶本一同志力主创办的刊物。为此他广泛联系省内外知名的中学教师，了解中学语文教学的现状、存在的问题，征询他们的意见和要求。在他四处奔波苦心经营下，刊物问世不久便产生了广泛的社会影响，跻身于国内少数几种知名语文刊物之列。叶圣陶先生还为刊物题写了刊名。《语文教学通讯》打开了局面，对于一个名不见经传的地方性院校来说，已经实属不易，但陶本一同志开拓进取的步伐并没有停止，而是迈得更大了。

就在大家都满足于《语文教学通讯》所取得的成就之际，陶本一同志又提出了创办《语文报》的主张。当时编辑部里有不同意见，对创办《语文报》有无必要，能否办成功，提出了种种质疑。陶本一同志力排众议，阐述了创办《语文报》的意义，提出了实施方案。由于他的坚持和同仁们的共同努力，《语文报》终于问世了。事实证明，陶本一同志的主张是正确的。《语文报》出版发行后受到普遍欢迎，销量巨大，其影响远远超过了《语文教学通讯》。《语文报》的成功再次展示了陶本一同志的卓越胆识，显示出了他非凡的组织才能和干练的工作作风。为了团聚全国之力来办好《语文报》，为了让这个刊物成为全国性的中学生读物，陶本一同志出了两个高招，其一是组织各地区的骨干教师，分片负责各期的组稿、编辑工作，由编辑总部统一协调，经过一段时间之后，再把组稿、编辑、出版的事务统一收归到总部负责。其二是举办全国性的中学生读好书、评好书活动，征得教育部、文化部、团中央的支持，最后再举行隆重的颁奖典礼。这个活动在全国开展，搞得有声有色，通过媒体的宣传报道，极大地提高了《语文报》和山西师大的声誉及影响。就这样，一个地方性的师范院校，主导了全国性的中学生读书活动。《语文报》成了全国中学生的语文园地，成了语文教学领域里一面令人瞩目的旗帜；山西师大成了国内颇有知名度的大学，学校也由山西师范学院更名为山西师范大学。陶本一同志也由此得到了广大师生的拥戴，得到了各级领导的赏识，光荣地出任了山西师范大学校长。

陶本一同志出任校长后，雄心勃勃，一心想把山西师大打造成华北地区一流的师范大学。为此，他在学校各系科专业设置与扩展、课程改革等方面采取了许多重要举措。他重视中青年教师素质的提高，支持他们到国内外知名大学去进修深造；他重视优秀人才的选拔和培养，使他们成为教学骨干和科学研究的领军人物；他重视各专业学术水平的提升，积极争取硕士、博士的授予权；他竭力扶持戏曲文物的考察和研究，支持戏研所的成立和发展，使山西师大成为国内戏曲研究的重要基地，为后来博士授予权的获得和博士后流动站的建立打下了坚实的基础。人们普遍认为，陶本一同志的所作所为在山西师大的历史上具有里程碑意义。

陶本一同志为人端直，作风正派。在他长期工作中，有些人与他产生意见分歧，甚至散布过不满言论，中伤过他，但他心胸豁达，从不计较，没有听说过他打击报复过谁。陶本一同志有几个上海老乡同学，平时相处得很好，但在选拔干部、职务晋升等方面他总是秉持原则，出于公心，从不加以偏袒和照顾。陶本一同志公私分明，清正廉洁，在群众中有很好的口碑。

陶本一同志一表人才，举止端庄，风度优雅，是人们心仪的偶像。他思维敏捷，学养深厚，才华横溢，又娴于辞令，出口成章。每当他在公开场合讲话，人们总是静心谛听，无不为之赞赏。他多才多艺，他主持过《长征组歌》的演唱，他的朗诵极富感染力，几十年过去了，他那洪亮雄浑的声音，至今仿佛回荡在人们的耳际。

陶本一同志为自己铸就了光辉的人生，为山西师大的发展做出了巨大贡献。他的业绩将永载史册，他的风范将永远铭刻在人们的心中。

李春芳，江苏金坛人，教授，1962年毕业于南京大学中文系，当年分配到山西省晋南师专（山西师范大学前身）任教。著有《论语解读》《庄子寓言解读》等。

勤苦努力 奋发图强
——和陶本一先生共事的日子

杨吉魁

我和陶本一先生共事15年，亲眼见证了他创业建校的丰功伟绩。40年过去了，我们虽各奔东西，身居南北，但人非草木，幕幕旧事时常浮现眼前，念之心切，永难忘怀。

一

“文化大革命”期间，我担任临汾地区吉县中学语文教师。因擅长国画，于1974年被临汾地委宣传部调至山西师院隔壁的临汾地区展览馆从事专职美术工作。后来，响应全国“教师归队”号召，离开教育战线的干部，必须重归教育界，于是我又被调到山西师院中文系任写作课教师。

陶本一先生当时在系里代现代文学课。一天，新同事陶老师来访（当时我仍居住在展览馆小院），我们谈诗论画，十分投缘，从此便成了好友，你来我往，交谊甚厚。有一次，他说你当过中学语文老师，了解中学教师，他们对语文教学法有何需求？他们最关心什么？喜欢看什么语文教学方面的报刊？我们就此多聊聊。我以为他有意课余撰写中学语文教学方法方面的研究论文，可原来他在构想创办一份中学语文教学刊物。按当时的条件，一个普通教师，白手起家，困难可想而知，但他迎刃而上，敢想敢干。

二

一个休息日，他约丁耀良、王宗礽、付毓钤、李春芳、林清奇和我聚会，场所是他的一间平房——他的卧室兼工作室，议题就是他想创办语文教学刊物一事。大家发言热烈，集思广益，一致赞成陶本一先生创办《语文教学通讯》。起初，他并没有专职行政人员协助，我记得仅有阴振国是唯一小帮手，主要事宜几乎完全是陶本一先生一人包揽，又是申请刊号，又是上报批复，从组稿编辑、版面设计，到联系出版。他心想事成，一炮打响，《语文教学通讯》创刊号终于成功发行，并且是全国发行，好评如潮，影响深远。

紧接着，系领导的大力支持接踵而来，他有了机会以系里的名义正式聘请丁耀良、王宗礽、付毓钤、李春芳、张明健、林清奇和我等中文系老师做兼职编辑。从此，陶本一先生的担子更繁重起来，因为他得全力以赴投身刊物，也是唯一的全职人员。随着杂志发行量的逐年大增，他急需一个专职人员做助理，于是物色到乡宁中学的徐同。为调徐同到任，他派我前往乡宁，说服那里教育局的负责人士，直到点头同意。

我这个兼职编辑，除了负责作文栏目的组稿审稿，还顺便兼做美术编辑，操心有关封面设计、题头尾花和必要的插图，直到后来有了刊物的专职美编。

陶本一先生时常委派我代表杂志社出外参加活动，我走访过运城、大同、太原，又南下到郑州、广州、长沙和武汉等地。后来，在酝酿创办《语文报》之际，又派我和李文锦远到江浙一带游说，南京、上海、苏州、无锡、杭州、绍兴等地又走了个遍。寻访，开座谈会，征求意见，收集反响，个中滋味，仅我和李文锦自知。出差返回后，我们做了详细汇报，陶本一先生非常满意。

在陶本一先生的操劳创办下，加上大家的努力，《语文教学通讯》《语文报》一刊一报，事业兴旺，日新月异，令人欢欣鼓舞，这是陶本一先生的巨大功劳。

三

不久，陶本一先生当上山西师范学院院长。正处改革开放初期，他的提议获批，把山西师范学院改成了山西师范大学，增加教学设施，壮大师资力量，充实科室，扩建校舍，改变校貌，优化校风，山西师大因而发生了翻天覆地的变化。

改革开放的春风掀起了出国留学热潮，师大留学生出国多带我的中国画作品，作为礼物馈赠各自的导师。赴日的林和生把我的作品带去了日本，经他介绍，日本茨城美术振兴协会会长佐藤一夫和水户市中日友好协会会长友常一雄联合发来邀请书，邀我赴日举办个人画展。

作为校长的陶本一先生，闻知甚喜，视此举为学校的荣誉，亲自主动参与，积极策划，大力支持。当时出国手续复杂，办理历时三个月，他急在心里，一再关切问询，最后获得省政府和文化部批准，拿到日本驻华领馆签证，他才眉开眼笑，如释重负。接着，他一面安排校外办主任马龙山筹备预展，一面又亲自陪同省地市前来观展的领导和嘉宾，并亲笔写了祝贺信为我壮行。

皇天不负有心人，我的赴日画展意外获得成功。在我载誉回国返校的第二天，陶校长便召开校务会议听取我赴日画展盛况的汇报，与会的校领导们观看了画展开幕视频。为回馈学校的大力支持，我在会上自愿向学校捐赠 10 万日元作为谢礼，校方还为我颁发了荣誉证书。在当时“万元户”年代，记者在报道中表示那个赠礼是个可观的数字。

不几天，陶校长约我到校办说：“学校从你的画展获得启示，准备建艺术系，决定调你到艺术教研室，协助学校筹建艺术系，我已经让齐全山负责尽快给你办手续，你要有思想准备。”经协调，我便从中文系调到艺术教研室，并很快被学校评聘为美术副教授，我开始全力协助陶校长创建艺术系。

毕竟，我不是美术科班出身，对系统美术教学知之不足，我便决定帮校长物色有正式美院背景的人才作为艺术系师资班底。我首先引荐了我先前在临汾地区展览馆的同仁张德录，并带他到校长办公室会见陶校长。张德录的作品得到了校长的赏识，最后被聘为艺术系的副主任。随后，在调进袁有根和忻东旺的过程中，校长都征求过我的意见。1990 年，山西师大艺术系建成招生，我主讲“中国美术史”和“写意花鸟画”，也算圆满完成了协助陶校长组建艺术系的重要任务。

四

1993 年，山西省教育学院院长陈茂林在著名书法家赵望进的陪同下，驱车临汾，登门拜访，表明来意，诚邀我到省城太原担任省教育学院艺术系主任。盛情难却，我答应了聘请。然而，陶校长坚决不同意放行。直到 1995 年，在陶校长调离山西后，我才终于被省教育厅正式调任山西教育学院艺术系主任，并于第二年被聘为美术教授。

陶本一先生和杨吉魁在语文报大厦落成仪式上的合影

我们在山西师范大学工作 15 年，与陶本一先生结下了深厚的情谊。他当中文系教师，我是同事；他创办《语文教学通讯》和《语文报》，我兼任编辑记者；他任山西师范大学校长，我是部属，他交付的任务，我全力以赴，圆满完成。我感谢他的信任和对我赴日画展的巨大支持。我们之间的情谊万古长青。

陶本一先生为人友善，无私大度，清正廉明，对事业，以勤为本，心想事成；他创建山西师大、栽培后人的丰功伟绩鼓舞人心；他为人师表、奋发图强的精神风范永远启迪影响着下一代。

2010 年 3 月，陶本一先生 70 大寿，我曾吟诗两首表示祝贺，以此作为尾花：

语文报业势恢宏，
海上英才誉盛名。
岁届稀龄仁者寿，
三晋儿女敬先生。

为师重教见行操，
桃李成林窃自豪。
塑像丰功贡景仰，
先生风范比山高。

杨吉魁，著名花鸟画家，师承齐白石女弟子杨秀珍，专攻写意花鸟画数十载。为中国艺术研究院文化艺术研究中心特邀创研员，中国高校美育研究会会员，山西省政府文史馆馆员，山西花鸟画学会副会长。美国麻州布里奇沃特大学艺术系名誉教授，美国新罕布什尔州普利茅斯大学美术学院客座教授等。

令人敬仰的语文教育家和出版家

杨　波

尊敬的陶老师以及各位老师：

大家下午好！

能够参加这样一个研讨会，非常高兴，谨向陶老师表示崇高的敬意，并对今天研讨会的顺利召开表示热烈的祝贺！

刚才大家都满怀深情地讲陶老师，我也想讲几句，我觉得陶老师的贡献有这么三点：

第一点，在语文教育方面的贡献。我是学地理的，上学前填志愿，填了政史系、中文系，结果事与愿违，分到了地理系，这样一个阴差阳错，使我这个人留下了两个伤痕。一个伤痕就是不会讲普通话，另一个伤痕就是讲话没有文采。但是，想起来也很有意思的一件事情，就是我们的教室离中文系的教室很近，中文系老师讲课的声音常常都能传递到我们地理系的教室。因为我们要到地理系教室的时候必须路过中文系的教室，有一次，我们去上课，当走到中文系教室的时候，听陶老师正在讲《海燕》。于是，我们就不走，就在窗外听课，结果误了本系的课。这成为一个事件，学校讲，怎么地理系的学生跑到中文系去上课。于是做了一个决定：让陶老师给全院的学生讲公共课，讲高尔基，讲《海燕》，所以我有幸成为不是陶老师所在中文系系外的一个学生。对他的语文教育思想，我想大家都讲了很多，我就不多讲了。但是我想，我听了陶老师的课以后，至今他的音容笑貌，包括"高尔基"这个名字，深深烙在了我的心灵上，我想我应该感谢陶老师。我想下面咱们还要继续谈他的教育思想，希望大家能够谈得充分一点，让他的语文教育思想发扬光大。

第二个贡献，我觉得是办学育人方面的贡献。山西师大地处比较偏远的临汾，当时临汾是个小城，人也比较少，我们编了一个歌，叫“一个警察望两头，动物园里三只猴”。就这么一个小城，办了这么一个大学，我们往往都有自卑感，就是我们怎么上了这么一个学校。尤其我是临汾人，原本想远走高飞，结果走得不远，从翼城走到临汾就上了大学，觉得很不过瘾。一直到参加工作之后，有时候还因为上这么个学校多多少少有些遗憾。什么时候改变了这个遗憾呢？陶老师当了校长以后。我记得陶老师刚当了校长不久，就把“山西师范学院”改成了“山西师范大学”，当时我们不理解，有人指责，说陶本一好大喜功，怎么就把“山西师院”改成了“山西师范大学”了？后来我理解了，因为我到团省委以后，知道了一件事情，就是后来“华北工学院”改名“中北大学”的时候，费了九牛二虎之力。就因为个校名，书记、校长多次到教育部去申请，结果才申请成现在这个校名。可见，陶老师当时把“山西师范学院”改成“山西师范大学”是多么了不起的贡献！以后我们山西师大，各个方面的教学成果都很好，包括我们的《语文报》办得也很好，所以我调到太原以后，常听校友们说，都为我们是师大人感到骄傲！这个也是很大的贡献。我们省委宣传部正想做一件了不起的事情，就是带领大家共同努力，把文化强省作为省里的一个发展战略。开始有人不理解，现在大家都理解了。更重要的是，经过若干年的努力，大家发现，我们山西人找到了自信力，就是文化自信力，都觉得我们山西人有文化，山西是个好地方，有山有水有文化。那么，陶老师在师大办学，让全体师大人都感到，我是师大人，我为此感到骄傲，我为此而有自信，这是多么了不起的贡献！当然办好一个学校是大家的功劳，也不是一个校长一己之力可以完成的，老师们、同学们，各个方面的领导们，大家都共同出了力，但是应该说陶老师是一个带头人。

第三个贡献，是在发展文化产业方面的贡献。发展文化产业是党的十六大刚提出来的，经过这么多年，发展文化产业已经上升为一个国家战略。刚刚结束的两会，我们的政府工作报告里面就提到要发展文化产业，而且总理讲，一个国家的强大，最终决定于文化，不仅仅是经济，最终是文化。所以发展文化产业是党中央、国务院非常重视的一件事情，也是我们省委、省政府非常重视的一件事情。我们文化产业里有各个门类，我们就发现，这里面有一个很重要的数字，就是教辅类报刊群，我们的教辅类报刊群在全国是首屈一指的，是非常有特色的。在临汾这么一个地方，能够诞生这么一个报刊群。大家饮水思源想一想，这么一个地方怎么诞生这么一个报刊群？小时候我们看过《人民日报》《山西日报》，这样的报那样的报，你想没想过语文还能办报，这是一个创新。文化产业就是这么一个特点：创新。语文能办报，而且能办大报，英语也能办报，化学也能办报，生物也能办报等，所以临汾这个地方就诞生了一个报刊群。这个报刊群是我们山西文化产业的重要组成部分。我今天下午要参加这个活动，应该说一个非常充分的理由就是冲着这一点来的。我们应该感谢陶老师，应该鼓励更多的人在发展文化产业方面去创新，为我们的文化产业发展做贡献。这事也是非常了不起的一件事情。我们山西有煤炭资源，这几年又多了一个词，“一手挖煤，一手挖文化”。政府报告里面就讲，“煤越挖越少，文化越挖越多”，这个文化怎么挖，确实里面需要有创新，有一拨人要献身这个事。陶老师是有功之臣。可惜呀，当时我们的文化产业政策还不完备，个人的知识创新、知识产权，没有得到社会的承认，他现在经济收入方面没有得到多少，但是他可以聊以自慰的是，这个事儿办成了，《语文报》《英语周报》等等我们这个报刊群在全国很有影响，影响三代人，至少是两代人。前几天，我陪中宣部的同志到《语文报》《英语周报》去考察，有个同志就讲，他小时候读《语文报》，现在他的孩子还在读《语文报》，他的孩子拿到《语文报》的题在做题，每天都做。这是外省的一个同志，南方的一个同志。我们的《语文报》《英语周报》是全国性的。我想能有这个功绩确实应该感谢我们的陶老师。我说的已经很多了，我们应该发扬光大“陶本一精神”，这个精神大家来概括，我没有这个资格，我想他的精神一定会有人概括得很准确，我希望这种精神能够发扬光大，希望今天这个会能开得很好，圆满成功，希望陶老师健康、长寿！

谢谢大家！

（本文系作者在2010年3月“陶本一先生语文教育暨编辑出版思想研讨会”上的讲话）

杨波，山西省委宣传部原常务副部长。

陶本一校长：中美高校教育交流的拓荒者

杨 涛

20 世纪 80 年代，一批批山西师大师生有幸走出国门成为赴英国、美国、加拿大和日本等海外多个国家的留学人员。30 年后的今天，不论是学成海归者，还是侨居海外者，他们皆为中外各行各业的栋梁人才，无不感恩母校山西师大的沐浴以及时任校长陶本一先生的亲手栽培。

1982 年秋，我以年级第二名的高考成绩被录取到山西师院生物系。时值全国改革开放的初期，晋南临汾花果城春风拂面，山西师院以淳朴的师生面貌也加入了划时代的高等院校改革。响应“文化大革命”前后的时代号召，全国众多学术精英云集晋南，成就了山西师院的骨干师资队伍。不久，早已长期献身山西高教和学院学术建设的陶本一先生出任院长，在他的主政下继往开来，师院旋即升格为师大。陶校长的意气风发感染了校园文化，他的感召力与时代共鸣，我们便是经历了共和国新时期积极向上和朝气蓬勃精神的一代幸运儿。

一所高校的学术高度和未来规模在于其师资力量的优势。作为开拓型的校长，他倾心培育师大的后备师资力量，在争取全国优秀大学毕业生来师大任教的同时，加强对师大优秀学子的培养力度，以期作为合格人才留校任教。改革开放初期，我们在学术与经济领域向西方先进国家学习，然后奋起直追。由于“文化大革命”的影响，20 世纪 80 年代初期的大学生英语基础普遍薄弱，校长鼓励学子们努力掌握外语，学校的各种英语角、英语竞赛、出国英语培训班如雨后春笋。与此同时，陶校长积极为学生争取到海外留学的机会——不论是公派选送，还是师大自己拓展的中外高校校际交流，并亲自参与师大留学生的选拔和派遣。期间，陶校长一手创立的山西师大与美国田纳西州奥斯汀皮耶州立大学和麻州布里奇沃特州立学院的高校校际学术交流项目，年复一年，互派师生，堪称早期中美高校交流的楷模。

1988 年初，短期留校任教后，我被学校选拔参与同美国布里奇沃特州立学院的校际交流项目，并考取该校的生命科学硕士研究生。留学期间，陶校长亲笔写信，勉励我们好好学习，争取优异成绩，争取攻读学科博士学位。作为布里奇沃特大学的中国早期交流学生，我们在学业和生活方面皆受到该校的特殊照顾，了解两校交流项目的教授们常常免费赠送我们教材，该校学术副校长是位德高望重的生物学教授，他主动兼任我的硕士学术导师。研究生院副院长亲自为我们交流生制订学位学习计划，并常在节假日驾车带我们熟悉学校周边的人文环境。

1989 年，陶校长率山西师大代表团对布里奇沃特大学例行校际交流项目的学术访问，受到美方的盛情接待，两校进一步巩固了学术交流协议，我们留学生也欣然在多种场合担任翻译和沟通工作，美方对陶校长在中美高校交流方面的建设性远见和人格魅力由衷赞叹。

1990 年，为不辜负陶校长的殷切期望，在布里奇沃特大学教授们的强力推荐下，我接受了康奈尔大学生命科学学院奖学金攻读博士学位，有幸进入生命科学研究的前沿。我在国际学科领域发表的第一篇论文被刊登在学报的封面，在鸣谢栏里我特意感谢陶校长多年的培养和鼓励。获得康奈尔大学博士学位后，当时跨国生物医药公司在校园里招聘，我便进入了生物医药研发的第一线，先后在默沙东、杜邦、施贵宝等公司的新药研究院任职。

人生多变，有时计划赶不上变化。我们当年的师大留学生，有的未能如愿回归山西师大任教，这些年大家心中都负疚重重。不过海外游子不会忘恩于祖国和培养他成材的母校，报答不分早晚，迟早报效祖国。如果不应忘恩于个人的话，那个人便是陶本一校长。

陶校长是 20 世纪 80 年代师大留学生的启航人。母校今日的学术成绩离不开陶校长当年的开拓与奉献。

杨涛，现居美国，美国百时美施贵宝药业公司新药研究院药理研究员。

陶 校 长

——美好印象之点滴

杨 栋

我 1981—1985 年就读于山西师范大学中文系，毕业后留校工作一年，负责当时在师大学习的几位美国留学生的中文学习和生活事宜。1986 年底赴美，到与师大有校际交流关系的麻省布里奇沃特学院攻读英美文学硕士，后来转到宾州州立印第安纳大学继续攻读英美文学博士学位。1995 年毕业后到纽约，从事非牟利教育工作。多年来已帮助近千名来自国内的青年学子进入美国大学。也可谓未忘初心，做着教书育人的事。

我与陶校长的交集并不多，但他却是我最敬仰的人。近闻母校将在 2018 年 60 周年大庆之际推出一部有关陶校长的大型文集《师长 · 社长 · 校长——我印象中的陶本一先生》，我很高兴可以趁此机会把珍藏心里多年的对陶校长的感念写出来。以下是我对陶校长的一些零碎但深刻的印象。

记得第一次见到陶校长应是 1984 年初的一天。读大二的我在文科教学楼走廊的窗口看到远处一位 40 多岁的校领导正陪同几位外宾参观校园。他气宇轩昂、风度翩翩，令人印象至深。经询问后才知道他就是我们刚上任不久的陶校长。

那年秋天因学校南边的化工厂排放大量呛鼻的废气，严重污染周边环境，且长期得不到解决，师大师生积怨已久，终于有一天学生们集结起来要走出校门到市政府请愿。陶校长闻讯后赶到校门口及时拦住并成功劝阻大家不要上街游行。记得当时天色已晚，学生也有几百人之多。以他一人之力其实根本不可能拦住那么多人，只是学生们心里有陶校长而没有做出过激的行动。后来细想起来，当时学生上街请愿是不可想象的事，在关键时刻陶校长是以他个人的感召力成功地化解了一场可能的危机。

在留校的一年里，我有了较多的机会接触和了解陶校长。当时改革开放中的山西师大，在陶校长的带领下，积极从各地网罗人才，同时又选派青年教师到兄弟院校进修，更开启了与美国多所大学的校际交流的先河。学校的得力举措、人才的流动和校园的扩建使得当时的师大一片生机勃勃，令人振奋。我接触较多的青年教师们都非常敬重陶校长的为人和领导方式，觉得生逢其时。具体到选拔出国留学人员的事上，我觉得学校的运作始终公平合理。相关人员廉洁、公正，一切照章办事。我和我的青年同事们都是靠考试成绩胜出而获得出国深造的机会。择优录取的方针在实践中得到贯彻执行，从而鼓励了学子们一心向学。所以，我记忆中的师大始终是一片净土，是一个教书育人、孕育希望、培养人才的地方。

1986年底来美后，我直接攻读英美文学硕士课程。这对我这个中文系毕业，英文听说能力有限的人来讲压力确实不小。经过一个学期的苦读后，我获得了两个A和一个B的成绩并写信汇报给学校。不久就收到了陶校长的亲笔回信。他鼓励我知难而进，并以一个中国人特有的视角来研究英美文学。信中言辞亲切而中肯。30多年过去了，我至今还保留着这封信，并时常感念陶校长在百忙中对一个海外学子的鼓励和关心。

我与陶校长在美国曾有两次见面的机会。第一次是1989年，他率团访问我当时就读的麻省布里奇沃特学院，与校方加强校际交流关系。我后来还有幸参与了该校对送往师大展览的所有艺术展品的翻译和中文讲解的录制。第二次则是1992年夏天，陶校长到美国内华达州看望在那里学习的师大留学人员。我正好在那里度假，所以有幸与那里的同事们一起接待了陶校长一行。两次见面时间都不长，但我们每个人都非常高兴能够看到他和一起来的校领导。陶校长儒雅而谦和，每次都给我们留下了很好的印象。

陶校长是众所周知的语文教育家，高等教育改革开放的先行者，而在我的印象里他是位风度翩翩的学者，一位有担当、有亲和力、公正、廉洁的校长，更是一位亦师亦友的谦谦君子。虽然我没有聆听过他的一节课，可他是我最敬重的师长。陶校长在我心中的完好印象就定格在二三十年前的这些零碎但不可忘却的记忆里了。

杨栋，山西乡宁人，1981年至1985年就读于山西师范大学中文系，毕业后留校工作一年。1986年赴美麻省布里奇沃特学院学习，1990年获英美文学硕士。1995年获宾州州立印第安纳大学英美文学博士。1996年至今，在纽约CMP人力中心从事非牟利教育工作，现任资深项目主任。

永不“安分”的陶校长

杨新敏

刚到山西师院上学时，心情是比较郁闷的，因为那时我知道，自己是山西师院文科录取分最高的，但一进入学校，心里就拔凉拔凉的。我们那时候管山西师院叫“歪门斜道”，因为它的大门不是正对着马路，而是在马尾巷尽头斜立着。进入校门，看到的就是一排排的低矮的小平房，一个个灰头土脸的行人。这就是我寒窗苦读、多年梦想的大学？我要再大胆一点儿，报个好一点儿的学校多好！

后来，我找到了一个在心理上能产生共鸣的人，或者说因为我的这个体验，我与一个人，一个自己觉得靠不上边，觉得高高在上、睥睨一切、眼神中充满了不屑的人在心理上产生了共鸣，那就是陶本一校长。

那是刚留校在人事处帮忙时，陶校长与几个老教师在痛说“革命家史”，我坐在旁边心怀忐忑地偷听。校长说，他从华东师大毕业后，被分配到遥远的山西临汾，虽然那时心中做好了充分的失望的准备，还是被晋南师专给震惊了：学校居然是赶了一辆马车来接他！在马车上颠簸许久，终于到了学校，只有两排平房在等他，那份荒凉，让人心里都能长出草来！

这个故事与我曾经的体验是多么合拍，多么相像！苦不苦，想想红军长征两万五，累不累，想想革命老前辈，跟陶校长当年的遭遇相比，我的郁闷就根本不值一提。

不但是我的郁闷不值一提，而且是很快，我就从郁闷中换档，进入了一个不断打鸡血的过程。这个过程，主要也应归功于陶校长。

我是 1981 年入学的。刚入学不久，陶老师便创办了《语文报》。那是山西师院广大学生政治生活中的大事呀，看到报纸上全国各界名人的题词，人人激动得睡不着觉，大家卧谈会一开就是一晚上！因为《语文报》刚办起来，人手很少，而那个时候这样的阵地很稀缺，全国各地的来稿一麻袋一麻袋的，编辑根本弄不过来，我们的业余生活就成了给《语文报》做初审，把大量的无效稿清除掉，把较好的稿子留下来给二审看。那时候穷啊，也没有什么工好打，做初审挣的钱，让我们多多少少改善了一点儿生活。很快，不管我们走到哪里，别人再问你在哪儿上学，就不会怯怯地说山西师院，而是充满了底气，别人也不会再迷茫地说，山西师院？出汾酒那个地方吗？而是说，出《语文报》的地方？好羡慕呀！

陶校长上任不久，1985 年，正赶上我国第一个教师节。校长开办公会议讨论，认为第一个教师节具有特别重要的意义，一定要过得隆重，过得让教师们感受到真正的温暖。讨论下来，校长做出了一个大胆的决定：给每个教师拉一车煤！

山西是煤都，不缺煤，而煤作为燃料，是会产生热能的，是温暖的，为教师拉煤，正象征为教师送温暖！学校虽然穷，但核算下来，咬咬牙，给老师们办好这点实事，还是可以的。

消息不胫而走，教师们奔走相告，激动不已，同时还有点儿发愁——拉那么多煤，堆哪儿呀？

但是，麻烦很快就来了。

后勤的职工听了很不高兴：我们虽然不在讲台上，但我们也是为党的教育事业贡献着力量，凭啥给老师拉一车煤，却没有我们的份儿？

陶校长哭笑不得，但又不敢惹后勤职工。那时学校的一切需求几乎都不是从市场中购买，而是自给自足，全靠后勤。桌椅板凳靠后勤做、靠后勤维修、供水、供暖、洗澡、理发……都靠后勤，如果后勤不干了，学校就要瘫痪。

后勤职工是教师的数倍，给学校所有教职员工都拉煤，学校的财力就彻底承受不了了。

但是，决定已经传出去了，如果再收回，以后说话还有权威吗？人们还会相信吗？

陶校长只好发挥自己从中文系出来的长处，在语言上做文章：拉一车煤，这个决定不变——教师们自己去买煤，学校负责给你拉回来。（笑）

教师们本来就发愁煤拉回来没地方堆呢，这下就只好算了。

于是，教师节的福利变成了由后勤为每个教师发两根烧火用的柴火。那时后勤做桌椅板凳都是公家事，木头没人心疼，可以做几张桌子的，一浪费，就只能做一张了，那劈下来的废柴堆在旁边还占地方，给老师们不也象征送温暖吗？于是，作为毕业班班长的我，就承担起了带领同学为老师们送柴火的任务。当老师打开门，看到手里拎了两根柴火的我们，不知他们当时发生了什么复杂的心理活动。（笑）

讲这个故事，不是为了黑校长，而是为了说明校长当时处在一个什么样的环境中，他要付出多大的努力去做事，他有多少好事想做，却徒唤奈何！

一个思想超前的人，他怎么能瞧得起那些思想保守的人，尤其是不肯学习却还不断地做进步绊脚石的人，为了自身利益胡搅蛮缠的人。

就是在这样的一种环境中，他愣是用他的坚忍和毅力，为山西师大的发展闯出一条道路。

陶本一任校长的10年，是山西师大突飞猛进的10年。校门掰直了，校名由山西师院更名为山西师大。当时省里最好的图书馆建起来了，自习室总是满员。那是一个激昂扬励的年代，是一个奋勇向前、朝气蓬勃的年代，是一个随时都有激动人心的事件发生的年代。一批批的留学生被送出国门，现在都成了各行各业的精英。

海派的开放和领风气之先的精神，使偏僻的山西高校变得不再保守。那时，在全国某些大城市，有些话题都是特别敏感，这方面的书都是特别有争议，但陶校长却亲自一本本地向我们推荐阅读书目，而每一本书都在师生中形成了讨论的热点。

回首往事，很幸运遇上了这样一位校长。他的精神品格已经成为山西师大的组织文化。在他回到上海后，我又鬼使神差地跑到长三角安了家。因为有这样一位精神领袖在，长三角聚集起多位山西师大的校友。

杨新敏，1964年生，1985年毕业于山西师范大学中文系。苏州大学凤凰传媒学院教授，硕士研究生导师，网络新闻研究所所长。

校长的重托

张昌河

记得是1991年深秋的一个上午，陶校长约我到他的办公室。我以一种莫名的心情来到他的面前时，他拉我坐在窗前的沙发上，好像两位老友在叙旧似的一左一右拉开家常了，完全不像是上下级关系的样子。片刻，我进门时那种似乎有点紧张的心情一下烟消云散了。他轻声轻气地说："张老师，国家教委发文件要求师范院校加强对学生的教师职业技能训练，开设'三笔字'（钢笔字、毛笔字、粉笔字）课程，我看你把这个工作给担负起来吧。"我望着他那期盼的目光，本来想说德育课这副担子还压得我喘不过气来呢，别给我再加了。可是，话到嘴边给噎回去了，我以探试的口气说："学校里写字比我好的还有其他人，最好让别人干吧！""我相信你，你能干好。"他温和而果断的口气和信任感把我的嘴封死了。我只能说："试试看吧！"接着他讲了师范院校开设"三笔字"课的重要意义。谈完话，他把我送到门外的楼梯旁，还目送我下了一楼。有个同志看到此情此景，开玩笑地说："张老师，你好神啊！"我说："怎的？"他说："陶校长跟处级干部谈话不挨训就是好的，你有什么面子让校长把你送到门外？"他的这句话使我更深切地体会到校长对"三笔字"教学的重视和对自己的厚望。

我是1964年山西大学毕业留校任教，1974年调到山西师院的。在山大搞大批判专栏人称"有三张"，我是其中之一，来师院后又继续了这份差事——校门两旁的墙上用白灰灰了后要写"教育为无产阶级政治服务，教育与生产劳动相结合"的教育方针。用大红漆写美术字，字高近一米，须踩上桌子才能书写。校门两旁地基高低十分不平，要垫上砖瓦片才能工作。校门北侧是鼓楼南生产队的大麦场，南面是斜对着泥泞的贡院路。刮起风来麦草与尘土一起飞来，书写环境可想而知。我足用了一周时间才完成任务。学校要把山西师范大学这个校名放大到校门上，又是我的任务；在建校 26 周年改院 20 周年的校史展览中，我承担着刊出的任务。陶校长对此项工作十分重视，平日不时来检点观望，在最后的两天，我夜以继日通宵加班赶任务。陶校长也参加到我们加班的队伍中来。校长的参与给我们鼓了劲，按时圆满完成了任务。陶本一既是领导，用当时大家的话说，也是“一个战壕的战友”，所以他硬是要把“三笔字”教学的任务交给我。

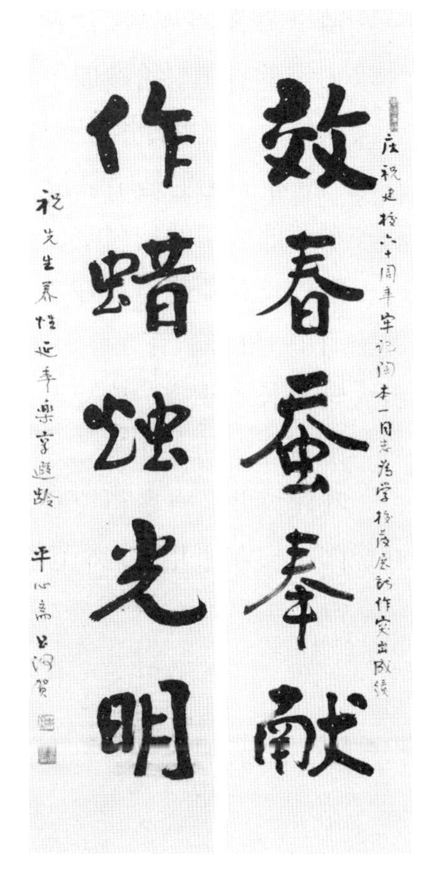

陶本一校长的工作作风是雷厉风行的，为了贯彻文件精神，他要求我配合教务部门、校团委调查研究，拿出意见，以便启动“三笔字”教学工作。学校很快出台了《晋师校字（1992）30 号文件》。文件规定“从九一级学生开始，‘三笔字’正式列为必修课”，同时相应地成立了教学领导机构和教学组织机构，组建了考委会，决定“教师在学生中招聘”，称为三笔字“小先生”，我具体负责此项工作。

根据安排，我的工作很快展开了。从 1991 年到 2001 年 10 年中，我先后培训了近 200 名“小先生”，完成了 10 000 多名师范生的三笔字教学任务。荣获山西省高校教学成果一等奖。实践证明，读书是学习，使用也是学习，而且是重要的学习。“小先生”通过教学，写字水平飞速提高，毕业后大多从事书法工作，成为教学骨干。这种办法不仅解决了师资问题，而且培养了一批未来的书法老师。

陶校长对工作认真负责、一丝不苟的精神是大家公认的。有人工作不认真自然有点“怕”他了。如果你也是一心工作，和他相处，是不会有距离感的，他是十分随和的。我培训“小先生”用的讲稿经反复实践，最后由山西出版传媒集团山西科学技术出版社正式出版，称《三笔字教程》。与校长商议扉页上的设计时，我说我们当地有句俗语说“字是老师的脸”，他立马决定扉页上写成“三笔字是人民教师的第二外表”。陶校长十分民主，有事总与大家商量。我校的校名，分别请全国著名书法家沈鹏、田英章、董寿平等人题写，但学校到底用谁的，他征求大家的意见。我参加了讨论，大家的意见是国家语言文字工作委员会要求在公共场所，需用标准字、规范字。大家同意用董寿平的字。他尊重大家的意见并说“董寿平先生是咱临汾人，用他的字大家觉得更亲切”，这就是今天校门口和校车等处所用的校名字。

陶校长对师范生写好“三笔字”重要意义的认识和严格要求，深深地印在我的脑海中，好像教育学生写好字成了我的责任。2005 年《中国书法》上刊出某知名大学校长不识字、教授不识体引起社会广泛关注的报道后，一下又勾起了我对学生写好字的责任感。

我建议并亲自参与校莳英园“中国书法史长廊”的创建工作。长廊建成后，好像陶校长在那儿讲，师范生一定要把字写好。

张昌河，1940 年生。山西襄汾人。山西师范大学中国书画文化研究所教授。中国文人书法家协会会员，中国老年书画研究会会员，中国书法美术家协会理事。

陶本一教育思想初探

张金柱

陶本一，1941 年生于上海，1962 年毕业于华东师大中文系，即分配到晋南师专（山西师院、山西师大的前身）任教，一生从事教育工作及出版工作。作为我国当代著名语文教育家、出版家、高等教育改革的探索者，曾先后担任语文报社社长兼总编辑、山西师范大学校长、上海师范大学副校长等，退休前为上海师范大学教授、课程与教学论博士生导师，兼任多个专业学术组织的领导组成员、上海市九年制义务教育阶段语文教材总编，初中语文教材主编，并主持基于语料库的小学识字教学研究课题、我国东南沿海经济发达地区教师标准的研究与制定等课题。1989 年被评为山西省劳动模范，1991 年起享受国务院特殊津贴，并先后被英国剑桥传记中心和美国国际传记协会收入世界名人录。

陶本一教育思想是在陶本一办学思想、陶本一语文思想、陶本一出版思想等概念提法基础上凝练提高而形成的，是对陶本一一生进行语文教育、编辑出版和教学管理思想实践的全面总结和系统提升。陶本一教育思想是陶本一同志在长期教学、办报、管理工作实践过程中思考、提炼并得到实践检验的思想体系。它主要由陶本一首先提出或归纳总结，由陶本一的同事、学生一起参与讨论修订完善并付诸实践的，它是山西这块热土上培育、生长、形成的具有山西特色的思想体系，是山西师范大学及语文报社最宝贵的精神财富之一。

陶本一教育思想除了具备一般思想体系所具有的概念性、思想性和学术性等特征外，它最大的特色就是其实践特性和发展理性。陶本一教育思想不像其他的思想体系具有一系列概念清晰、理论超前、体系周密、结构宏大等特征，而是体现出强烈的实践特色、实用特性和发展理性。陶本一教育思想是从实践中总结出来的理论，是经过实践检验的理论，是能够指导实践并随着实践的发展而不断完善的理论体系。

陶本一教育思想包括陶本一的语文教育思想、编辑出版思想、教学管理思想和学科教育思想等四个组成部分，我们试述如下。

陶本一的语文教育思想

语文学科是陶本一学术生涯和教育实践的起点和根本。陶本一大学所学的专业是传统的中文，大学期间及参加工作后，除了日常的教课任务，他长期与图书资料打交道，对中文及语文学科有了一些基本的认识，形成了自己的认识和看法。有些观点现在看来老生常谈，平淡无奇，已属常识，但在刚刚粉碎“四人帮”的20世纪70年代末，却可以帮助陶本一尽早从“文化大革命”思维中跳出来，及时选择自己的突破方向和工作重点，从而开创了一片新的天空。陶本一语文教育思想的主要内容包括：

一、陶本一及早提出了语文是基础学科、工具学科的观点，在强调语文的基础性、工具性的同时，提出语文是进行思想、道德、情感和知识教育的重要阵地（抓手）等观点。这些观点的总结提出，源于陶本一对中国传统文化深厚的积累素养，对语文学科的整体认知和价值判断，这一认识和判断反馈到《语文报》等报纸期刊的编辑方针和编辑理念的确定设立等，促成了《语文报》尽早找准和确立了办报（刊）理念和目标，寻找到了正确的路径和方法等，也才有了《语文报》的快速崛起和健康发展。

二、陶本一较早提出要把语文学习渗透到相关学科如政治、历史、地理甚至渗透到数学、物理、化学等学科的学习当中。由于语文学科的基础性、工具性特征，陶本一较早提出学习语文不能仅仅局限在“单科的语文”上，而是要将语文学习与其他学科的学习结合起来，将学习语文渗透到其他诸如人文科学、社会科学的学习当中，甚至要扩展到理、工、农、医科的学习当中，从分析研究人文科学、社会科学及理工科学习材料的语文素养、组织成分等角度去扩大并建立学习语文的机会和平台。

三、陶本一较早提出要建立大语文观，要把语文学习的外延扩展到生活的方方面面，扩展到社会生活的全部范畴和全部领域，提出生活处处有语文，社会有多大，语文就有多宽的理论。“大语文观”是陶本一提出并努力实践的一种语文教育理论和出版理论，当社会上或学术界针对语文是指语言、文学还是写作，课外阅读到底可不可以搞，学生该不该阅读文学作品或其他优秀文化作品等现在看来十分荒唐可笑的问题还在议论不休争执不下的时候，《语文报》很早就举办了全国中学生诗歌大赛、全国中学文学社团作品联展等活动，创办了《中学生文学》《语文报》（七彩月末），开设专版刊登中学生的文学作品等。这些活动的开展和报刊的创办，实际上真正拓宽了语文的视野，改变了传统语文拘于单纯的语言文字、拘于单一的课堂课本、拘于单调的升级考试等狭窄范围的做法，也就是从那时起，在实际办报办刊的过程中，《语文报》已经把传统语文的视野扩展到生活的许多方面，如影视语文、广告语文、交际语文、旅游语文、经贸语文等，在这些新领域内，都开设有许多新栏目，撰写有系列文章。

这些年来，语文报社一直坚持以“大语文”为编辑理念，以“传播语文知识、促进语文教改、弘扬祖国优秀文化、提高全民族文化素质”为编辑宗旨，以“高质量、高品位、实用性加可读性”为编辑方针，它所出版的优秀报刊，培养和影响了一代又一代青少年、青年教师和社会青年。《语文报》的办报宗旨和编辑定位能够如此“高大上”，是与陶本一对语文学科的总体认识和准确评价分不开的。

陶本一的编辑出版思想

陶本一的编辑出版思想也称办报思想，是陶本一在创办《语文教学通讯》《语文报》《小学语文报》等语文报刊的实践过程中发展成型并总结归纳出的一整套编辑出版思想。这一思想的直接成果就是语文报社的创建以及它后来所取得的一系列成绩，包括山西师大出版的《英语周报》等也直接或间接地受到嘉惠和影响。在办报理念和实践操作方面，陶本一提出并实践了以下理论和做法。

一、精品名牌的编辑思想。陶本一提出了“办一流报纸，创名牌期刊”的办报思想和理论。山西师大地处临汾，要办出面向全国发行的报刊，如何获得全国读者的认可，如何取得全国知名度，陶本一提出要办出面向全国读者的报纸，必须具备全国水平的内容质量，要在报刊内容质量上追求全国领先，提出要精益求精，永不满足，要勇创名牌报刊，要以质量取得读者的信任和认可。所以从一开始，《语文报》便树立了对标一流，追求卓越，国内领先，国际知名的目标理想，《语文报》从没有把眼光盯在山西，而是将目标定在了全国，在全国的范围内物色作者，聘请专家，撰写文章。《语文报》起点就是全国性大报和权威性报纸。后来语文报社取得了一系列全国性的荣誉和各种称号，就是陶本一这种精品意识、名牌产品等理想追求的自然延伸和合理结果。刚刚过去的2017年，语文报社获得了国家新闻出版广电总局颁发的“全国报纸百强”称号，在互联网新媒体的强烈冲击下，在全国近2 000种报纸中，《语文报》名列百强，殊为不易，值得珍惜。

二、海纳百川的出版战略。陶本一提出了利用全部社会力量、集中全国高端智慧的办报思想，并创造性地进行了实践。为了把《语文报》办成全国一流有影响力的报纸，陶本一创造性地发明了创设编辑分部的想法，就是在全国六大城市的北京、上海、长春、南京、杭州、武汉分别设立了编辑分部，充分利用社会力量，凭借六大城市信息广、人才多、教育先进、文化发达等特点，发挥每个编辑分部人员的地方人脉优势，完成《语文报》的日常编辑工作和重点专号、专辑的组稿编写工作，这样的出版架构设计对《语文报》创刊之初及时反映各地信息，吸引全国读者，迅速扩大影响，形成热点效应等方面，均起了不可小觑的作用。

三、回馈社会的办报理念。陶本一提出了以活动扩大影响，以活动形成名牌，以活动促进发展的办报理念。陶本一有着传统文人重名轻利的思想，有着现代新人永不满足的精神。《语文报》创办之初，为了扩大《语文报》的影响，陶本一便带领大家创设并举办了一系列活动，除了报纸本身举办了各类征文比赛、知识竞赛之外，语文报社与全国妇联、原国家教委、新闻出版署、团中央、中央电视台、中国图书评论学会、中国语文报刊协会、全国中语会等联合举办了“16城市语文邀请赛”，全国中学生语文夏令营，连续5届的全国中学生读书评书活动，以及后来举办的10届全国中小学生寒暑假读报竞赛，全国中学生“敬母、爱母、助母总动员”征文竞赛、“中华语文万里行”活动等大型活动，赢得了社会各界的普遍好评。通过举办这些活动，在全国中学生中造成了广泛影响，使这些中学生通过参加活动增加了知识，开阔了视野，同时也了解了《语文报》，宣传了《语文报》，达到了陶本一所提倡的“取之于民，用之于民，服务教育，回馈社会”的目的。直到如今，语文报社仍在坚持举办各式各样的语文教育活动，著名的有连续举办了20届的“语文报杯”全国中学生作文大赛，连续举办了11届的“语文报杯”全国中青年教师课堂教学大赛等，通过这些活动的举办，不断扩大《语文报》的影响，提高《语文报》的知名度，从而带动语文报社事业的整体发展。

陶本一的教学管理思想

从1983年12月到1994年底，陶本一担任了长达11年的山西师范大学校长。

身份的变化意味着工作重点和重心的改变，陶本一由此成为一名教学管理者或教学指导者。在教学管理与教学改革方面，应时代之需，陶本一提出了一系列的改革措施和管理理念，也进行了许多大胆的改革和探索，在许多方面也取得了一定的成绩和提高。

在人才培育目标方面，陶本一提出要培育完整的人，健全的人，大写的人。他提出一切为了学生，为了学生的一切，要真正把学生作为学校的主体，使学生真正成为大学的主人，使他们有独立的人格，使他们有更宽的视野，使他们有更果敢的行动，使他们能为自己所创造的成绩感到骄傲，为学校感到骄傲。同时他也提出学校要重视对教师的管理与培养，重视对年轻教师的培养与指导，强调年轻教师应加强进修，鼓励年轻教师在职读研，参加国内外各种培训、研修项目，力促山西师大与多所欧美高校建立校际交流机制。经过选拔考试，把符合条件的年轻教师送到国外进行培养，以提高年轻教师的学术视野和研究水平。

在教学内容改革方面，陶本一提出在大语文基础上的大文理概念，提出文理打通，文理兼修，倡导通识教育。主张文科的学生要通晓理科重要的基本原理，理科的学生要了解文科的常识内容，特别是在文科学生中普遍开设高等数学课，在理科学生中开设大学语文，在全校开设计算机、三笔字等课程，可以说大文大理、通识教育等理念较早就在陶本一的思想中扎下了根。山西师范大学较早开设了通识课程，是20世纪90年代以来中国大学教育提倡大文科、大理科、大商科，培养全才和通才，提倡宽口径、厚基础、全能性、复合型人才等现代教育理念的开先河者。

在教学管理改革方面，陶本一提出并设立了校长与学生见面日，创立了学生自律委员会，设立了校长助理制度等改革举措，改学时制实行绩点学分制，实施三学期制、淘汰制和选拔制，推进校园文化建设等。当时学校整体的工作没有充分得到学生的理解，更不要说得到学生的支持。为了能够改变这种状态，陶本一提出设立校长与学生见面日，要求校领导和学生们直接对话，使学生了解学校的工作重点。通过这种举措，学生和教师对学校各方面的工作有了进一步的认识，有了很好的理解，他们也就在各方面都能谅解并支持学校的工作，从而做到步伐一致，使学校的工作能够蒸蒸日上。再如建立了校长助理制度，校长助理由学生担任，但这校长助理不是虚设，是真正的学生助理，先要经过初选，再经过竞选演说，由学校最后决定。校长助理每星期要到校长办公室上两天班，学校发给工资，是名副其实的助理。校长助理主要反映学生对学校工作的意见，沟通学校与学生的关系，协调解决与学生有关的较为简单的问题。在这些方面做了一些有益的尝试。

作为一校之长，陶本一在改变原有教学管理体制、转变领导作风、实行系主任负责制和校长负责制、推动教学改革、推进科研进步、推进重点学科建设和区域特色学科设立、重视青年教师培养、推动保障体系的完善和提升、改善教学条件和教学环境、加强学术交流和国际交流、加强图书资料和实验设备建设、推进报刊建设等，都有许多宏大设想、具体措施和不俗成绩，在此不再赘述。

陶本一的学科教育思想

陶本一职业生活的最后十多年所从事的学科专业叫课程与教学论。其实大学毕业后的 20 年间，他曾经教授过大学中文系的文选与写作、外国文学、现代文学等几门课程。担任了山西师范大学校长之后，从学校发展和教学管理的现实要求出发，陶本一将自己的学术方向确定在了学科教学论。学科教学论是师范大学开设的一门特殊课程，从 20 世纪初师范教育诞生以来，它经历了几个发展阶段：一是各科教材教法阶段，即 50 年代在师范院校中就中小学各门教学科目分别设置的相应的教学法课程，名称为“教材教学法”“分科教学法”或“各科教学法”；二是 80 年代开始的学科教学论阶段，即在教学理论的指导下，建立各门学科的分科教学论，名称是“学科教学论”或“分科教学论”，这不只是名称的改变，而且是理论的提升，并得到国务院学位委员会在研究生专业目录中的认可；三是 90 年代以来，开始出现的学科教育学的理论的尝试提出和初步形成；四是完整的学科教育学体系阶段。陶本一基本上全部参与了这个学科四个阶段的发展建设，尤其在第三阶段学科教育学阶段，陶本一是学科教育学理论的主要倡导者之一，至于第四个阶段完整的学科教育学体系概念的提出，陶本一具有首创之功。在这一理论体系中，陶本一对学科教育学理论的形成，提出了自己独特的思想学说和学科理论体系。

实际上在陶本一开始进入学科教育学这一学科之前，他早已开始了对这一领域的持续关注和学术积累。早在 1962 年大学毕业前夕，陶本一就组织了本系全年级同学编写出版了《中学课外阅读参考资料》一书，20 世纪 80 年代初，他即主编或撰写了一系列图书和论文，他主编有“中学语文丛书”《一百个文学形象》《记叙文一百题》《说明文一百题》《议论文一百题》，和于漪共同主编了《中学语文备课手册》（12 册）《文学形象词典》和《应用语文》，与卫灿金主编了《语文学习百科知识词典》，与王光龙、李德龙主编了《全国中学特级教师教案选评》、“新版中学语文课本学校指导丛书”和《精选语段阅读指导与训练》等教学研究辅导类图书；策划并主编了《叶圣陶语文教育思想研究专辑》《叶圣陶语文教育思想研究》《中国新时期语文教育》和《中国学生作文年鉴》等，撰写了《要加深对语文教学自身的认识》等论文，这些图书论著的策划编写为后来陶本一关注语文学科教育与构建“学科教育学”理论体系奠定了坚实的学理基础；直至后来主编了高师教材《语文学科教育学》和《学科教育学》，提出了自己的有关语文学科教育以及学科教育学的系统理论，创建了具有创新意义及自己特色的理论学说；直至 21 世纪初担任上海版义务教育小学、初中语文教材的主编，将自己多年积累的学术思想、理念观念等体现在中学语文课程的编写和教学中，都是陶本一学科教育思想的系统完整体现。

为什么要提出完整的学科教育学体系这一概念？陶本一指出，学科教育的研究在前几个阶段中，各门学科是分开的，忽视各学科之间的内部联系，忽视各学科之间的交融性，无法从整体上去观察研究学科教学，缺乏宏观的视野和综合的视角，因而存在着明显的缺陷和不足，现在就是要把学科教育视为一个整体，探索整个学科教育的共同规律。陶本一认为，完整的学科教育学应该包括两大层次，一是整体性的层次，即把学科教育作为一个整体来考察，考察学科教育的一般规律；二是具体性的层次，即在整体性理论的指导下，针对中小学各门学科建构相应的各门分科教育学，探讨各门学科教育的特殊规律。

在提出自己的教育学科分类体系的基础之上，即提出组成教育学的有基干性学科系列、边缘性学科系列和教育科学学科系列的教育学科分类体系之后，陶本一构建了自己的“完整的学科教育学体系”，这就是：人材规格——学科教育的目的；知识的分化与建构——学科课程；知识的获得与生长——学科学习；知识的传播与培育——学科教学；知识学与教的新平台——现代教育技术与学科教育；知识学与教的效果——学科教学评估体系。应该说，这一学说的提出是符合当前学科教育的实际和未来发展要求的，是有着严密的逻辑体系和理论特色的。当然，这一理论的提出，是陶本一长期思考、勇于实践、不断总结、追求创新的结果，这一学说理论虽然形成于 21 世纪初，但它的起源应该在山西，它体现了陶本一一贯的思维品格和理论特色——重在实践，服务教学。

其实，在创建自己的学科教育学的学术体系的过程中，陶本一还提出了许多具有启发和创新意义的观点和学说，如他对知识的原生态是统整的，学科本是一个有机的整体的见解；学科之间的相互渗透性、交融性的见解；学科教育研究的方法论思考；学校教育包括集中性、整体性、显性的学科教育和弥散性、隐性的非学科教育的观点；对学术学科和学校学科的分类；对教育学科的分类和对整体性学科教育学的分析论述等，都是具有启发意义和创新价值的提法和观点，值得后学认真研读和揣摩。

陶本一教育思想应是一个完整而系统的思想体系，是陶本一尽其一生心血才华而成就的一个理论体系，同时也是一个不断完善、不断进步的实践体系。笔者不揣浅陋，纵笔如此，肯定有许多不足之处，期望得到方家的补充和指教。

（赘语：1. 陶本一先生是笔者的业师、领导和心灵的导师，是完全意义上的师长、社长和校长，在与先生交往 35 年的时光中，不论先生的职务有何变化，也不论先生身处何地，一句“陶老师”便将所有的尊敬、问候、关切、思念、祝福……包含其中了。本文为论述方便和合乎规范，直呼先生大名，尚祈理解和谅解；2. 从本文题目看更应写成一篇严谨而规范的学术论文，概念、范畴、推理、结论、注释、参考、术语、感谢等一应俱全，然主客观因素，期限内难以做到，更怕佶屈聱牙，坏人胃口，故以此文交差；3. 陶本一教育思想，很高大上的课题，似应由比笔者更加合适的人来操刀撰写，但踌躇再三，还是选定了这一题目，权当抛出靶子，做引玉之砖，冀能为后来者当一垫脚石亦足可慰）

张金柱，编审，教授，硕士生导师，曾任语文报编辑、副主编，发行部主任，山西教育出版社副总编辑，山西新华书店集团党委书记、董事长，山西出版传媒集团综合办公室主任，山西科学技术出版社社长、总编辑等。出版有编辑学专著《编辑创新论纲》《向书而歌》等，撰写了《图书品牌化战略初探》等论文 30 余篇。入选全国文化名家暨“四个一批”人才，全国新闻出版行业领军人才，享受国务院政府专家特殊津贴，系中央直接联系专家。现任山西教育出版社调研员，山西省版权协会主席，山西省出版工作者协会副主席等。

笔挺的风度
——忆陶本一校长

张　原

虽然我自信自己是一个唯物主义者，也懂得岁月不饶人的规律，但当我在朋友圈里看到陶校长在病床上的照片时，依然不愿相信这是真的。在我和许多校友的心目中，陶校长已经定格在一个时间点上，定格为一个笔挺的形象。

那好像是1987年的冬天，快12点了，我与两位舍友看电影归来。街上行人寥寥无几。快到校门口了，远远看见昏黄的灯光下站着两个人，一个是门卫，另一个看不清楚。有一位同学眼力好："肯定是陶校长！""何以见得？""你看那笔挺的风衣和围巾，再看那笔挺的架势，准没错！"走近一看，果然不假。

寒风中，陶校长白净的脸冻得通红，两手虽然时不时地搓着，但身姿依然笔挺。我们虽然穿着军大衣，还是冻得缩头缩脑。陶校长平静地问："你们是哪个系的？怎么这么晚才回来？"我们脚步也未停下，低着头，很不好意思地说："看电影去了。""赶紧休息吧，别影响明天上课。"语气依然和缓。

我们也很奇怪，这么晚了校长还不休息，站在外面挨冻吗？可能，今天是校长值班吧，但也不至于站在外面啊，坐在门卫室里取取暖也行啊。

后来，在周六的校长见面会上，陶校长还专门针对学生外出晚归的情况，提醒大家：一是要注意安全，尽量早出早归；二是学习和身体为重，注意休息，不要影响学习。

话虽平平，但想到寒风中的身姿和寥寥数语，却让人暖意融融。其实，稍做观察，在宿舍楼里、在餐厅、在运动场的边上，都会看到校长笔挺的身影……

又联想到某个周日下午，我们到政教系主任刘志和老师家串门。他夫人曹老师（祁县同乡）说，刘老师累了，要躺一会儿，晚上再来。原来，昨晚上是刘老师值班，他一个人拿着根棍子，在校园里转了几个小时，及至黎明才回家，白天又开会又外出，现在才得空休息。

想象着刘老师夜巡的情状，回想着校门口的陶校长，今天看来，那时候师大的领导、教师和学生很近。

20 世纪 80 年代，大学是令人神往的地方，但作为黄土高原上的一个远离省城、远离繁华的师范院校依然无法避免一种先天的单调。不过，幸好每月一次的校长见面会，是这单调背景上的一抹亮色。

具体是什么时间记不得了，由陶校长提议，每月都会在大礼堂举行校领导与学生见面会。这在当时的山西乃至全国，估计也并不多见，可谓挺立潮头。

记得当时许多女生都说，去参加校长见面会，主要就是看陶校长。和以往校领导坐在台上不同，在见面会上，校长始终站在台前——笔挺的西装，得体的领带，斯文的眼镜，梳理整齐的头发。迁至今日，大概就是“男神”了吧。对于一所具有浓郁“山药蛋”派风格的大学，对于着装以厚实为主的山西人来说，陶校长的“海派”形象确实别具一格，乃至引领校园时尚，学校不少男生就是因为校长，才去尝试着穿西服，打领带。

在那样的场合，衣着并不一定能决定活动的氛围和效果，沟通才是硬道理。

活动之初，很多同学只是在下面干坐着，不能说是看热闹，但可以肯定，都不知道或没准备好要说什么，更不知道具体该怎么表达。很多师生对这样的民主“大餐”，就好比第一次吃比萨一样，手足无措，有点“外行”。

陶校长以平稳的语气向大家解释，学校举办这样的活动，就是想要让同学们和领导之间能够面对面地进行交流，彼此能像朋友一样坦诚相见，大家在学习上、生活上以及其他方面有什么问题，对学校工作及政策有什么不理解的，都可以畅所欲言。最后特别强调，言者无罪，但闻者足戒。

随着见面会的逐次举行，大家渐渐适应了这种新的师生交流对话的方式。大家给校领导递条子的内容，从一开始的宿舍、洗澡、热水、打饭等琐碎事情，逐渐地开始向教学内容、考试制度、英语补习、实习问题、考研政策等方面延伸……大家也放开了提意见，校长也坦诚地和大家展开对话。

因为从小在南方长大，对江浙一带的方言略有点敏感，但听陶校长的话语，已经淡退了许多南方人的口音。每次回答学生千奇百怪的问题，他始终保持着稳健的语速、适中的语调和简单的手势。

诚如一些人所说，学生提的许多问题都是一些“老大难”，开个会，就能解决吗？但这和创办《语文报》一样，也是一种难得的经历和尝试。一份报纸固然不能彻底改变语文教学的现状，但它为当时语文教学的交流沟通创造了条件，它也正在为改变而努力着。同理，对于一所大学和一个学生来说，某种经历虽不能改变一个人或一所学校，但它为我们打开了一扇窗，让我们看到了无数的可能与希望，从某种意义上说，这远胜于最终的结果。

遥想当年，对于刚刚从“文化大革命”烟尘中走出来的陶校长和许多师长来说，让我们这些被太行山和黄河阻隔的学子，体验一下“民主”的氛围，体验一下外面的世界，以滋养我们即将面对三尺讲台的胸襟气度，可能是大有必要的。或者说，从我们开始这种体验的时候，我，我们，已经在改变了。

1988 年春天的大同，当我作为实习教师，第一次踏上讲台之际；当自己从黄土高坡来到太湖之滨，呼吸了各样的粉笔面儿之后；当我参加每一次交流讨论，都要争抢话筒发言之时……我觉得，让自己笔挺地站立着，面对每一个学生，每一个人，说着该说的话，做着该做的事，面对着必须面对的一切，是要有点底气的。

此时，我想到了陶校长在见面会上给大家解释校徽寓意时说的话：“书籍，是我们立身之本；师范，是我们终生的事业；山西，是我们热爱的土地；红烛，是教师必备的献身精神。”

书到用时方恨少，事非经过不知难。在几十年的教书生涯里，我也越发感受到经验的重要。一位考上大学的学生回来看我，谈起在大学的感受。她说，虽然自己高中时没当过班干部，但由于我经常给他们开展各种各样的活动，如民主竞选、春游、知识竞赛、设计新年贺卡、组织联欢等，他们在主动与被动的参与过程中，渐渐懂得了除了读书，经历和体验也是学习的一部分。到了大学她当了团支书，工作也是得心应手。殊不知，我教她的这一切都来源于那位“挺拔”的校长。

大学之大，以至于要毕业了，很多地方还没去过，还不曾和一位女生看过电影；大学之大，以至于很多人都没和校长说过一句话。这是临毕业时，一位同学在宿舍走廊里的感慨。

《荀子》有云：“学之经莫速乎好其人，隆礼次之。”大学校园走一回，去过哪些地方，认识多少人并不那么重要；校长是否和我讲过话，也不那么重要。大学，真的只是万里长征的第一步，看一个人今后能否立言、立功、立德，能否在自己的岁月里站得住脚,关键还是要看一个人在这个偌大的校园是否静得下心,读得进书,做得了事,能否找到自己的坐标和路径。

30多年后,我在继续努力读懂一个教师,一个校长,他挺立的形象与风度依然是我立身讲台的坐标与方向……

张原,男,山西祁县人,山西师范大学中文8429班学生。在祁县中学任教12年,2000年调至无锡市锡山区江苏省怀仁中学,2012年调锡山区教育局教研室,任中学语文教研员。中学高级教师,无锡市语文学科带头人。以不误人子弟为教书原则,以务实简约为教学主张,对作文教学及课堂研究有所关注,亦偶有文字见诸杂志报纸。

陶校长与我的学习生涯

狄国伟

1992年，我从一所中等师范学校毕业后，幸运地被选拔推荐上了山西师范大学。作为农村出来的孩子，我当时的想法是，中师毕业是小学老师，师大毕业后可以当个中学老师，中学老师比小学老师地位还是高一些的。我对自己的未来规划感到满意，想到自己成为一名大学生，心里不免生出一丝骄傲。

入校之后，从同学们的诂语中，我了解了《语文报》在全国的重大影响，知道了我们的陶本一校长的创业传奇。于是，我对这位从上海来的校长充满了期待。在礼堂的开学迎新会上，我们终于见到了陶校长。藕色西装，金边眼镜，面色红润，气质儒雅。那是一次掷地有声、慷慨激昂、充满自信、催人奋进的演讲。时隔多年，陶校长讲的内容具体记不清了，但有一句话让我印象深刻，那就是勉励我们在以后的人生道路上要学习，学习，不断地学习。

如果说刚上大学还有懈怠之心的话，那么，陶校长在迎新会上的讲话则成为我在大学期间以至以后人生道路上学习进步的动力。山西师大是一所很普通的地方大学，地理位置不占优势，但是，在陶校长科学有效的管理和激励之下，我上学的那个年代，学校的校风质朴，教风严谨，学风扎实。拿我的学习成长经历来说，如果说我在学习上有值得骄傲和自豪的地方，那就是大学期间在英语学习上的突破。作为中师生，我高中三年是没有学过英语的，要从初中英语基础直接过渡到大学英语学习，这中间要吃多少苦才能迎头赶上！但是我没有气馁，牢记陶校长对我们的勉励，“学习，学习，不断地学习”。我同其他同学一道，每天背着厚厚的牛津英语字典，行走于教室、宿舍、食堂之间，三点一线，往复回环。比起现在，当时的作息真是非常有规律。早上起来先去操场跑步，然后回来简单地洗漱后，就拿着英语书到楼下去读，或是拿着收音机去听 VOA、BBC 等英语广播，直到食堂开早饭。到了晚上，吃过饭就奔向教室、图书馆，去得晚了就没有座位了，要知道当时的学校并不像后来扩招以后有那么多的学生。刚上大学时，我的眼睛还是 1.5，到了大三以后，我已戴上了近视眼镜。我后来常常告诉别人，我的眼睛不是高中用坏的，而是大学用坏的。功夫不负有心人，我的英语成绩从入学时在班里是中下等，到每个学期都有新的进步。再后来，四级过了，六级也过了，英语方面我成为同一级学生中的佼佼者。

后来，我考上了研究生，毕业后留在了北京工作，人生开启了一个新的阶段。从最早的一名中师生，一个农村出来的孩子，到后来在大城市生活，也算是人生的进步，这是努力学习的结果。知识改变命运，我的学习经历只是山西师大校友中一个很普通的例子。多年以来，我遇到过不少优秀的校友。他们有的是商业精英，有的是学界大咖，有的则成为政界要人。他们中很多人同我一样，从小地方出来，靠着自己的努力奋斗，打拼出事业的一片天地。当大家说起自己的母校时，都会谈到可敬的老校长。我们都会骄傲地说："我们是山西师大毕业的，是陶校长的学生！"

那年侄子高考填报志愿时，对自己的成绩没有信心。我结合自己的经历，鼓励他说，不要灰心，能上山西师大本科也很不错。只要好好学习，以后照样会有出息。因为我知道，山西师大出来的学生一点儿不差。四年本科，能好好读下来，是能学到很多东西的。山西师大的文凭是过硬的。

我想，大学是一个人人生观养成的重要阶段，大学的重要使命之一是让学生做好未来成功的准备，能够学有所成，为社会做出贡献。学习，学习，不断地学习，只有这样，才能离期望的成功越来越近。著名教育家叶圣陶说："什么是教育？一句话，就是要养成良好的学习习惯。"这一点，作为大学的管理者，陶校长对学生的培养教育是非常成功的。学习努力，吃苦耐劳，质朴谦虚，是山西师大学子们的共同特点，是陶校长带给山西师大的宝贵的精神财富。

十几年前，有一次出差，我经过上海师大，还特意走进去转了转。当时陶校长已经调任到这所大学。想到我们的校长就在上海的重点大学当校长，作为曾经的学生，心里充满了骄傲和自豪。

如今，陶校长已经退休多年，在家安享晚年，当年的学生也已经成为中年人。“不要人夸颜色好，只留清气满乾坤。”我想，这大概说的就是陶校长的品格吧。

狄国伟，男，1973年生，山西师大中文系9201班学生，北京广播学院汉语言文字学专业1997级硕士研究生，美国Murray州立大学访问学者。曾先后从事中学语文教学、对外汉语教学等工作，现为人民教育出版社副编审，并于2017年作为中央国家机关援疆干部挂职自治区教育厅，任新疆教育出版社副社长。

看望陶本一校长

周征松

时间：2015 年 10 月 18 日下午

地点：上海市华东医院

今天上午，在上海召开的中华周氏联谊总会常务理事会闭幕。下午，我和夫人去看望陶本一校长。

陶校长是 1962 年从华东师大来到山西师大前身晋南师专的。我则是 1965 年从北京师大来到改制后的山西师院的。至陶校长于 20 世纪 90 年代调离山西师大返回上海，我们一起共事了 20 多年。期间，我得到了他的诸多提携和照顾。趁这次来到上海之机，我一定要去看望我的这位老领导、老朋友。

陶校长因病住进了华东医院。我们从聚沙源大酒店（祁连山路南路口）打车赴延安西路 221 号华东医院，见到了久违的陶校长。

陶校长坐在床边的轮椅上，面前有一张简易的小桌子。我赶忙走上前去，握住校长伸出的手，说："校长，我们看您来了！这次来上海，会外的活动只安排了一项，就是一定要来看望您。"陶校长对我说："你身体很好。"我说："我没心没肺，事业无成，空养一副好皮囊。我们同岁，希望您很快康复。"只见他神态安详，满脸微笑，显得很高兴。我问了一下他的病情，他的爱人徐莉英老师说，好几种病缠身，现在只能在房间里、走廊上走动一下，生活起居需要亲人和护工照料。我见到陶校长时，他正在翻看摊在小桌上的报纸，床上放着几摞书刊，能看清书名的是一本《世界文学》，他早年在山西师大是教授外国文学的。

我向陶校长讲述了学校的最新变化。一是来了一位新书记，是无锡人。教师节新书记说要为教师实现梦想搭建平台。二是正在创建新校区。陶校长说，巨人广场的八尊石像要移过去。武校长、原校长得知我去上海会去看望陶校长，都让我替他们问陶校长好。陶校长立即要我转达对武校长、原校长的问候。陶校长十分关心戏研所、文学院，问现在的领导是谁，我给予了回答。他问窦楷老师怎么样，我说他身体很好，早上买菜时常看到他。他说窦老师今年快90岁了。他还问到李春芳老师，我说李老师退休后依然笔耕不辍，最近连出两本厚厚的书，是关于孔子和庄子的。陶校长听了很高兴。在交谈中，陶校长声音细小，听不清，徐老师在一旁不断地复述校长的话。

我给陶校长讲了临汾的变化。一是陶寺遗址已基本确定为尧都平阳之所在。二是临汾城市景观发生了很大的变化，汾河临汾段已变成水上乐园，去年还举办了世界大学生划艇比赛。

后来，我们又共同回顾了在老师院的生活。星期日，老师们或奔“鸡道”去买鸡，或奔“渔道”去钓鱼。陶校长高兴地说，他当时和董遵章等四位老师去买鸡、钓鱼、打麻雀，其乐融融。我说，当时这批从国内各名校来的老师，充满活力，对山西师大的发展做出了很大的贡献。

我们说得很高兴，陶校长提出想“回家”看看。我赶忙说：“临汾机场年内将启用，等您身体恢复更好些，‘回家’看看是很方便的。到时我让我的儿子去接您。就是他当兵时给您写过信的那小子。”他高兴地说：“好，好！”

最后，我拿出手机，提出来照张相。我们愉快地进行了合影。

为了不影响陶校长的休息，我向他告别出来。他先是让他夫人送我们，然后又让护工推着轮椅，同乘电梯下了楼。我本想推着他在花园里走走，但护工不让我推，她推着轮椅很快地消失在花园深处。

当年英姿勃发、生龙活虎，为学校的建设做出过巨大贡献的陶校长的形象，不断地闪现在我的眼前。

周征松，江西泰和人，毕业于北京师范大学。山西师范大学文学院教授，硕士研究生导师。主要著作：《临汾史话》《魏晋隋唐间的河东裴氏》《中华姓氏谱（裴姓卷）》（与裴海安先生合作）等。

陶本一校长的办学思想

武海顺

从晋南师专建校算起，陶本一先生是山西师大的第五任校长。陶校长1962年从华东师大中文系毕业来校工作，直到1994年11月调离山西，在学校一干就是32年。可以这样说，他把自己最宝贵的青春和智慧，毫无保留地献给了师大，为师大的发展壮大做出了不可磨灭的重要贡献。

1983年12月，陶本一先生出任师大校长。40出头年富力强的他，从此站在了这所25岁年轻大学的改革潮头。那时，他在师大工作已经超过21年，与学校共同经历了艰苦创业的奋斗岁月。在他的领导下，这所学校由山西师范学院更名为山西师范大学，各项工作步入新的历史阶段，处处生机勃勃、欣欣向荣，迈出了建设正规化大学的坚实步伐。在回顾总结老校长十年办学之路中所取得的成绩和成功的经验时，我深深地觉得，陶校长的确是一位有着创新精神和先进教育理念的教育家，他在长期的教育实践中，形成了独具特色的系统的教育思想，体现在教育改革、师资建设、学生管理、学校特色、科学研究等方方面面的办学实践中。

一、教育改革创新

改革是教育事业发展的强大动力，向改革要活力，是陶校长办学治校的“关键一招”。十年任期内，陶校长高度重视改革，不断推进改革，用改革的办法，规范了学校的治理结构，打开了学校的发展局面，使学校成为国内师范教育改革的旗帜。

陶校长的改革涉及办学治校的各个领域，究其改革的聚焦点却始终集中在教育教学改革这个中心上。上任伊始，陶校长就带领班子开始酝酿和准备全校的教学改革问题。他鲜明地提出，作为一所高师院校，学校的办学方向必须为基础教育服务，实现师范性与学术性的统一，加强教育专业知识教学及教育专业训练，使学生树立热爱教育事业的思想，并明确提出了“加强基础，拓宽知识，培养能力”的教改方针，推动实施了一系列有利于人才培养的教改措施。比如，率先改学时制为阶段绩点学分制，实行三学期制、主辅修制、免修免听与重修制，压缩了必修课，增加了选修课，体现了因材施教，给予学生充分发展的自主权；实行中期分流制和中期选拔制，体现了竞争性成长，激励学生保持旺盛的学习热情；强化文理交叉，在文科系普遍开设高等数学课，在文科以外的系开设大学语文课，全校开设计算机课，体现出对学生综合能力培养的重视；组成文科、理科、外语、体育四个组，对教师进行全面听课，检查教案、讲稿、作业批改情况和学生的考试成绩，体现了对教学全过程的严格监管；倡导改变传统教学观念和“讲听结构”的教学模式，运用启发式教学，在加强基础知识、基本理论和基本技能教学的同时，培养学生的自学能力、语言表达能力、实际操作能力、教学能力和创造思维能力，等等。

在强化课堂教学主阵地的同时，陶校长还高度重视学生的实践教学，对教育见习和教育实习也进行了大刀阔斧的改革。比如，正式把教育见习列入教学计划，作为一门课程，贯穿四个学期，计算两个学分；把教育实习的时间由过去的 6 周增加到 8 周，在优质中学建立了固定的教育实习基地；教育实习结束后，集中举行全校性的教育实习典型报告会和教育实习赛讲活动。针对实习学校积极性不高的问题，陶校长采取互利互惠、签订合同的方法，由我校每年给实习学校分配一名毕业生或接收实习学校一名进修生免费学习，实习学校在指导教师和食宿条件等方面对实习生给予帮助和支持，很好地调动了实习学校领导和教师指导我们实习生的积极性。

为了巩固和发展教学改革的成果，保证各项改革措施的贯彻执行，陶校长还十分注意各项规章制度的建设和完善，建立起一套责任制、考核和奖惩三位一体的责权利相结合的制度体系，对教师工作量制、教师工作规范、干部责任制、学生规范、工人合同承包责任制等进行了全链条、咬合式的改革和完善。

任何改革都不会一帆风顺。十年中，陶校长推动的教育改革涉及学校的方方面面，自然也遇到了观念、机制、利益、师资和干部队伍上的困难，其中也包括一些阻力。但是，面对保守的声音和各种各样的藩篱，他都能以常人难以想象的豁达和坚忍，以“衣沾不足惜，但使愿无违”的期许，坚持改革方向，克服改革险阻，推进改革取得成效。改革不是翡翠兰苕上的孤芳自赏，而是向着培育新时期优秀人才目标的积极变革。学校任何一个时期的改革者，都在“痛并快乐”中奋然前行。在陶校长先进教育思想的指导下，培养了一大批优秀毕业生，他们已成为教育、文化、经济和管理领域的栋梁，在社会上形成“师大人才现象”。

二、培育优秀师资

人才是学校的第一资源。陶校长对人才的重视，是从提升师大核心竞争力的战略高度来考虑的，加强师资队伍建设特别是青年教师的培养是其任期内贯穿始终的工作主线、战略重点，可以说是不惜投入，舍得花钱，多措并举，下足了功夫。针对当时的师资队伍状况，陶校长果断提出了“尊重知识，尊重人才，任贤贬庸，奖勤罚懒，以严治校”的基本方针，用待遇留人、平台留人、感情留人，使师大的教师队伍结构、素质、面貌发生了根本性的转变。

陶校长认为，师大的未来取决于青年教师的成长，青年教师的未来决定着师大的未来，特别在青年教师的培养与提升上不遗余力。他明确要求1985年以后（含1985年）本科毕业的青年教师必须在规定期限内考取研究生，硕士研究生毕业再鼓励考取博士研究生，大量选派青年教师到国内外重点高校学习和进修，一批“好苗子”还被送往美国、英国、加拿大、澳大利亚、日本、德国、新加坡等国家。为保证他们有足够的时间和精力用于进修和提高，不仅减免了全部工作量，而且提供了很大力度的支持。比如，在全校教职工住房十分紧张的情况下，优先考虑解决研究生毕业的青年教师住房问题；在人员超编、其他人一律不调进的情况下，设法解决硕士生、博士生的夫妻两地分居问题；在办学经费紧张的情况下，一再压缩其他项目经费，在其上任的前三年，用于青年教师培养的经费就相当于1978—1983年六年总投入的26.9倍；青年教师在外进修和攻读学位，晋升教师职务不受影响，对确有真才实学、贡献突出的教师破格晋升职务，并拨给专项资料费和科研费。除此之外，对待外出进修的青年教师，陶校长还特别用心、暖心。比如，组织编印了《展望与交流》，定期与在外进修的教师交流信息、沟通思想和加强理解；定期邮寄学校的各种出版物，逢年过节以学校名义寄送慰问信、贺卡等。我在读博士期间，每年都能收到陶校长的慰问信，他还多次安排人事处同志去学校看望，在博士论文答辩前就任命我为化学系副主任。为了让我能够及早回校、投入工作，陶校长特意拨款7万元，让我在南京购买回校后要用到的实验设备。这种政治上的关怀、生活上的关心，使青年教师时时感受到学校的温暖，更加奋发努力，学成回校后勤奋工作。

山西师大不在省会城市办学，地处偏僻，招揽人才比较困难，从1988年开始，陶校长独辟蹊径，从本校二年级学生中选拔有培养前途的优秀学生，送往重点大学进行后期本科培养，在重点大学学完本科学业后，根据学校专业要求考取研究生，毕业后回校工作。这样既可以使后备师资的补充和质量得到保证，也可以为师资紧缺专业培养教师，做到按需培养。这种培养方式虽然周期较长，但对于改善教师队伍的学历结构和总体水平，对学校的发展和整个教育事业的进步却是远见卓识之举。短短几年，使师大的师资面貌实现了很大的改观，为师大的振兴积累了坚实的人才基础。

三、学生成为主人

陶校长办学思想的另一个重要方面，就是一切以学生为中心。正如他所说，在我们山西师范大学，要真正树立学生作为中心的地位，使学生真正成为山西师范大学的主人翁。我们所做的各项工作都是为此而努力，使他们有独立的人格，使他们有更高的视野，使他们有更果敢的行动，使他们能为自己所创造的成绩感到骄傲，为我们的学校感到骄傲。

陶校长主持了系列改革，“真刀真枪”让学生参与到办学中来，影响比较大的改革有以下几项。第一件事情就是从学生中选聘校长助理，作为沟通校长与学生之间联系的“桥梁”。助理及时把信息提供给学校，帮助校长决策，提高决策的透明度。同时，通过助理的工作，增强学生的民主意识和参与意识，进一步加强对学生工作的民主管理。第二件事情是成立学生自律委员会，引导学生自我管理、自我监督，下设的文明监督部、纪律检查部和民意反馈部，分别行使着维护校园秩序、处理违纪事件和反映学生呼声的职能。对于自律委员会的工作，陶校长曾多次指出，凡是学生当中的违纪事件，都必须有自律委员会的意见，否则不予研究，而且在学校开行政会议的时候，自律委员会的委员必须参加，体现了对自律委员会的重视和尊重。学生自律委员会的成立，在培养学生的自律意识和民主精神、树立良好的学风和校风方面都做出了突出的成绩，受到全校师生员工的一致好评，在全省乃至全国高等学校中产生了广泛影响。《人民日报》

曾以《山西师范大学自律机构发挥作用》为题对自律委员会的工作做了报道，并以《提倡自律》为题发表了“编余短论”，认为“自律”作为民主生活的一种保证、法制建设的一种补充，是一种现代意识，很值得提倡。

还有一件事情，就是创立了校长和学生见面日制度，就像现在的公开问政一样。一到每个月的第四个星期五的晚上，大礼堂很快就挤满了人，谁都可以参加，谁都可以提问。学校的所有处长们都要列席，同学们可以对任何一个处长的工作提出意见和建议，处长们也必须立刻回答同学们的意见和建议，做出及时回应并制订出详细整改方案，在下次校长见面日的时候，向大家汇报整改结果。这是一个很好的创举，正是通过这样一个举措使我们学校工作透明，使学生更加积极地参与到学校工作中来，真正成为学校的主人。

四、打造学校特色

师范大学，首在师范，重在为基础教育服务，为中小学教师服务，为中小学生服务。这也是陶校长办学治校的不改初心。在其办学实践中，始终将师范教育作为学校的办学特色进行重点打造，并通过《语文报》等报刊的创办，把师大服务基础教育的触角直接延伸到了中小学课堂。

从创办《语文教学通讯》，再到创办《语文报》，都源自陶校长服务基础教育的责任感和使命感。改革开放初期，他在山区县调研时，痛感基层中学语文教师资料缺乏，备课、业务进修缺少途径，于是排除万难办起了《语文教学通讯》。之后，他基于教与学的两端呼应，又创办了《语文报》，这是国内第一份为中学生学习语文服务的教育类专业报纸，试刊号第一期的订数就达到了近75万份。这个订数在当时看来是相当可观的，一下子引起了各方面人士的关注。陶校长面向基础教育、研究基础教育、服务基础教育的思想通过《语文报》和《语文教学通讯》，形成了巨大的影响力和辐射力，影响和服务了一代又一代语文教育者和学习者。通过报刊，教育专家的教研成果和一线名师的教学经验被迅速推广、交流，最前沿的教改信息被迅速传递，很多教师、学生因为有了《语文教学通讯》《语文报》的陪伴而迅速成长。通过报刊，山西师范大学与全国500万语文教育者和学习者直接握手、深度对话，不仅能够常态化感知中学语文教育的脉搏，而且能够充分吸取基础教育一线的丰厚养分，并将之持续反馈滋养大学语文课堂。可以说，我们山西师范大学创办、发展了《语文报》，也从《语文报》的发展中深深获益，带动学校在语文教育领域形成了独特优势与鲜明特色。

在陶校长的带领下，我们成功走出了一条“小城办大报”的成功之路，走出了一条“产业服务教育”的特色之路。2006 年，“语文报”商标被国家工商总局认定为媒体界第一个“中国驰名商标”。《语文教学通讯》是全国中文核心期刊、中国期刊方阵双效期刊、中国对外交流首选语文期刊、华北地区优秀期刊，连续 13 年被评为山西省一级期刊。

五、突出科学研究

教学与科研是一所成熟大学的两个轮子，缺一不可。陶校长一改过去教学一条腿走路的办学传统，强调科学研究的龙头地位和牵引效应，聚神聚力提升师大科研和学科建设水平，带领学校成功获批硕士学位授权单位，核心竞争力迈上了新台阶。

学校在临汾办学，地域的局限是制约学科发展和人才稳定的“瓶颈”。陶校长最先看到这一点，他思考如何在现有条件下办大学，使学校能够屹立于全国高校之林，那就是打地方文化特色这张牌，只有强化这个特色，学校才能取得可持续、超常规的发展，于是学校成立了戏曲文物研究所，加强了对晋国史的研究。除了对具有地方特色的研究机构重点扶持外，他还十分重视建设具有发展前途的研究室，如基础数学研究室、山西方言研究室、山西作家研究室等，学校都是拨给专项经费，重点扶持，使之快出成果、多出成果。

为了鼓励教师做科研，专门设立了科研基金，并对一批有希望、有前途的中青年学术带头人进行重点培养，在重点学科进一步配备研究力量，逐步形成合理的梯队。特别值得一提的是，当时，陶校长就鼓励广大教师和科技人员面向社会、面向生产、面向未来，结合本地区的资源、生产和工农业发展实际，积极参加科学实验、技术开发、技术咨询和技术服务。为此，专门为理科系建立了科技开发中间试验厂，为广大教师和科研人员提供研究和实验的基地和场所，调动了他们从事科学研究和技术服务的积极性。

在一系列政策的支持下，学校科研产出不断增多，质量日益提升。1990 年 10 月，经国务院学位委员会评审，我校正式成为硕士学位授权单位，政治经济学、戏剧学（戏曲学）和应用数学三个专业首批获得硕士学位授予权，戏剧戏曲学科的黄竹三教授、政治经济学科的冯子标教授、应用数学学科的侯晋川教授成为学校最早的学科带头人。硕士学位授权的取得，在一定程度上解决了制约学科发展和人才稳定的“瓶颈”问题，提高了学校的办学层次，办学质量也得到了更有力的保障。

结 语

陶本一先生是使我校成为一所真正意义上的现代大学的主要领导者。在陶校长担任山西师范大学校长的十年中，学校教育教学的各项事业开始向一所现代大学迈进，奠定了学校快速发展的时代基础。2005 年，校长的接力棒传到了我的手里，作为第七任校长，努力不辜负老校长的关心教育培养，汲取传承发扬老校长的办学思想，是我在发展师大的实践中始终坚持的一个标准。在十年两个月的任期内，我和班子成员、全校师生一起努力，创新人才培养模式，建立教育创新实验区；大力度培育引进优秀博士，精心营造教师脱颖而出的政策与人文环境；秉持以学生为本的理念，使学生在自我管理、自我教育、自我服务中成才；科学研究国际化水平大幅提高，2005 年 12 月 23 日，学校成为博士学位授权单位，完成了由教学型向教学研究型大学的历史转型，连续多年稳定在山西高校前四名。这些实践探索，都深植着老校长办学治校的思想因子，是同一条路的不断延伸和发展。我想，这种目标始终如一的传承和接力，正是师大之所以能不断发展壮大的一个重要原因。

路漫漫其修远兮，山西师大的事业发展永无止境，一代代师大人还将在建设、发展山西师大的征途上不懈求索，孜孜努力。身处新时代，面对新希望，必有新作为，我们有理由相信，在新一届领导班子的带领下，师大的未来一定会更加美好！

武海顺，山西闻喜人。山西师范大学化学与材料学院教授、博士生导师。2005 年 11 月— 2016 年 1 月，任山西师范大学第七任校长。

我印象中的陶本一校长

胡卫平

2017年5月，我应邀到华东师范大学讲学，并参加博士论文答辩。在此之前，得知陶本一校长住在上海市华东医院，特地提前一天到上海，抽空看看很多年不见的老校长。这一天阳光明媚、风和日丽，我乘坐的飞机于中午一点钟左右到达上海虹桥机场，下机与到机场接机的博士研究生一起打的直接前往医院。大约下午三点左右，我到了医院住院部陶校长住的病房。病房中有两位老人，都穿着住院服，一开始并没有认出来，询问之后才知道坐在椅子上面目憔悴、行动不便、腰弯背驼的老人就是当年仪表堂堂、文质彬彬、英俊潇洒、充满活力的陶校长。过了一会儿，徐老师（陶校长爱人）来到病房。我们三人聊了一个多小时，话题主要集中在山西师范大学的人和事、基础教育的改革和各自的情况，徐老师还为我和陶校长拍了照片。虽然陶校长已经住院六年，身体非常虚弱，说话也不是非常清楚，但始终散发着阳光般的刚强气息，有一种内在的刚毅外化为强劲有力的独特气质和积极向上、自强不息的宝贵品格。

这次离开医院后，我的心情久久不能平静，以前的一些事情不断在脑海中浮现，虽然我与陶校长的交往并不是太多，但每件事情都给我留下了深刻的印象。以下三个方面的品格是陶校长所具有的，并对我的学术生涯和思维方式产生了一定的影响。

第一，超前的思维品质。思维能力是一个人智力和能力的核心，思维品质是思维能力强弱的反映，是个体思维活动中智力特征的表现，是人们在学习和解决问题过程中逐步形成和发展起来的，直接影响工作成效的深刻性、灵活性、批判性、敏捷性和独创性。超前的思维品质是这些品质的综合体现。陶校长无疑是具有这种品质的人。他于1983年任山西师范大学校长，我于1984年大学毕业，在这期间，除听过陶校长在毕业典礼上的讲话外，没有任何接触的机会。真正接触陶校长是在 1991 年到 1994 年，当时我在山西师范大学教务处教学科工作，对陶校长的教学改革思想有一些了解。人才培养是高等学校的根本任务，培养什么样的人，怎样培养人，是高等教育需要研究的重大问题，这些问题的解决体现在教学改革中。在 20 世纪 80 年代，山西师范大学实行三学期制，推动通识教育，加强实践教学，这些措施，不仅在当时是先进的教学思想，即便是现在，世界各国都在推动这方面的教学改革。例如，美国大学本科课程设置主要表现为自由选修型 (Free Electives)、分布必修型 (Distribution Requirements)、名著课程型 (Great Books Program/Curriculum) 和核心课程型 (Core Curriculum) 等四种模式。这四种模式的共同特点是重视通识教育、注重课程设置的灵活性和多样性、重视课程内容的先进性及强调课程设置的国际化。

第二，成长型的思维方式。美国斯坦福大学德韦克教授提出了人的思维方式分为两种，一种是“固定型思维模式” (fixed mindset)。固定型思维的人往往害怕失败，担心自己看起来不那么聪明、比较笨，而拒绝接受挑战、面对困难，由此，他们的发展潜力会受到限制。另一种是“成长型思维模式” (growth mindset)。成长型思维的人相信通过自己的努力可以改变智商和能力，相信自己的潜力是未知的，能够克服困难，他们对学习和工作充满热情。陶校长是具有成长型思维的人。在教务处工作期间，我曾经有一段时间跟随陶校长去各个学院听取培养方案的修订汇报。因为当时是夏天，天气非常热，陶校长一直穿正装，一般人都穿着衬衣。有一次，我的衬衣的领扣和袖扣都没有扣上，陶校长给予了严肃的批评。这件事情二十多年过去了，我还记忆犹新。陶校长穿正装上班，不仅反映他具有很好的个人修养，而且也反映了他对待工作的积极态度。大约在 2011 年，陶校长承担了一项教育部委托课题：“我国东南沿海经济发达地区教师标准的研究与制定”，邀请我去上海师范大学参加课题的论证。参加论证的专家还有上海市著名语文教育家于漪老师和上海师范大学的几位老师。当时他已经退休，并且行动不太方便，也没有团队的成员。在这样特别困难的情况下，在其他老师的几名研究生

的协助下，对课题研究进行了精心的设计和充分的论证，表现出乐观的态度、坚强的意志和完成此项任务的信心。当时他坚持要给我报销路费，看到这样的情景，我自己坚决拒绝。对于已经退休和生病的教师，并且没有科研平台和团队，如果没有克服困难的坚强意志和乐观的人生态度，肯定不会这么投入工作。

第三，敏锐的学术洞察力。在20世纪90年代初，在钱学森的倡导下，山西省成立了思维科学学会，陶本一校长研究中学语文教学，也从事语文思维的一些研究。我对思维也比较感兴趣，一起参加了几次山西省思维科学学会的会议。通过会议的交流，陶校长对我有了一定的了解，也使我坚定研究思维的决心，影响了我一生的学术生涯。从20世纪90年代与田世昆教授合作出版《物理思维论》，到21世纪初出版《科学思维培育学》，开发《学思维活动课程》，再到近10年提出思维型教学理论，开展创造力研究、教育神经科学、基础教育课程改革、考试改革和质量监测等工作，都是与当时参与思维科学学术会议以及陶校长的启示分不开的。

胡卫平，中国基础教育质量监测协同创新中心副主任，现代教学技术教育部重点实验室主任。

让人永远爱戴的陶校长

侯晋川

光阴似箭，岁月如梭，如今我们的母校——山西师范大学已经步入她的60华诞，成长为根深干壮、枝繁叶茂的大树。我已调离母校12个年头，但母校的一人一事、一草一木常在心头萦绕，梦中呈现的也往往还是师大的那些人、那些景。在这样的时刻，我总会情不自禁地想起师大的一位老校长，我的前任和师长——陶本一先生。

我远距离认识陶老师是在1975年11月左右。当时我还是1975年9月入学的工农兵学员新生，就读于数学系，学制三年。至今我都仍感幸运的一件事是自己被抽为学校新建《长征组歌》合唱团男声低音部成员。作为从山区农村出来的生产队社员，合唱团的一切事物我都备感新奇，视野和眼界大开。合唱团的组织者及其成员来自全校各个系各个年级的学员，还有一部分青年教师。这是一群神奇的人，朝气蓬勃、积极向上、充满激情、才华横溢。我从来没有想过能遇到并有幸参与进这样一个青年俊才集聚的群体，每天我都能从中深受感染、启发，使自己的境界和素质不断得到升华和提升。在这个俊杰荟萃的群体中，一个耀眼的明星就是陶本一老师。他当时是中文系青年教师，既是《长征组歌》合唱团的组织者之一，也担任主要的领唱独唱角色。陶老师英俊潇洒，气质儒雅，才气逼人，魅力十足， 给我留下深刻印象。改革开放后，陶老师更是以过人的魄力和创新能力，创办了如今享誉国内外的《语文报》并成为山西师大的骄傲和名片，陶老师也成为当时激励我们年轻一代师大人奋发创业的楷模和榜样。

陶本一先生是母校在转型关键时期的一任校长。众所周知，山西师范大学的前身是创建于1958年的晋南师范专科学校，1964年升格本科——山西师范学院。但校名的变更，从专科转型本科，并不意味着学校就真正从思想观念、学校管理、师资队伍、教学科研、学科建设等方面一步跨上本科高校的层面。这不是简单的校名更改问题，而是办学层次的一个质的飞跃。成就真正意义上的本科院校，往往需要数年甚至十年以上的不懈努力和磨炼过程。不幸的是，在这至关重要的发展时期，高校停止招生，我们母校的转型态势也戛然而止。不仅如此，母校还被迫从原校址迁出，教职员工临时性地蜗居于几排平房和几条土路的原临汾师范学校（即山西师范大学现主校区）。1972 年全国高校开始招收三年制工农兵学员，山西师范学院也一样，在原临汾师范学校这个校址上，几乎是一穷二白，开启了新的基本建设和办学之路。地处临汾市，独家本科高校，与省内外其他本科院校间的相互影响带动效应也几乎没有，与同类院校相比，条件之艰苦，办学之艰难，可想而知。尽管 1977 年恢复高考，1978 年初母校迎来了真正意义上的本科大学生，但从本质上，我们山西师院还没有从专科的办学模式中脱胎出来，而是刚刚进入转型的磨炼阶段。正是在母校这一发展的关键时期，陶本一老师担任了母校第五任校长。母校实现从专科办学模式到本科办学模式的真正转身，加快发展步伐，并提升办学层次，是在陶校长任期中完成的。1983 年年底，陶本一上任校长后，成功实现学校更名为山西师范大学，大大加快了办一所本科大学的脱胎换骨过程，大大加快了基本建设、师资队伍建设和学科专业建设的步伐，迅速缩短了与其他省市兄弟师范院校的差距，并于 1990 年获批硕士学位授予权，使山西师大这棵幼树稳稳实实地立足于本科高校之林，为学校以后的发展，奠定了良好的坚实的基础。这些成就虽然是学校历届党政领导集体和全校师生多年一致不懈努力的结果，实事求是地说，与陶校长的呕心沥血、开拓创新、奋勇拼搏、鞠躬尽瘁是分不开的。我记忆当中，那一段时期的社会上，不是因为人们关注山西师范大学而知道陶本一校长，而是因为知道陶本一校长而关注山西师范大学。陶校长主政期间，威信很高，深得广大师生爱戴。至今记忆很深的是每年开学典礼和毕业典礼上陶校长的讲话，那是广大学生特别期望的事情，陶校长过人的风度、才智、文采和魅力，无不让同学们折服，讲话全程，大礼堂里要么鸦雀无声，只有陶校长洪亮、铿锵、磁性的声音在回响，要么掌声雷动经久不息。

陶本一校长是教学改革创新的先驱。1984—1994 年期间，山西师大还以教学改革闻名。在陶校长主持下，学校率先实施了一系列教学改革举措，包括实行大文大理，一年级学生分文理科集中统一开课，学校设文科科研处和理科科研处，健全师范专业设置，扩增非师范专业设置，等等。现在看来，当时的不少教学改革尝试都很高瞻远瞩，理念超前，其中一些改革举措至今仍在一些高校中不断推出和施行。

陶本一校长是爱才引才护才的典范。陶校长特别注重师资队伍建设，求贤若渴，想方设法为师大引进人才。他主政山西师大期间，是师大师资队伍发展最快的时期，他的周围集聚了一批教学、科研、管理等方方面面的骨干人才，对师大的建设发展、办学质量的提升功不可没。值得指出的是，在那段时期，国家经济实力尚弱，学校经费拮据，主要靠感情引才、感情留人，由此足见陶校长的个人魅力。陶校长对于学校的骨干人才还特别爱护，据我所知，不少事业上颇有建树的校友，都在各自发展成长的关键时刻，受到过陶校长的关照和帮助。我想，这可能也是许多校友至今还时常惦念陶校长并常与他保持联系的原因之一。我本人也是深受陶校长影响和关怀的人。记得我 1986 年在复旦数学研究所博士研究生毕业前几个月，陶校长就多次到教育部、复旦大学要人，与我的导师面谈，希望我毕业后仍回山西师大工作。后来，教育部就我的分配问题专门给复旦和山西师大发公文，分配我回山西师大。复旦大学研究生处曾向我出示该公文，这可能是教育部就单个博士生分配发文的独例了。由此可见陶校长对引进人才的魄力和工作力度。1986 年年底，山西省开展高校教师职务评审工作，我初时打算申报副教授，但陶校长要求我直接申报破格正教授。当年是首次开通破格晋升渠道，评审过程要求相当严格，例如，申报破格者，从学校评委会，到省学科组以及省评委会都必须获得全票通过。在评审期间，陶校长代表学校为我的晋升做了大量的工作，最后我成功破格晋升正教授，成为当时全国最年轻的教授。但陶校长本人当时申报编辑系列正高职称却未能获批。我想，如果陶校长把为我做工作的精力放在他自己的事情上，结果也许会是两样。陶校长胸怀坦荡，能容纳和团结与自己意见不同的人，不给持不同意见的人"戴紧箍咒"，给"小鞋穿"。我记忆犹新的一件事情，是 1993 年学校试行一年级新生文理科统一课程设置的改革，我当时任数学系主任，认为数学专业一年级学生特殊，统一安排的高等数学不能满足数学专业学生的需要，提出数学系不参加这一改革试验。陶校长后来也同意了，并未因此事对我抱有成见。实际上，我在陶校长调离后继任师大校长职务，与陶校长的力荐有很大关系。

时光流逝，不以人的意志为转移。当年《长征组歌》合唱团的队员们都已年逾花甲，我们敬爱的陶本一校长也到77岁高龄。作为师大校友，作为陶校长的学生，我在衷心祝愿母校的明天更加美好的同时，也衷心祝福我们的陶校长陶老师天天快乐，健康长寿！

侯晋川，理学博士，教授，数学博士生导师，山西师范大学原党委书记、校长。现为山西省科学技术协会主席，兼太原理工大学副校长。享受国务院特殊津贴，曾获山西省优秀专家、山西省第二届科技功臣、全国做出突出贡献的回国留学人员、全国优秀教师、全国五一劳动奖章、全国先进工作者、山西省特级劳模等荣誉称号。

我的人生导师

——记陶本一老师

高国顺

飞机马上就要降落浦东机场，我安慰陶老师的话还没想好。前天师母打电话说陶老师股骨颈骨折，问我保守治疗好还是做置换手术好。我想保守治疗易造成股骨头坏死，立马对师母说："能做尽量做置换手术"，并答应"手术的事情我来安排"。陶老师不仅血压高，还做过心脑手术，我在积极托人联系全国著名骨科专家杨庆铭教授为陶老师主刀的同时，又从华东医院调来陶老师的病历，请山西的专家评估手术风险和术前事项。当专家们说有一定风险时，我感到后怕，急忙飞上海。我匆匆赶到病房，未等我安慰陶老师，陶老师却安慰我说："国顺，不要担心，即使置换不成功，我也不遗憾。""我不要不遗憾，要成功！"看着陶老师一动不动的下肢和苍白的面容，我怕再说下去哭出声，急忙躲到卫生间。

天遂人愿！术后第六天，陶老师就在护士的搀扶下站起来。我祝贺陶老师，陶老师说："国顺，这下放心了吧！"我做医科大学党委书记、卫生厅厅长多年，见过无数病人，但很少见过像陶老师这样把疾病、伤残、生死看得这么淡定的人！

心仪陶老师在我42年前初上母校时就开始了。开始时，我见一排排低矮破烂的教室，直后悔不该来母校读书。有一天，一位风度翩翩、气宇轩昂的老师走到我面前。我急忙用家乡话问好，他微笑着问我："哪个系的？吕梁临县籍的吧？"声音圆润浑厚，像播音员在播音。我完全沉浸在他悦耳的音色中竟忘了回话，他却微笑着嘱咐我："要学说普通话！"他走后一位学长告诉我："这位令许多人仰慕的老师是中文系的陶本一老师。"陶老师虽不是我们系的，但我为母校有这样的老师感到骄傲！第二学期我被选为院学生会主席。一天，院领导让学生会干部去看院宣传队刚刚排好的《长征组歌》。第六场是《过雪山草地》，低沉深情的女声合唱刚落音，一位红军战士移步台前独唱“雪皑皑，野茫茫……”声音宽厚高亢，神情专注坚毅，台风从容自信——我定睛一看，是陶老师！我再一次被陶老师的气质才华所征服。

毕业后我留校当教师，六年后由系团委书记改任校团委副书记分管学生会工作。此时陶老师已任母校院长半年多。一天，陶老师把我叫到办公室神情严肃地问我：“现在不少毕业生不愿到山区工作，团委怎么看待这一问题？”见陶老师那么严肃，我不由得紧张起来。陶老师说：“不要拘谨，随便说。”我说原因很多，其中一个重要原因是学生不真正了解贫困山区，不知贫困山区有更大的用武之地。陶老师面带喜色，鼓励我继续说。我说团委计划暑假期间组织学生赴吕梁考察。陶老师说这是学生自我教育的好办法，立即通知财务处给团委拨了3万元考察经费。考察真如陶老师所料，学生不仅改变了对贫困山区的看法，许多人还积极申请毕业后到吕梁工作。年底，我到深圳参加深大学生“自我教育、自我管理、自我服务”教育理念研讨会。陶老师得知后让我专门汇报深大的做法，并提出我们要向深大学习：一是建立学生自律委员会，让学生自己管理自己；二是公开选拔优秀学生做校长助理，参与校领导决策和处理日常工作；三是搞校长见面会，解决学生急需解决的具体问题。头两条我认可，但校长见面会会不会让校长下不了台？陶老师见我犹豫，笑着说：“下不了台也不要紧，学生是我们的孩子，我们的上帝，和孩子、上帝一起沟通讨论学校的事情，没什么可顾虑的！”有陶老师把舵，上述三项工作同时展开，一时全校风生水起，那局面现在想起来都热血沸腾！

在母校工作14年，不管是在团委还是之后的学生处，我在陶老师身上学到了责任，学到了自信，学到了大度，学到了担当。开始自知不会说普通话，举止也与陶老师有太大的距离，对陶老师有畏惧感，慢慢地，畏惧感日消，亲切感日生，爱慕感日增，我庆幸遇到这么一位好老师！

1992年，作者调离师大时与陶老师等校领导合影留念

就在我认真向陶老师学习时，

省委调我到晋中师专。临走时，陶老师依依不舍，专门召开欢送会，会后送给我一个精巧的文具盒。晋中师专虽是一所专科学校，但和母校一样都是培养中小学教师。如何不辜负陶老师的厚望把晋中师专也办成风生水起的学校？一个皓月当空的夜晚，我静静地坐在办公室看着陶老师送给我的文具盒，思考陶老师的办学思想。我想起陶老师经常对教务处说的一句话：要腾出更多时间让学生到中学实习，使学生一出校门就是一名合格的教师。我觉得这就是目标，这就是方向，就在全盘仿照母校学生工作经验即建立学生自律委员会、公开竞选学生校长助理、建立学生值周劳动制度的同时，提出“师专教育下乡去”的教学模式。为使这一模式取得实效，我学陶老师大事亲为的工作方式，亲自到贫困山区为学生联系下乡顶岗教学的具体事宜。晋中师专用这种模式培养了六届毕业生，许多学生尚未毕业，下乡顶岗助教的学校就想与学生签订就业合同。此举得到省委的高度肯定，省委专门召开现场会推广晋中师专经验。该成果后来来获国家教学成果二等奖。

复制推广母校学生工作经验，践行发扬陶老师的教育思想，我被省委评为省优秀领导干部，并调山西医科大学任党委书记。陶老师得知消息后打电话说：“国顺，你将从事一项全新的工作，如何从外行变成内行是决定成败的关键。”受陶老师的启发，我利用交接工作的机会，认真研究了包括山西医科大学在内的国内外 15 所大学医学教育的经验，提出“四位一体”的办学模式，即把山西医科大学办成“山西医学教育的中心、医学科学研究的中心、医疗保健服务的中心、医药研究开发的中心”。此目标得到全校师生的高度认可。为实现这一目标，我想起陶老师爱才重才的往事：一个留学生有意到师大工作，陶老师不仅写信欢迎，还亲自为来探路的留学生爱人安排住房；一位专科学历的中专教师国画获全国大奖，陶老师力排众议请他来师大任教；一名年轻干部工作有了成绩，陶老师把自己的一块进口表送给他；又想起陶老师经常说的一句话：“要办成一流学校，先得培养一流教师。”我心界大开，提出实施“人才工程”。作为工程的首项内容，我积极想办法改善教职工的居住条件，提高教师岗位津贴，提议聘请乔建天等四位全国知名的教授为终身教授，同时聘请留学归国的 15 位青年才俊为特聘教授。在医科大 7 年，我去过每个教授的家，他们有什么难事不好意思说出，我不仅主动提出，还想方设法办好。

陶老师“做内行、聚人才”的教育思想不仅成为我在医科大学工作的指导思想，还影响了我以后的工作。调任省食药局局长后，我发动全局开展食药工作现状大调查，从调查中寻找经验发现人才。担任卫生厅厅长后，我首先发动全厅工作人员探讨卫生工作理念和全省卫生工作急需解决的重大问题。探讨结果颇丰，我不仅提出新的卫生理念，还找到了打开卫生工作新局面的突破口。

陶老师，我永远的人生导师。多年来，我们一起讨论人生，一起回顾以往。人说往事如烟，我和陶老师的往事不是烟，也不是风不是雨，而是刻骨铭心的记忆和滋养我不断前行的取之不尽的精神食粮。

高国顺，教授，硕士研究生导师。1978 年山西师院政史系毕业后留校。曾任院学生会主席、政治经济学教师、校团委书记、学生处处长、校务委员，后任晋中师专校党委书记、校长；山西医科大学党委书记；山西省食药局党组书记、局长；山西省卫生厅党组书记、厅长；山西省人大常委、法工委主任。

永远的校长

高　原

那一幕，
他是一面旗帜，
开学典礼的演讲，
声音穿透灵魂，
让懵懂之初明白，
大学原来这样。

那一天，
他是一个手势，
办公楼道里，
胆怯参加某项活动，
“跟上吧”，
给予莫大鼓励。

那一次，
他是一种力量，
办公桌后的书柜里，
满是精华，
偶然中偶然，
仰望了知识殿堂。

那一回，
他是一件批示，
以学生角度，
对事情的专项调查，
相当片面，
然而不缺乏赞赏。

看到病中老人的照片，
无法对接当年，
儒雅、博学、绅士……
祝福再未见面的校长，
毕业证上，
——永远的校长。

高原，中国人力资源和社会保障出版集团副总编辑。

心中的陶先生

郭贵恒

陶本一先生曾是山西师范大学的校长，是我们师大人的骄傲和自豪。陶校长是我的"偶像"，但陶老师，作为一名先生，一个老旧的字眼更为真实：他是我生命的"榜样"。

母校师大像是一块磁石吸引住我的心，让记忆的丝缕永远同母校挂在一起，挂在巍峨的教学楼上面，挂在人民公园和铁佛寺的湖光塔影上面，挂在校园四时不同的景色上面：春天的桃杏藤萝，夏天的绿叶红荷，秋天的红叶黄花，冬天的青松瑞雪；甚至灯光球场的修篁，新食堂的落成使用，夜晚图书馆的灯影，绿茵上飘动的书声琅琅……阅读僧肇《物不迁论》的时候，最欣赏这样的华彩："江河竞注而不流，野马飘鼓而不动"，觉得这些动静一如的景象，有时就可以理解为记忆。从入学时的山西师范学院到毕业时的山西师范大学，是自己三十年不灭的记忆蒙太奇，都是我生命的组成部分，随着岁月的流逝，历久而弥新。

20 世纪 80 年代中期，长期的压抑终于爆发，社会环境空前宽松，涌现出优秀的大学校长。这些校长恢复或重建了大学精神，让大学更像大学，甚至可以说为大学重新注入了灵魂，像北京大学的丁石孙校长，武汉大学的刘道玉校长，他们因此被称为"大学之父"。42 岁就任山西师范大学校长的陶本一先生是当时中国最年轻的大学校长，是具有新锐思想、先进文化内涵的破冰人、改革者。在这个时代的文化记忆中，《语文报》和山西师范大学的旗帜重叠着陶本一先生的名字，他不仅是《语文报》的奠基人与创办者，他也自始至今，以他的学养、气度、胸襟、精神气质与人格魅力召唤着、集聚着人们对新未来、新思想、新理论与"走向世界"的热望和实践。

每一个师大人的心中都清晰地刻写着陶校长的人格魅力与个性特征。我的求学岁月，在彼时的师大，陶校长于我、于我的同学们，是一则“传奇”、一个偶像。每一次陶校长的演讲迸发出的是一份受阻良久、骤然喷发的意气与才情。越来越清楚的是，不仅关乎他自己，更是重新校订这所学校的位置和地位。那是大学自觉的更生与重建。我现在可以想见陶校长当时所置身的风云际会之处，所肩负的重压与冲击。他事实上树立并执掌着山西师范大学这面旗帜，至诚、谦和地站在前辈至尊的后面，积聚起那时无数激情张扬的一代青年学子。

1988 年，我报考复旦大学王沪宁教授的政治学研究生落选以后，考上了北京外国语学院的第二学位班，急需找个代培单位，非常苦恼。虽然知道陶校长爱才，爱学生，可咱考上的只是一个第二学位，又不是研究生，实在是不好意思和校长讲。踌躇再三，终于鼓起勇气走到陶校长的办公室，看到陶校长正在里屋和理科教导处的田世昆主任谈话，我便在外屋的椅子上坐下等待。虽然只是等了一会儿，却感觉过了很久很久。忐忑不安的我正准备离开，陶校长打断了谈兴正浓的田教授，“外屋有学生在等，咱们改天再说吧”。看到起身相迎的校长，我真的是受宠若惊，紧张兮兮地说明来意，陶校长二话没说，铺纸提笔，马上给当时山西经济管理学院（现在的山西财经大学）的郑达理院长写信。我揣着校长的亲笔信，连夜飞奔到太原，一切竟是出奇的顺利。虽然后来有了新的选择，没有去经济管理学院，可是陶校长无私的支持和帮助，却成了我日后奋斗的力量源泉。每当遇到困难，扛不住的时候，总觉得自己的身后有一双坚定而鼓励的眼神，充满了深深的期许。

1994 年春节过后不久，我收到了美国康奈尔大学的比较文学博士录取通知书和全额奖学金，兴奋之至，当天就从北京坐火车返回临汾，到了师大，直奔校长办公室。陶校长拿着录取通知书看了一遍又一遍，手舞足蹈，比我还高兴。晚饭的时候，我举杯给陶校长敬酒，不由得热泪盈眶，连声说着谢谢老师，谢谢校长。陶校长接过话题，非常严肃地告诉我，十几年前，他遇到了人生路上的伯乐、贵人——王中青先生，相似的场景，同样的谢谢，王副省长告诉他：“本来就是我应该做的，如果你一定要谢谢，那就请你好好努力，成为一个经得起考验能够帮助他人、不求回报的人，这就是最好的谢谢。”他说：“这句话我想了很多，想了很久，今天我也原样送给你，希望没有褶皱，没有褪色。”陶校长深情地讲完，一饮而尽，这是我第一次见他喝酒。从这一刻起，我的灵魂有了先生，生命有了榜样；从这一刻起，我们成了良师益友，薪火相传。

20 世纪 90 年代初的一天，陶校长率领师大艺术合唱团到北京的中山音乐厅进行演出比赛，师大在北京的校友纷纷前来探望住在西郊宾馆的陶老师、陶校长。去了很多人，记得有牛仁亮、吕益民、王言、赵红菊、张兴慧、付倩、丁学梅、陈晓红、李月红、武志勇、刘志和、邓耕……“我今天既不是老师，也不是校长，你们都是北大、人大、社科院的硕士、博士，在北京工作就是首都人了，给我上一课，讲讲你们学到的新思想、新知识。”大家你一言我一语，争相讲出自己的精彩。期间，陶校长很少插话，记笔记时耐心认真的神情，虚怀若谷的态度，毫无做作、毫无虚假，更是没有领导的架子，至今历历在目。

还有一次在北京，请陶校长、武志勇等《语文报》的师友在当时北京最火的赛特饭店吃自助餐，20 世纪 90 年代初的五星酒店，在北京也不是很多。看着许多好吃的东西，还有没吃过的东西，一会儿就拿多了，眼大肚子小，眼看是吃不了，要剩下了，非常尴尬，已经起身的陶校长重新坐下来，拿起刀叉，一片一片地吃掉，当时的我羞愧难当，满脸通红，真想找个地缝钻进去。先生一句责备的话都没有说，只是从此以后，无论什么场合，我的饭盘里再无剩饭。

1986 年 3 月焦祖尧在《当代》杂志上发表的《犁》、1991 年肖复兴在《文汇报》发表的报告文学《一个校长和一张报纸》，还有韩少华的诗歌《窗》，几十年过去了，至今令人记忆深刻。焦祖尧、肖复兴、韩少华，不愧是著名作家，文学界的翘楚，他们写出了对陶老师、陶校长的深刻理解，深情讴歌，我深以为然。

陶本一先生曾是山西师范大学的校长，是我们师大人的骄傲和自豪。陶校长是我的偶像，但陶老师，作为一名先生，一个老旧的字眼更为真实：他是我生命的“榜样”。

郭贵恒，澳籍华人、悉尼大学博士。现任澳大利亚名校联盟（APCU）理事会理事长、澳大利亚 IES 集团董事局主席。

光荣与梦想

尉晨阳

王光龙先生打来电话，说明年是山西师大建校 60 周年校庆，大家提议编写一本关于陶本一校长的书，以此纪念他对师大发展所付出的心血和做出的贡献。

我在师大学习工作了 20 余年，特别是在陶校长任职的十年期间，一直从事学校一线的管理工作，亲历了陶校长的辛勤与付出，目睹了山西师大的发展与变化。一直到现在，我仍以师大人自居，以曾经的师大人备感骄傲。

师大从建校到现在走过了风风雨雨 60 年，每一个小小的进步与发展都离不开每一届领导和师生的努力与付出，但是我认为只有陶校长在职的十年，才造就了师大前所未有的辉煌与光荣，为师大再上一个新台阶奠定了坚如磐石的梦想基础。

师大在陶校长任职的十年期间发生了翻天覆地的变化。山西师范学院蜕变为山西师范大学，中国著名书法家启功先生为学报赠写了刊名，师大还选定并制作了体现师范教育特色的校徽，并将这个新校徽制作成领带夹、相册等。带有这个校徽的不干胶图片随时粘贴于各种器皿、物件上，这个校徽一直沿用至今。

这个时期，师大相继建设了当时山西省高校中最好的图书馆，一流的学生食堂，宏伟气派的体育馆，象征着现代高等教育的科学巨人广场，体现师范教育特色的孔子铜像，一改落后的家属居住平房，建起了先进的南北两区教工家属楼群，以及教工食堂、澡堂等。整个校园生命力勃发，全校教工学生的精神面貌为之一新，展现出一派欣欣向荣的盎然生机。

软件建设方面，陶校长高屋建瓴，以前所未有的创新精神，大刀阔斧地进行教学体制改革，实行了两长一短三学期制，文理科教学科研规范化混合管理，加强了学生“三笔字”训练，强化了学生外语四、六级考试，多批次选送优秀学生出国深造，培养了一批又一批高质量、高素质人才。这些人才已经或者正在为山西乃至全国的改革与发展做出卓越贡献。

在学校管理方面，陶校长以高度敏锐的前瞻性，本着面向新世纪，备战WTO的思路，更新了落后于国际国内教育形势的管理理念，创新完善了一整套独具特色的管理模式。调整了一批不思进取、年龄较大的干部；启用了一批学有成就，具有创新能力和创新精神的管理精英；培养了一批年轻有为、富有活力的新生力量。从根本上焕发了学校的管理生命力，在当时的山西省高校界、教育厅赢得赞誉。与此同时，还率先实行了校长负责制，教务、秘书、总务三长制。明确了系主任八大权力，总支书记、系主任交叉任职。实行了学生校长助理制，为及时了解学生需求，解决学生在学习、生活方面的想法和困难，设立了校长学生见面日，等等。

陶校长的大公无私和清廉作风在当时的师大和高校界得到广泛颂扬。他不图名，不为利， 十几年如一日，辛勤耕耘在自己的工作岗位上。多少次病倒在床上还谢绝老师们关心的探视，其高尚情操可歌可书。相反，他对下属、教师、学生却关爱呵护有加。

1990年，我发现被传染上乙肝病毒，当时有人提议我做个CT检查。这在当时是最好的检查了，其费用也是最昂贵的。那个年代做CT、乘飞机、坐软卧都是要经过单位领导特批的，而且山西只有省城肿瘤医院一家有这种设备。我怀着忐忑不安的心情推开了校长办公室的门。没想到的是，陶校长对我非常关爱地说：“到太原去，一定要认真检查一下，这个病绝不能忽视。”出了校长办公室，我激动得热泪盈眶。我反复在想，山西师大为什么会出现建校以来的“十年盛世”，会实现师大历史上的第一次跨越和腾飞，其根本原因就是陶校长非凡的工作能力、忘我的牺牲精神、高尚的人格魅力所致。陶校长就是为山西师大的发展而生，为山西师大的辉煌与梦想而生。他把自己一辈子最美好的时光无私地全部奉献给了山西师大。没有陶校长在职的十年，就没有山西师大的今天！

毋庸置疑， 陶校长的气质、风度、修养和改革的意识、创新的精神、魄力、演讲能力、洞察国际国内教育前沿动态的能力，在山西省高校界是有目共睹的。他的调离，对山西师大乃至山西省都是一个不可估量的损失。陶校长如果还能够在山西师大再工作奉献十年，山西师大必将会创造出第二个“辉煌盛世”，实现第二个“光荣与梦想”！

以后，听说他有几次因工作来到山西，特意找来老校友询问师大的情况。他对师大的师生是发自内心想念的，对师大的一草一木是怀有深厚感情的。当然，师大人对他的感情更是不言自明。

可惜啊，这一切都将成为陶校长和师大人相互的、永远的眷恋和怀念！

愿陶校长身体健康，永远年轻！

2017 年 11 月 27 日

| 尉晨阳，山西中医药大学退休教授。

我和陶校长的一、二、三

韩　文

一次和陶校长面对面的交流

我是在1985年考入山西师范大学外语系的。那几年，学校在陶校长的领导下在教学和管理方面不断推陈出新：1985年制定了“中期淘汰和选拔制度”“免修免听制度”以及“学分学点制度”；1986年出台了“校长和学生见面日制度”，成立了“学生自律委员会”；1987年举行了以“丰富知识、陶冶情操、开阔视野、振奋精神”为主题的校园文化节，推行了“三学期制度”和“主辅修制度”。在校内开展轰轰烈烈改革的同时，对外交流也日益扩大。1984年年底，陶校长率团访问了美国的三所高校并与之签订了校际交流协议，新聘和接收了多名外教和首批海外留学生来师大工作和学习，还分期选派了我校十几名优秀教师出国留学。在此背景下，为了更好地了解学生们的思想动态，激发大家积极地为学校的发展献言献策，1988年，学校决定要从学生中选聘两名校长助理，并要求其中一名具有较好的英语水平，以便协助校长做好与外教和留学生的沟通和交流工作。这次活动在师生中产生了很大的反响，不少同学都主动地报名参加。当时，我正在读大三，觉得自己的能力和水平有限不敢报名参赛，后来在外语系团委书记席玉虎老师的鼓励和推荐下还是参加并顺利通过了由校学生处组织的初试，最终进入了由陶校长亲自坐镇担当评委的公开选拔决赛。决赛现场被安排在学校大礼堂的主席台上，当时的比赛气氛非常紧张。虽然最终未能当选校长助理，但这次活动却为我提供了一次和陶校长面对面交流的机会。我在决赛时的表现也给他留下了深刻的印象，我也为此有幸在1989年毕业时得以留校，并在他身边工作了近四年时间。

两件至今难忘的小事

我从1989年7月开始在陶校长身边工作一直到1993年6月结束，期间对他的了解和认识也日渐加深。让我至今难忘的不仅仅是他那激情澎湃的演讲和高贵儒雅的形象，而且还有两件鲜为人知的小事：

那是在1992年4月2日的下午，陶校长的夫人徐老师从南京返校，由于那时临汾的出租车很少，公交车也不方便，我得知消息后就自作主张联系了校车队的师傅去火车站把徐老师接回家中。陶校长知道了这件事后，立即从口袋里掏出五元钱让我去转交给了车队。他认为徐老师不应该享受公车接送的待遇，作为校长要公私分明，不能搞特殊。此事过去已经有二十多年了，但陶校长当时那威严的神态仍然让我心生敬畏。

陶校长不只是对家人和同事们的一言一行严格要求，对自己也同样如此。他一心以事业为重，克勤克俭，从不以权谋私乱花学校的一分钱。1990年6月中旬他在上海出差期间，肩膀上长出一个很大的脓疮，做完手术后还需要每天从他父母的家里去医院清理伤口、更换药垫。当时我觉得按照他的身份和地位完全可以乘坐出租车来回往返，可他总是忍着疼痛天天挤公交车去医院换药。车上经常是拥挤不堪，他也只能是一路站着。他闲下来时便帮助父母把家里的厨房清理得干干净净。几天后，等到伤口稍微好转，他就急着要赶在6月18日前返校参加校务会议，最后如期返校，按时上班开会。可以说在这些点点滴滴的小事中，陶校长忠实地践行了他自己所倡导的“学高为师、身正为范”的校训，成了全体师大人行为示范的表率和楷模。在他担任校长的十年时间里，师大的面貌发生了日新月异的变化，他对师大的贡献更是人人称赞、有口皆碑。

今天，当我们坐在宽敞明亮的图书馆里如饥似渴地徜徉在知识的海洋中时，当我们手牵手把自己的孩子送进那色彩缤纷的师大幼儿园时，当我们在4号教学楼前那错落有致的大台阶上举办各种歌咏比赛时，当我们在巨人广场聆听着悠扬婉转的音乐、观赏着翩翩起舞的喷泉、仰望着栩栩如生的雕像时，我们不应该忘记陶校长为了师大这些标志性的建筑和雕塑所付出的不懈努力和辛勤劳动，而应该从中不断感悟和汲取他那种昂首致远、勠力前行、不畏艰苦、勇于开拓的精神力量。只有这样，我们才会不忘初心、牢记使命，更加精神抖擞、与时俱进，把师大建设得更加辉煌。

三封一直珍藏的书信

陶校长最大的理想是要早日把山西师大建设成为华北地区最著名的师范大学，为此，他主动放弃了几次被提拔和调离山西的机会，32 年来一直坚守在此，积极地为年轻教师们争取更多外出进修和深造的机会。于是在 1993 年我也有幸成了这批年轻队伍中的一员，被派到加拿大留学，开始了我在国外的求学历程。而在异国他乡最让我感动的是收到了陶校长的三封来信。

如今二十多年已一晃而过，但这三封书信还是被我一直珍藏着。每当读到它们时，我都能深深地感受到陶校长对我亲切的关怀、积极的鼓励、谆谆的教诲和殷切的期望。他在 1993 年 10 月 13 日写给我的第一封信中谈道："我希望你要自信，相信自己能够干好想要干的每一件事情，只要付出勤劳和勇气。我不是只指学习，还指其他方方面面，例如人际交流等。一个人最可怕的敌人就是自卑，尤其在稍遇困难和挫折时，最容易产生这种情绪。我希望你要努力学习，不仅仅是书本上的知识，更要学习活的知识，尤其你是学语言的，倘若不了解生动活泼充满生命力的语言环境——社会、民俗和文化传统，那么也就无法学好语言。你还要努力提高自身的修养，例如音乐、美术和待人接物等。"在 1994 年 1 月 25 日晚写来的第二封信中他说："还有半个月就是春节了，第一次在异国过春节一定非常想家乡、想亲人的。这种旅途的孤独感要很长时间才能消失，不过总是会慢慢适应的。我担心的是你的教学，按照规定，汉语教学已经开始了，不知效果如何？你的汉语基础并不扎实，所以要付出加倍努力去备课，认真对待每一个教学细节，考虑可能出现的每一个问题，不断总结每课的得失，那么你就会在今后的教学中逐渐得心应手。能写信来谈谈上课的情况吗？"同年 4 月 8 日，他在第三封信中又提道："我要特别提醒你的是，你要利用一切机会和时间学习计算机。This society is the world of computers. 而且随着社会的发展，Computers will go into every home. 你一定要熟练地掌握计算机，这样才能在以后的激烈竞争中立于不败之地。"

其实，陶校长并非经常给我一个人写信，对于我校每个留学生写给他

的信，他都会及时地回复；而且，在每年的圣诞节和新年来临前，他一定会给每个留学生精心挑选和邮寄新年贺卡，以此来表达母校对他们亲切的关怀和良好的祝愿，希望他们早日学成归国、奉献社会。为了给师大培养和吸引更多的学术人才，陶校长真是为之殚精竭虑。

时间过得很快，陶校长调离山西师大已经二十多年了，由于种种原因，我们联系少了，但我心里却常常记挂他。在他的教育和影响下，这几十年来，我在教学中一直严格要求自己，不断提高自己的英语语言能力和教学水平，在平凡的教师岗位上勤奋工作，多次被评为“优秀教师”，在2013年又被学校选派到澳大利亚进行访学交流。师恩难忘、纸短情长，唯愿我敬爱的陶校长保重身体、健康长寿，顺祝慈祥善良、博学多才的徐老师事事如意、一生平安！

韩文，山西师范大学外国语学院英语系教学型副教授，教育硕士研究生导师。

师者当如陶校长

程竹汝

与陶本一校长共处一座城市已二十余年了。虽然不时常见面，但每每有山西师大的同学来访，谈及校长，每每想起在这座数千万芸芸众生的城市，我们的校长和师长陶本一先生也在这里，心里总泛起不一样的感觉。

因为校长就在身边，散落在上海这座大都市的师大校友就有了凝聚力。与校长最近的一次见面，就是在几年前师大校友的春节聚会上。记得，聚会上校长语重心长地告诫在座的校友：千万不要透支身体。他认为，人们年富力强时透支身体是最容易发生的，也是不自觉地，就像他一样，这是他的人生经验；希望我们在工作和生活中务必注意这一点。他那标准的男中音普通话加上我们早已熟悉的极富感染力的表达，令人印象极为深刻。

我是山西师大政治教育专业的第一届学生。1982 年入学时，已举办多年的政史专业开始将历史学科和政治学科分设专业。1984 年，以此为基础的政治教育系和历史系正式建制。记得，正是那一年，我们在迎接新系成立的同时，还迎来了对山西师大影响深远的两件事情：一是山西师范学院改名山西师范大学；另一个就是山西师范大学有了“第一任”校长陶本一。

在我们这几届学生之间，存在着一种可以称之为“陶本一现象”的现象，即大家在言谈之间常常自然流露出的对陶校长的崇敬之情。一般而言，在大学毕业生的校园情结中，校长通常是遥远的，时间已久甚至有人会忘了校长姓甚名谁。只有令人崇敬的教师才是亲近和难忘的。然而，对我们这几届学生而言，虽然大多数也只是听过陶校长的几次演讲，很少有更多直接的接触，但他与许多才华横溢的教师一样却是亲近和难忘的。当我们谈及师大时，通常会谈及陶校长，山西师大与陶本一校长在我们记忆留存中是难以分开的。我想，这种校园情结之所以能够延续多年，主要的原因在于陶校长给我们留下的是师长的印象而非校长的权威，是陶本一先生给山西师大留下的谦谦君子之风。

师者，当有谦谦君子之德。陶先生的两件事就此给我留下了极深的印象。20世纪90年代我在复旦大学读博期间，在徐家汇本帮菜馆同几位同学一起宴请陶校长。饭后结账时，侍者托盘上放着找回的二十余元人民币，就在我准备收钱时，陶校长示意我这钱应该给侍者做小费。这是我有生以来第一次付小费。小费的文化含义是给服务提供者的感谢，是对服务提供者的尊重和人们平等关系的物质表现。尊重他人尤其是尊重在中国文化中的“侍者”，当是君子之所为。后来，我到哈佛访学，游历美国，从没有敢忽略小费。师大政治教育系有位教师20世纪90年代到北京工作，由于专业缘故，我们常常见面，看到他经常西装革履，领带飘逸，便问为何如此经常化的“正儿八经”？他说，追根溯源还是当年在师大工作时陶校长的“培训”。陶校长在校园看到不修边幅的年轻教师，常常亲自为其整理衣着，嘱咐做教师一定要“身正为范”。整洁、正式的装束是对他人、对学生的尊重，也是大学校园的应有之风。

现代社会角色中，司法领域有大法官（法院院长）之谓，就此而论，大学校长也应是个顶级的“师者”。就如陶本一校长一样。迄今，我在大学教书已三十余年，教过说不清楚数量的本科生，也教过说得清楚数量的博士生和硕士生。就教师的影响力而言，我要说，师者当如陶校长！

程竹汝，山西师大政教系1986届毕业生；现任上海行政学院政治学部主任，二级教授，上海大学博士生导师，上海市政治学会副会长兼秘书长。

陶 校 长

程丽阳

“陶校长”三个字是刚入大学的时候，从学长那里听到的。20 世纪 90 年代，一名新生了解学校各类信息的主渠道应该就是这种口口相传的原始但很快捷的方式了。当时的谈话内容淡忘了，印象最深的就是学长谈及“陶本一校长”时神情中的那份自豪与崇拜。这会是怎样的一个校长？我当时好奇而迫切地期盼着新生入学大会的到来。大会上，我第一次见到这位众人口中与众不同的陶校长。在高高的主席台上，穿着西装，打着领带，腰杆笔直，气宇轩昂，不怒而威的那个人就是陶校长了。我们台下的新生窃窃私语地互相印证着、肯定着自己的判断。“时尚”“博学”“多才”“潇洒”“威严”“有魄力”……这些形容陶校长的词语伴随着很多事迹在代课老师们和同学们的口中频频出现，不由得让人对这位校长肃然起敬。

遗憾的是，1994 年底陶校长调离山西师范大学，到上海师范大学开展新的工作。尽管只远远地见过陶校长一面，尽管和陶校长共处一个学校的时间不到半年，但陶校长的影响却伴随着我四年大学生活甚至更久。还记得上学时因为有了“自律委员会”的存在，师大的校园更加文明，学子行为更加规范；因为有了“奖学金滚动制”的激励，师大学子们在学习上你追我赶，力争上游；因为有了“校长见面日”，学生真正成为学校的主体……尤其是陶校长提倡的通识教育。“理科类的学生了解些文科内容，文科类的学生学习些理科知识”的理念在大学一年级实施。中文系的我足足上了一年的高等数学，思维的逻辑性和严密性由此得到了训练和提升。陶校长具有远见卓识的高校改革思想和措施让众多师大学子受益良多。

原以为，“陶校长”于我而言就只能定格在那个高大遥远、令人敬畏的形象上了。幸运的是，求学路上我遇到了恩师卫灿金老师。卫老师与陶校长亦师亦友，他特别邀请陶校长做我的硕士研究生论文答辩主席。这就给我提供了一个非常好的和陶校长学习的机会。早在论文开题之前，我在卫老师的安排下，专程去上海拜访了陶校长。说实话，我既欣喜有这样的机会，又忐忑这一次的当面求教。我只是一名普通学生，而要见的是已成为上海师大副校长且学术造诣很高的教育学家陶本一校长。一念起，紧张便如影随形了。到了上海，见到了陶校长。这一次，我与他隔桌对坐，却如仰望高山，压抑而无语。陶校长看出我紧张，他先询问了卫老师的近况，又和我聊了聊学习情况，我这才在和缓的语言、和悦的面色、家常的聊天中慢慢地放松下来，所有被我想象出来的担心和顾虑也都随风散去。我转达了卫老师对他的问候，向他求教了一些语文教育改革和语文思维方面的问题，聆听了他的教诲，感受到了他的博学和睿智。这次上海之行，让我认识到陶校长还是一位善解人意、和蔼可亲的师长。论文答辩的时候，陶校长作为答辩委员会主席出席了我的答辩会并对我给予了肯定和鼓励，极大地增强了我的学术自信。短暂相见，匆匆话别，留在我记忆中的是陶校长铿锵的声音，前瞻的思想，对教育的执着以及那转身离去的坚毅的背影。

如果说前几次的相见场合正式、严肃的话，那么这次的相逢偶然且充满乐趣，让我对陶校长有了更多的了解和更全面的认识。2003 年 10 月，“全国语文学习科学专业委员会”学术年会在“山水甲天下”的桂林召开。我有幸参会。报到后我先去拜访了我的老师们。期间，我得知陶校长及夫人徐老师也将来到桂林参会。当时我心情很激动，这意味着我将再一次目睹陶校长的风采。很快，我又收到一份惊喜，王光龙老师和张德斌老师交给我一个“小任务”，会议期间陪伴并照顾陶校长夫妇。事实上，陶校长和徐老师虽已年过六旬，但身体康健，行动自如，根本谈不上被照顾。说起来甚是惭愧，相处的两三天里，倒是两位老人时不时照顾我这个没出过啥远门，也没多少见识的年轻人。重拾记忆的拼图，一幕幕场景闪回在脑海中，画面美丽而温馨。在桂花飘香的季节，在秀美葱郁的山水间，有多才多艺、霸气而可爱的陶校长，有温婉多情、心细而周到的徐老师以及环绕其间的欢声和笑语。

我陪两位长者去的第一个景点是漓江民俗风情园。园内有壮寨、侗寨、苗寨、瑶寨，分别体现了各自民族的文化和建筑特色，吊脚木楼、鼓楼、风雨桥、亭廊相连，浑然一体，是个照相留影的好去处。那个年代，相机是奢侈品。陶校长脖子上挂着一个相机，调焦的，看起来功能比较多，大气庄重。一进园子，陶校长被各式建筑吸引，用眼睛审视，端相机，找角度，调焦，按快门，动作一气呵成，干净利索，拍照的样子很酷哦。徐老师是陶校长的最佳模特，和陶校长配合得很好，还时不时问一句："这个样子好不好？"这应该是长久以来对陶校长摄影水平的高度信任和依赖。"小程，站到这里，这个景不错。"陶校长招呼我过来照相。"不用了，不用了……"我很惶恐，又摇头又摆手。"站过来，听我的。"陶校长的话音未落已经开始取景了。面对认真而执着的长者，最好的办法就是服从。我不懂相机，也没啥技术，每次需要给两位老人照相的时候，都是陶校长调好了，告诉我大致的取景范围和要求，然后我只需要按快门就可以了。陶校长边给我当"模特"，边给我普及摄影知识：留白、构图、色彩、曝光……其间也会偶尔穿插一些他人摄影的笑料让我不要重蹈覆辙，把我和徐老师逗得前仰后合，可是他却没啥表情变化，只是一改往日的冷峻面色，有了些许笑意。陶校长懂得多，给我讲得不少，我却记得有限，用得更不熟练。只在心中留下了诸多感叹。呀，相机好贵！哇，还会摄影！啊，还给我照相？！我回临汾不久，照片就洗好寄过来了。高兴之余，也难免忐忑，也不知道我给两位老人照的照片怎么样？

象山是来桂林必去的一个旅游景点，山形奇特，秀而略陡。我陪着陶校长夫妇来到山下，心里不免犯嘀咕，上山还是就在山下看看转转？一方面考虑到两位老人的年龄，一方面不了解山路的情况。就在我迟疑的瞬间，陶校长已经手臂一挥，豪迈且不容置疑地说了句："走，上山！"大概有豪情有气魄的人都喜欢登高而远眺吧，可毕竟……我下意识地看向徐老师，不料徐老师正看向陶校长且果断地跟着往上走。夫妇两人脚步稳健而扎实。我也赶紧跟上去。山不算高，海拔200多米，但一口气爬到山顶，对于从来懒得锻炼的我来说，还真是有些吃力。离山顶还有一段距离的时候，我已经两腿灌铅。徐老师边走边叮嘱陶校长小心，注意脚下，还时不时地回过头来看看跟在后面的我。见我走得吃力，徐老师忙招呼陶校长停下来歇一歇。陶校长扭头正想说些什么，看见落在后面的我欲言又止。陶校长当时的表情生动而丰富，由不悦到无奈再到释然。第一次见到陶校长情绪外露，样子可爱至极。两位长者停下脚步，让我心里有一份温暖的感动。停歇的时候，陶校长给我们表达他对一路风景的感受，用词用语准确而精彩。我心中暗暗愧疚，对美的敏锐和认识我差这位长者太远了。

在灵渠景区，我和两位老人漫步江边，看碧波荡漾，听江水滔滔，赏历史名胜。印象最深的是徐老师聊到的关于陶校长的故事。我这才知晓，陶校长不仅会当校长、办报纸、做学问，还会演话剧、迷音乐、玩摄影……这是一个外表看似严肃而内心却激情澎湃、多彩而丰富的才子。徐老师每讲一件事都会看看自己的老伴，眼里满是柔情和欣赏。在“七分漓水三分湘江”的铧嘴之上，陶校长迎着江风站立，观一水南流，一水北走，身形笔直，衣袂飘飘，风神潇洒，壮志满怀，言语间满是对教育的期待和展望。这是一位退而未休、心怀教育的志士。

十几年没见了，往事已渐渐模糊，但陶校长意气风发的样子以及对教育的执着与热忱印在了我的脑海，陶校长夫妇给予我的那份包容与照顾也时时温暖着我，永难忘怀。

程丽阳，山西阳城人，太原师范学院副教授。2002年毕业于山西师范大学课程与教学论研究所，获教育学硕士学位，所学专业为语文课程与教学论，研究方向为语文学科教学。

师大人心中的一轮皓月

谢志礼

如果要我就“我心目中的陶校长”，或者“师大人心目中的陶校长”为题评价陶本一先生，我觉得陶本一校长是集“诗人的气质，哲学家的睿智，政治家的远见”于一身，是一位“纯洁高尚的人生导师，脚踏实地的教育家”！在他身上时时处处体现出一种“超越众生的人格情趣，有一种摄人心魄的人格魅力”！

——题记

一、三尺讲台上的才子

“啊，电！你这宇宙中最犀利的剑呀！我的长剑是被人拔去了，但是你，你能拔去我有形的长剑，你不能拔去我无形的长剑呀。电，你这宇宙中的剑，也正是，我心中的剑。你劈吧，劈吧，劈吧！把这比铁还坚固的黑暗，劈开，劈开，劈开！虽然你劈它如同劈水一样，你抽掉了，它又合拢了来，但至少你能使那光明得到暂时的一瞬的显现，哦，那多么灿烂的，那多么炫目的光明呀！”

第一次与陶本一老师接触，自然是在课堂上。第一节课是现当代文学，郭沫若的话剧《屈原》。

教室门打开，踏上讲台的是一位年轻教师，身材挺拔，气宇轩昂，风度翩翩，气质儒雅，尤其是准确凝练精彩的教学语言，一下子就把我们带入到那个特定时代，使大家与屈原产生共鸣。

讲到情深处，陶本一先生不由自主地朗诵了《雷电颂》，先生那明亮酣畅、抑扬顿挫、充满激情、朗如洪钟的声音回荡在教室里时，偌大的教室鸦雀无声，随之是经久不绝的掌声。陶本一先生以他渊博的文学修养、精湛的朗诵艺术不仅深深感染了我们，而且也点燃了学生的爱国热情。

二、富有远见的出版家

1978 年，出于哲学家的睿智、政治家的远见（甚至是出于上海人的精明），更是出于对中国教育事业的关心，陶本一老师开始策划筹办一本面向中学语文教学的刊物，意在解决如何提高中学语文教学质量的问题。

记得当时是给我们开课不久，陶老师约我们两个班的班长、学习委员征求教学意见，我作为 1977 级的学生、当时中文 12 班的班长，也参加了这次座谈，这是我与陶本一老师第一次近距离接触。

当时，陶本一老师住在学校的一所大约 20 平方米的平房之中，到了陶本一老师的宿舍，我们发现他正在伏案工作。原来他正在筹划出版一本面向中学语文教学的刊物。

1978 年，陶本一老师终于如愿以偿，创办了《语文教学通讯》杂志社。

《语文教学通讯》杂志社是《语文报》的前身，1981 年《语文报》创办后更名为语文报社，2010 年 10 月改制为语文报社有限责任公司。如今的《语文报》依旧是语文教辅类报刊的翘楚。

三、教育界的一柄改革利剑

作为教师，陶本一先生堪称桃李满天下；作为大学校长，勇开改革风气之先，践行有效的教学改革，效果卓著。

上任伊始，他就开始大刀阔斧地进行高校教育改革：倡导校园文化建设。

在国内，一般认为校园文化概念的最早提出并得到公认的，是 1986 年 4 月在上海交大举行的第 12 届学代会和 1986 年 5 月由共青团上海市委学校部召开的“校园文化理论研讨会”上。

事实上，陶本一校长在 1983 年就明确提出“校园文化建设”问题，并付诸教育改革实践。

校园文化是大学生在大学学习过程以及各项活动过程中所共同营建，并通过理想信念、价值取向、群体行为、生活方式、舆论风气、校园景物环境等所蕴含、表达或体现出来的一种层次较高的精神品质。

在山西师范大学，最能体现校园文化建设内涵的首先是位于一号教学楼前巨大的孔子铜像：孔子长髯飘拂，满脸慈祥，腰佩长剑，手捧竹简；作为中国历史上伟大的教育家，孔子的教育思想千古流芳，四座教学楼环绕着这位文化巨人、至圣先师，学生在潜移默化中自然会萌生出自己的奋斗目标：“不仅成为一名合格的中学语文教师，而且要成为孔子那样的教育家。”

其次，是位于校园中心的巨人广场：爱迪生、达尔文、居里夫人等八尊高大塑像，矗立在校园中心，同时也铭刻在莘莘学子的心中，不仅明确表达了山西师范大学的教育导向，而且明确表达了师大人的共同追求。

尤其是重新扩建的巨人广场，不仅面积有所增加，而且增添了音乐喷泉，目前已经成为临汾市一道靓丽的风景，每逢节假日，前来观赏者络绎不绝。

在校园文化建设的基础之上，陶本一校长进一步提出“宿舍文化建设”。“宿舍文化建设”则是进一步把校园文化建设落到实处的又一举措。

1984 年，与“校园文化建设”同步，山西师范大学展开“宿舍文化建设”活动，把“校园文化建设”落实到每一个宿舍、每一个学生。每一个学生都做出自己的学业规划、人生规划，力求把“校园文化建设”熔铸到学生的血液之中，贯彻到每一个学生的行动之中。

大力支持“学雷锋小组”活动，大力支持创办学生文学社团《红烛》文学社……山西师范大学“校园文化建设”进行得不仅扎扎实实，而且渗透于学生学习、生活的方方面面。

1984 年山西电视台以《小窗口里的大世界》为题，报道了山西师范大学的学生宿舍文化建设，获得社会一致好评。

1989 年，中央电视台以《十年风雨路》为题，报道了山西师范大学“学雷锋小组”的事迹，在全国引起轰动。

四、开教学改革先河

如果说，对“校园文化建设”“宿舍文化建设”“学雷锋小组”活动的支持、《红烛》文学社的创办……仅仅是陶本一校长高校教育改革的第一步，那么陶本一校长改革的初心则是高校教育的整体性改革——教学改革。

（一）普通话课程的开设

作为以培养合格的高中语文教师为目标的师范院校，一项十分重要的职业技能无疑是普通话的掌握。

当时山西师范学院的生源来自全省各地，全国分为七大方言区，山西方言虽然属于北方语系，但是次方言非常复杂，大体可以分为八个次方言区：太原方言、忻州方言、晋西北方言、大同方言、吕梁方言、临汾方言、运城方言、晋东南方言；同一方言区又有诸多区别，即使是同一方言区的学生互相之间也存在交流方面的障碍。尤其是太原以北的部分方言，不仅平仄不分，前后鼻音不分，而且伴有入声字。这些无疑会对学生将来的教学造成困难。

鉴于这种情况，陶本一校长首先在山西师范大学开设普通话课程。经过多年的教学、训练，山西师范大学运用普通话进行交流，已经蔚然成风，校园中很难听到用方言土语进行交流。

（二）“三笔字”课程的开设

“三笔字”课程，是指毛笔字书写、钢笔字书写、粉笔字书写，统称“三笔字”。“三笔字”同样是师范院校学生的一项非常重要的职业技能。

1986年5月，太原市教育局招聘语文教师，来自全国各地的应聘学生云集，其中应聘者不仅有山西本土的毕业生，而且不乏诸如北京师范大学等名校的山西籍学生。

令人出乎意料的是，脱颖而出的几乎全部是山西师范大学的学生，字正腔圆的普通话、潇洒的板书、文理兼备的学科知识，让招聘者大呼不可思议；此次招聘不仅使得山西师范大学的毕业生在山西本土名声大振，而且在全国也产生极大的影响！

（三）“大文大理”学科教学理念的提出

陶本一校长一生注重语文教学研究，即使任校长期间同样不忘初心，孜孜以求。陶本一校长编著有《语文学科教育学》《中学语文备课手册》《应用语文》《中国新时期语文教育》等若干在全国具有开创性意义的教育教学著作，可谓著作等身。

尤其是他提出并积极寻找、构建“有灵魂的教育”（陶本一校长语），至今仍然发人深思。

课堂教学能力的逐步强化，整体教学水平的渐次提升，正确价值取向的有力引导，才有可能使山西师范大学的毕业生在省内外声名鹊起，而这一切无不源于陶本一校长的“有灵魂的教育”！

早在1984年，陶本一校长就敏锐地认识到文科学生与理科学生在知识结构方面的不足，尤其是作为即将成为中学教师的毕业生。这种知识结构的不足，必将影响他们成为一名真正合格的中学教师。

正是鉴于此，陶本一校长率先在山西师范大学展开更深刻的改革：打破传统的文科、理科的分野，开展学科交叉、文理渗透式的 “大文大理” 教学改革。

从 1984 年始，山西师范大学以选修课的形式，在全校范围开展学科交叉、文理渗透式的教学模式。

在专业设置方面，本着“厚基础，宽口径，重运用，强素质”的原则，对课程设置、教学内容、教学方法、考分考纪等进行了全面改革。

这种选修课，又分为“必选课”“任选课”两种；“必选课”是一种进一步夯实中学教师基本素养的课程。

例如，“写作”为全校理科学生的“必选课”；“文科数学”则是全校文科学生的“必选课”。

多年来大中小学教学形成一个怪圈：初中必须为小学补课，高中必须为初中补课，而大学又必须为初中、高中补课。陶本一校长“大文大理”课程的开设，恰恰是打破这一怪圈困扰的有力举措，是针对文科、理科学生知识构成的“短板”，进行有针对性的强化，使他们名副其实地成为合格的中学教师。

如果联系近年来高考改革的趋势，“大文大理”恐怕是以后高考的大势所趋。这一点不仅证明陶本一校长“大文大理”改革的正确性，而且充分证明陶本一校长思想认识的前瞻性！

虽然陶本一校长离开了山西师范大学，但是山西师范大学由陶本一校长开创的 “大文大理”学科教学理念仍然在推动着山西师范大学前进的步伐。

1994 年底，陶校长调离山西师大返回上海，调任上海师范大学常务副校长。

有一件小事，令我 40 年难以忘怀：

学生们自发去火车站为陶本一校长送行，学生之多真可谓人头攒动，许多女同学都流着眼泪与先生作别。

在送别先生返回的途中，语文报社工作的同学告诉我：“陶本一校长在走之前，把报社为他配备的笔记本电脑都交回报社。”

“捧着一颗心来，不带半根草去”，陶行知先生的这句教育名言，正是陶本一校长几十年来在山西师范大学无私奉献的生动写照。

谢志礼，教授，硕士生导师，山西省教学名师。1982 年山西师范学院中文系毕业留校任教，从事写作学教学与研究。

一个普通学生眼中的陶校长

雷桂萍

一个校长让熟悉他的部分学生记住容易，但让他所有的学生深深记住真的不易。而陶本一校长做到了，他让每一位普通的学生都以他当校长为荣。

我是1985年至1989年就读于山西师范大学，时任校长就是陶本一先生。作为一名普通的师大学生，我从来没有和陶校长说过话，也不了解他更多的人生经历和情趣爱好。但陶校长挺拔的身材，饱满的额头，白净的面庞，始终戴着一副金丝边眼镜，其文质彬彬、神采奕奕、气宇轩昂、声若洪钟、学识渊博、雷厉风行的风采给我留下了深刻印象。在校园的大路上、在礼堂的舞台上、在某一个不经意的时刻，常会看见陶校长的身影，淡蓝色的衬衣、米黄色的裤子、棕红色的皮鞋，干净爽洁、儒雅清新，浓浓的书卷气氤氲而来，总是引得我们这十八九岁的女生驻足目随，然后回宿舍七嘴八舌啧啧称赞一番。当年在师大，未必注意桃红柳绿蓝天白云，但陶校长却总是一道欣赏不够的“风景”。毕业多年，和别人说起我的大学，不管别人问不问，我总是忍不住加一句：“我们的校长是陶本一先生！”一生上一回大学，大学遇到这样一位校长，还真是我最美好的记忆，想来也是暗自骄傲的事！

陶校长以他特别的风度定格在我的大学时代，当年未经世事的我们，多被他的颜值和才华所控。直到自己从事教育工作多年以后，随着年龄阅历的增长，才懂得作为大学校长，其思想和精神，其眼光和气魄，其见识和胸襟才是塑造一所大学文化灵魂、造就青年学子成长成才的根本。我大学毕业后，和师大的联系不多，也就不能听到他更多的消息，但那份敬仰和好奇并没消失。我在他的作品中阅读他，如《我们的历史我们写》《我与山西师大：前行者的脚印》；也在他人笔下还原他，如焦祖尧先生的报告文学《犁》等。陶校长是1962年华东师大毕业后，响应国家号召，分配到当时的晋南师范专科学校的。从繁华优裕的大上海，来到艰苦贫瘠的小城市——临汾，一个胸怀大志的青年在这偏僻落后的地方，要怎样才能安下心来，要怎样才能找到通往理想的路径，要怎样才能融入这块厚重荒凉的黄土地，其中的心路历程、艰辛与付出、成功与收获，是我们局外人无论如何也体会不到的。尤其是人生与事业裹挟在时代政治的洪流之中时，一个人的追求需要多少的执着，一个人的内心需要多少的强大，一个人的精神需要多少的力量，他才能不抛弃不放弃而有所成就。这些充满感情的文字，给了我最清楚全面的回答。通过文字，我越来越走近了陶校长，走进了他的青春岁月，走进了他的奋斗历程，仿佛和他一起备课，一起调研，一起思索，一起不眠；一起融入学生生活，一起奔波在列车上，一起在印刷厂码字校稿，一起拼命工作着。他的喜怒哀乐，他的家庭事业，如同一幅卷轴画，徐徐展开在我的心里。《语文教学通讯》大获成功！《语文报》大获成功！学校管理大获成功！焦祖尧先生将这些概括为“犁”的精神。是啊，陶校长用32年的时间，用人生最黄金的岁月，怀揣伟大的教育情怀，靠着这把“犁铧”，耕耘在晋南干涸的土地上，收获了春华秋实。在他的身上折射出了老一代知识分子的理想与追求，到祖国最需要的地方去，奉献人生的光和热！

读其书，想见其为人。我一次次地去怀想我的大学时代，怀想陶校长的每一个身影。为我的记忆寻找每一个依据，每一点注脚。1985年，也就是我上大学的那年，陶校长才40出头的年龄，时代的浪潮和他激情昂扬的锐气同振共谐，使我们一入学就感觉到陶校长改革治校的春风扑面。一是校长荐读。记得在宿舍区的拐角处，经常有陶校长推荐的时文展板。每期出新，我们都争相阅读。尤其是当时寻根文学、改革文学高潮迭起，新思想、新理念、新文学就以如此简单而隽永的方式激起青年学子内心的涟漪。这是我们和校长之间的对话，我们和师大之间的对话，也是我们和时代之间的对话。小小少年，心潮荡漾。潜移默化地，我们的眼界开了，思想深了，也滋生了指点江山、激扬文字的意气。二是校长见面日。记得当时正流行一部电视连续剧《新星》，剧中的男主人公李向南是名震一时的改革家，像猎猎清风吹遍大地。他大刀阔斧、雷厉风行的改革魄力特别吸引青年学生，也成为青年的偶像，观剧论剧风靡校园。而陶校长每月一次的学生见面日，就成了现实版的《新星》，他仿佛就是现实版的“李向南”。除了他率领团队现场决策，解决我们学生学习生活中的困难和疑惑外，我们更为陶校长的口才和风采倾倒。所以，那天可以不去看电影，但必须按时去参加陶校长与我们学生的见面会。三是文理交叉设课。理科系要开设大学语文课，文科系要开设高等数学课。我们中文系学生每周有一晚要到大教室上高等数学，学习微积分。当时学得挺吃力，也不愿意学。但直到现在才明白陶校长的教育理念，他要我们在本科阶段打通文理，接受通识教育。这是借鉴世界教育经验，高屋建瓴地设计人才培养模式，体现了相当卓越的见识。四是实行中期淘汰制。这应该是陶校长的重要教学改革举措之一，用这样严格且严肃的考试考核方式，来监控教学质量，是对学生高度负责的态度，是对师大人才培养质量提升强有力的推动。现在想想，陶校长不仅谋划山西师大的宏观发展战略，更在教学质量上用心良苦，而且举措实在有效，真是我们学生的大幸！

我从师大毕业多年后，从别人那里听说陶校长调到上海师范大学担任副校长，兼做语文教育学硕导、博导。10年前，我因为要参加王光龙先生主持编写的一套“语文学习指导丛书”，赴杭州开会。恰好陶校长成为特邀专家在座，我远远地看见年近七旬的陶校长，不由心中涌出一股暖流，好亲切的陶校长啊！虽然见他行动略有迟缓，话语也不多，但风采依旧，魅力依然。会议间隙，我特意走到陶校长面前说：“我是师大的学生，是您的学生，永远记得您，谢谢您的培养！”

是的，我只是一名普通的师大毕业生，是陶校长无数的学生中的一员。陶校长的风范气度、奋斗精神以各种不同的方式感染着我、激励着我。杭州回来后，我找到陶校长的学术专著，仔细研读学习。他的学术，他的思想，他的智慧，他的精神，是我永远也学不完的！

雷桂萍，女，山西平遥人，汉族，中共党员，1989年毕业于山西师范大学中文系，硕士。现任山西财贸职业技术学院组织部部长、教授。发表学术研究论文二十余篇。主持省级以上研究课题七项，获得山西省教学成果奖两项。主参编教材十余部，其中主编的《应用写作简明教程》列入“十二五”国家级规划教材。出版专著《文学作品学习论》。

领导者的风范

——记陶本一校长

窦　楷

陶本一同志原任山西师大校长，后调上海师大担任副校长。

他在任时，人们对他褒贬不一，议论纷纷；他荣调后，人们突然间发现，他竟是一个值得怀念、值得尊敬的人。

有人说他少情寡恩，这只能是一己之见。君不见1994年他告别学校时，当时天色阴沉，细雨蒙蒙，办公楼前，人声鼎沸。他噙着满眶热泪伸出手来向送行者一一道声珍重。汽车驶出校门，大家扬手示意，直到望不到影儿，才怏怏回去。

作为一校之长，他关心的是大家，或者谓之集体，但在学校来说，主要是教师和学生。我曾当面看到他向一位主管后勤的领导交代："以后不论分配什么，首先应当考虑老师，不要忘了你是老师出身。"果然以后在分配住房，以及兴建教授楼，和染料厂合资修建煤气站，无不是从教师的工作和需要出发。陶校长上任之后，还新修起幼儿园，把原临汾七中收归为实验中学，新建了物理楼、化学楼、学生食堂、巨人广场，广栽树木，美化校园。现在的师大教学区，已是杨柳滴翠，绿树成荫了。

陶校长重视外表，注重衣着。他自己风度翩翩，一表人才。但并不奢华，只是整洁美观、朴素大方而已。时代不同了，旧社会讲究名士风度，不修边幅，长袍短褂，少年蓄须而谈四书，像于右任、张澜一样。可现在毕竟是21世纪了，应当既要注重外表，又要有真才实学，尤其作为校长，代表一个学校，外事活动频繁，那就更应该仪表堂堂，举止不凡，有个性，有风度了。

陶校长有坚强的事业心，虽经挫折而不悔，这是三晋大地人所共知的。他敏于观察，信息灵通，抓住机遇绝不放过。《语文报》和山西师大的戏曲文物研究所就是在他既经考虑成熟，便雷厉风行组织申报，并获得成功的。《语文报》至今风行全国，愈办愈好；戏曲文物研究所享誉海内外，成为国内独一无二的重点学科。大家一致认为，如不是遇上这样一位勇于开拓的校长，那么一所、一报，是很难在小小临汾扎根成荫的。

陶校长为人正派，心地善良，颇具书卷气。到过他家的人，都会有这种感受。高兴时，能开怀大笑；不顺心时，慷慨悲歌，或听听音乐。人们最欣赏的是他的心地善良。1984 年竞选校长时，对手不少，但个个甘拜下风。原因除了他创办《语文报》的辉煌业绩外，更重要的是他的品格，人们信得过。一位落选者曾当面对我讲，人们嫌他的“刀子”快。“刀子”快，意味着容易无意中得罪人。1991 年 8 月，我们都在北京，当时听人说祝肇年教授因患癌症住院。祝先生是我们的老朋友了，曾为师大的硕士点出过不少力。陶校长一定要我陪他去医院看望祝先生。不过这种场合无疑心情是沉重的，谁都心里明白，不是重逢，而是诀别。进得病房，祝先生一眼看见，很快下床，他既伤感而又热情地握着陶校长的手说：“陶校长，你是好人，好人的标准就是在大是大非面前，不糊涂，能坚持真理，坚持正义，坚持进步。”祝先生一生为人刚直，勤勤恳恳，全身心地投入于教学和科研。他是中央戏剧学院戏文系主任，他始终追求真理，古道心肠，能获得祝先生如此嘉许，绝不是偶然的。那么这三个坚持，其标准显然也是够高的。

陶校长有时比较固执，比较主观，自尊心较强，经他决定的事，即使行不通，亦很难更改。甚至他的同窗好友相劝，也拗不过来。为此，我和他为了工作上的人和事，几度争得面红耳赤，互不相让。忿急之下，当着别人，我甚至还调侃他几句，但事情过后，他依然窦老师长，窦老师短，仿佛和没有发生过一般。有事找他，只要能办，总是想尽办法，力促其成，绝不推诿。这足以说明作为一个领导者，他的心胸是何等豁达和光明磊落。

陶校长个性极强，还有点傲气。但主要是对那些不学无术、市侩柔猾的慵懒之辈。而对才气横溢，勇于拼搏，有理想、有志气、有抱负、有追求的人，他却显得格外温良恭俭让，礼贤下士，关怀备至。爱才者，有时也妒才。历史上的曹孟德就是这号人物。不过这一点和陶校长是绝对无缘的。他对有才学的人，尤其是青年一代总是尽其所能破格提升、任用。在他任内，师大有些讲师评职称时，一下晋升为教授者，大有人在，而当时他还没有取得教授职称。先人后己，在当前物欲横流的世风下，实在是难能可贵，难道这种精神不应该弘扬吗？

陶校长在任时，大家不以为然，有些人说他的不是，有的人甚至造他的谣。

但蚍蜉撼树，谈何容易，真理依然是真理，陶校长依然是陶校长。去年暑假回来，他风尘仆仆，但精神愉快，虽然平添了几缕银丝，但仍不减当年风采。他没有傲气了，平易近人，见了谁都说话，碰上人都问好。谁见了他都问好，向他致意，感情是那样真挚，那样自然。他让我陪他到戏曲文物研究所转转，看到大家在酷热的暑期，不曾休假，而是都在专心致志地校对《六十种曲》评注，一打听，洋洋一千四百万字，他满意地笑了。因为他看到由他亲手栽植的小苗，已经长成参天大树。

窦楷，曾任中国戏曲学校教师、《山西师大学报》编辑部编辑、《中华戏曲》副主编、山西师大戏曲文物研究所副编审、硕士生导师。

思念·敬佩·感激

——致陶本一同志

蔡　权

本一：

你好！

我这样称呼你，你不会介意吧？进入晋南师专没几天，我们这茬人相互之间就都直呼姓名了，称呼“老”字加姓的都很少，慢慢就形成了习惯，直到现在通电话时还是叫 “春芳”“自诚”“敬飞”等，觉得这样称呼比较亲切自然。你担任校长后，别人都叫你陶校长，可我试了几次都叫不出口。所以现在还是这样称呼你，想你是不会介意的。

转眼间，离开山西师大已经24年了。这些年来，晋南师专——山西师院——山西师大的图景常常在脑子里过电影，一幕幕，一场场，是那么真切，那么耐人回味。那些纯朴可爱的学生、忠厚可敬的职工、坦诚可亲的同事、书声琅琅的课堂、龙腾虎跃的操场、乐声悠扬的排练场、紧张忙碌却十分惬意的美工室……常常进入我的梦境，尤其是和你一起摸爬滚打的场面，更是令我陶醉和难舍。

1963年9月，我和另外8名应届毕业生分配到晋南师专中文系，没几天我就和你混熟了，几乎形影不离，而且，很快我俩都被聘任为校文工团的指导老师，你负责话剧队，我负责乐队，共同的话题就越来越多，一起合作的机会日趋频繁。1963年底，毛泽东主席六首诗词公开发表后，你拉上我一起筹备毛主席诗词朗诵歌咏会，咱们一起组织排练，你还让我搞舞台设计。开始是在中文系搞，后来扩大到全校，再后来还到临汾工人文化宫演出，反响很好。1964年，首都上演音乐舞蹈史诗《东方红》，轰动全国。1965年夏天，你就策划了一台音乐话剧史诗《党的颂歌》，为“七一”献礼。你从《杜鹃山》《万水千山》《红岩》等话剧中各选一场戏，你在戏中扮演许云峰，你让我编写乐曲把几场戏串起来，并且要我担任乐队指挥，训练乐队，还把设计和绘制海报的任务交给我，我一下子觉得头大了，担心完不成这样繁重的任务。还好，经过20多天的紧张准备，终于如期演出了，效果还不错。只可惜费了老大力气，没演了几场。

此照片摄于1965年夏天，背景是山西师院。前排右二为陶本一同志，后排左三为本文作者蔡权同志

1964年秋，咱俩都被安排当政治辅导员，你负责中文十四班，我负责中文十八班，当时正值全国掀起学习解放军热潮，开展“一帮一、一对红”活动。你提出我们两个班结成“一对红”对子，互相帮助、互相促进。做法是深入到自己负责的班里，和学生实行“三同”：同吃、同住、同活动。通过“三同”，和学生打成一片，形成融洽的师生关系。全校只有咱俩搞这活动。

除了教学，你还负责中文系资料室工作，编辑出版刊物是你的拿手戏，每本刊物你都让我给设计封面，像《小资料》《资料选编》《鲁迅作品选》等好多。后来你创办的《语文教学通讯》杂志，早期的封面还是让我设计。

1969年底，学校要恢复文艺宣传队的演出活动，需要购置一批乐器和服装，当时这类物资相当紧缺，到处都是凭票或特批供应，你让我跟你一起到上海和苏州采购。经过你多方想办法，终于按时完成了任务。

1987年，你在山西师大校长任上，让我出任中文系副主任，我没答应，后来学校下达了红头文件，我只好服从任命。1989年，你又让我担任中文系主任，我还是不答应。原因我以前对你说过，我充其量是一头舍得卖力拉犁的牛，而不是掌犁的把式，担心误了你的事。我正在你的办公室向你申辩着，党委史书记进来，跟你一起把我“训”了一通，我词穷了。

我们在一起合作了30年，我最深的感受有两点：一、你的思想敏锐，创新意识强烈，点子特别多，要求特别高，做事雷厉风行。我们一起做的项目，都是你出的主意，我只是照着你的意思具体实施，从中分享快乐。由你一手创办的《语文报》《语文教学通讯》蜚声海内外，你主持下的山西师大风生水起，绝非偶然。这令我十分敬佩。二、你对我信任有加，尽管合作过程中常常出现意见分歧，你仍然始终如一地支持我，信任我，给我任务，这给了我很大的信心、力量和勇气。终生感激不尽！但是，由于能耐所限，未能达到应有的预期，遗憾多多！

生活上，你对我的帮助和照顾，没齿难忘。我第一次回老家探亲，路费不够，你把一个月的工资全借给我；我口腔做了手术，需要每天到医院做理疗，从学校到医院十多里地，步行很辛苦，你新买的自行车便成了我的专用车。在上海、苏州采买乐器期间，正值严冬，阴雨绵绵，寒风刺骨，你从你家里给我拿来大衣御寒……

当年的经历，虽已成过往，但仍是我受用终生的财富。

岁月无情，把我们都搓捏成了老人，而且都强加了一些不自在，那我们只好沉着应战了。医药固然重要，但精神的作用也不可低估。着急无用，好好配合医生和家人，尽力争取最好的效果。切切期盼！

徐老师辛苦了！请转达我和晋平对她的问候！

顺祝

早日康复

蔡权敬上

2017年11月17日

蔡权，1938年生，广东合浦人，教授。1963年毕业于中山大学中文系，分配到晋南师范专科学校中文科，从事语言学教学与研究，曾任中文系系主任。

讲好师大故事，弘扬本一精神

潘家懿

我是一个“老师大”，被青年老师戏称为“三朝元老”。“三朝”者，是指在山西师大的三个时代——师专、师院、师大都工作过之谓也；“元老”么，就是老家伙！

1963年夏天，我在广州中山大学中文系毕业。根据当年教育部的分配方案，鼓励全国重点大学的毕业生踊跃报名去边疆和贫困地区工作，以支援那里的教育、科研和经济的发展。我们中文系的去向是山西、内蒙古两省。那时同学们的觉悟都很高，也都希望毕业后能到艰苦的地方接受锻炼和考验。所以后来报名时很多人都报了山西和内蒙古。最后来山西的共36人，去内蒙古的共18人。我走前已得知分配到山西大学中文系任教，但来后去报到时却被告知山大已留了本校毕业生。这样，我们只好到省教育厅要求改派。人事处处长对我说，此事他已知道，如果我愿意，就把我改派到晋南师专任教。我当即表示服从分配。就这样，我和我系另外三个同学便于次日乘火车南下临汾，来到了位于东郊段店乡的“山西晋南师范专科学校”。从那时开始一直到1993年调离师大，我在山西刚好度过了整整30年。这30年在我一生中是充满流光溢彩的，尽管生活上和工作上有过艰难，有过挣扎，但比起我得到的温暖、尊重和爱，那又算得了什么？因为这里有我大大小小的“家”在呵护着我：中文系是我的小家，师大是我的大家，而临汾和黄土高原则是我更大的家。所以在迎接山西师大60华诞到来之际，我用“砥砺平阳三十载，山川草木皆乡愁”来表达我对师大的感恩和怀念。下面是我近来所思考和想要表述的浅见，愿与师大老师和同学们共同分享。

一、讲好师大故事

今年是山西师大的60华诞。60年间，学校由两年制的“晋南师专”到改制为四年的“半农半读山西师院”，1984年再升格为全日制本科的“山西师大”，三代师大人走过了一条极其艰难曲折的建校和办学之路，也取得了不少宝贵的经验和教训。当然，一个学校能否办得好，除了地理条件和经费状况，还有更重要的因素，那就是不同时期的政治生态的影响。比如师大校史中的前20年就是最动荡不宁的时期，各类大大小小的政治运动接踵而至，不仅从整体上破坏了高校教育的秩序，甚至连正常的教学计划、招生计划都无法执行。尤其是在“文化大革命”时期，江青叫嚣“知识越多越反动”，所以知识分子都成了“臭老九”，动辄挨批挨斗，严重破坏了师生关系和党群关系。这种现象在“文化大革命”后的拨乱反正运动中才得到了彻底解决。以我校为例，自从恢复高考招生以来，学校的方方面面工作都得到了正常开展，教学和科研成果也与日俱增，学位授予权层次也由原来的学士学位提高到硕士甚至博士学位，与大动乱、大倒退的“文化大革命”时期相比，简直是天壤之别。下面是我想表述的两个想法：

（一）山西师大留在晋南是对的

我调离山西至今已经25年，曾先后回来过五次，前四次都听到学校准备迁到省城的消息，我很不以为然。上一次（2014年）回来时听说不走了，要在河西建新校区。我很高兴，问了一句“是真的吗”？

我始终认为，在山西高校大调整的1962年，把一大批专科院校统统砍掉，而只保留一所晋南师专继续招生的做法是对的。理由有几点：

1. 晋南地区面积大（有3.7万平方公里），人口多（总数900多万人），连一所高校都没有是说不过去的；

2. 晋南是全省最富裕的地区。其所生产的小麦、棉花和池盐超过关中，被称为“山西的乌克兰”；又称为“三白地区”，因为面粉、棉花和盐都是白色。

3. 晋南是古代中华民族及中华文化摇篮地之一。尧都平阳、舜都蒲坂、禹都安邑都是在晋南；皋陶、荀子、晋文公、霍光、卫青、霍去病、关羽、王勃、柳宗元、司马光、关汉卿等历史名人都出生在晋南。

4. 晋南是诗经、汉乐府、唐诗、宋词和元曲几大文学样式的重要源头，保存了中华文化早期的许多辉煌建筑和文物，如鹳雀楼、普救寺等。

5. 此外，作为晋南师专校址的临汾市，更是古代文化的积淀的典型。由最早的“尧都”“平阳城”到历代的“白马城”“刘渊城”“卧牛城”和“临汾城”的命名都反映了这座历史名城厚重的文化积淀。所以把师大建在这样的历史名城是我们的光荣和骄傲！

（二）招贤纳才是硬道理

据校史记载，在晋南师专创建后的几年中学校就十分重视优秀师资和管理人才的引进。当时主要是去中学和科研机构物色所需人才。如倪以还、余子谷、阎晓天等老教师就是从中学调来的，据说那些年杜石坞校长每到毕业生分配季节，就会去省教育厅要人。省内的优秀毕业生和省外重点大学分配来的学生就成为他挑选的重点对象。无形中师专从那时起就建立了一个“人才储备库”。这些人才来自本省和全国各地，专业知识扎实，思想活跃，创新能力强，外语基础也好，所以“文化大革命”后，就都一个个迸发出教学和科研的创造力，形成了一批成果。以我们中文系和戏研所为例，单单是1977年到1986年的十年里就出了一大批喜人的成果，包括教材和论文、论著，有的老师还应邀到国外出席学术大会，进行学术交流。我希望这种招贤纳才的风气能够成为师大的良好传统，为师大的发展做出更大的贡献。

二、弘扬本一精神

陶本一是我们中文系的老师，也是我国当代著名的语文教育家和出版家。他在“文化大革命”后所创办的《语文教学通讯》和《语文报》一经问世，就受到全国语文教师和中学生的普遍喜爱；由于出版发行量屡创新高，在出版界也造成巨大的影响。他所提出来的“大语文”理念越来越被语文教育界认可。有人说“互联网+”是互联网的升级版，“大语文”也可以理解为语文教学的升级版，是“听、说、读、写、思”五种教学范畴和学习能力的相互关联和共同促进。作为山西师大中文系的同事，我对他在语文教育研究中所表现出来的勇敢和执着十分钦佩。

陶本一又是我们山西师大的校长，是高等教育改革的探索者。他提出学校要以学生为主体，使学生成为真正的主人翁，有独立的人格和果敢的行为。他强调高校通识教育的重要性，主张建立学生道德法庭和自律委员会。他在任期间还实行了“校长见面日”和聘请学生当“校长助理”的制度。在学校的对外联系上，他也做了许多开创性的工作，如派教师到国外进修、鼓励教师写论文参加国际学术大会、与外国高校建立互派留学生等。所有这一切都得到师生的认可和好评并取得了很好的效果。

我和陶本一在中文系共事 30 年，有太多的了解和共识。他为人正派，性格坚定，善于团结同事和爱护学生，讲求办事效率而又不骄不躁。他三十年如一日地砥砺奋进，建了功立了业却从不自傲。他懂得感恩，感谢山西为他施展才能提供的优越的条件和平台，庆幸自己在大学毕业后就能被分配到山西工作。他说出了我们老一辈师大人的心声！

陶本一同志是我们山西师大的功臣，也是全国语文教育界所敬仰的专家和同好。有人形容他是一颗明星、一轮皓月，但我更喜欢说他是“《语文报》之父”或“师大学生的保姆”。当父亲要有担当，要干活养家，而当保姆则要为孩子付出爱心和耐心。对于这样的老师、同事和领导，我们有责任去学习和弘扬他的宝贵精神，把山西师大办得更好，为国家和人民培养出更多优秀的教师和各行各业的专才！

潘家懿，曾任山西师大教授、中文系主任兼山西省政府语委副主任。后调回广东汕头大学，任中文系主任、研究生导师兼汕头市语言学会会长。深圳大学、香港中文大学兼职教授或客座教授。出版有《临汾方言志》《广东方言与文化论稿》等论著及《普通话训练教材》等教材。

陶先生印象

薛有才

陶本一先生是山西师范大学前校长,《语文报》《语文教学通讯》的创始人,为中国特别是三晋的教育做出了卓越贡献。说实话,我与先生既熟悉又不熟悉。说熟悉,是因为我先后在山西师范大学读书、工作达八年,先生先是我们的师长,后是我们的校长。先生留给我的印象总是挺拔的身姿、整洁的衣服领带、锃亮的皮鞋,总是那么的儒文尔雅、才华横溢、睿智健谈;说不熟悉是因为我上的是数学系,毕业后也留在数学系任助教,直接与先生的接触仅有两三次,所以印象又是那么的模糊,好像有话要说又说不清楚。所以,我就仅仅讲讲我与先生的两次直接的接触。

第一次见先生,非常的偶然。那是20世纪70年代末期的一个秋天。那些天,下着缠绵的秋雨。一天中午课后,我们几个同学去食堂吃饭,路过学校大礼堂(那时我们还在学校门口的平房上课,去食堂要路过学校礼堂),看见一位高个子的年轻老师在往礼堂搬运一捆捆的报纸,满脸的水滴,分不清那到底是汗水还是雨水;只见他裤腿上沾满泥泞,衣服皱皱巴巴的,有些地方还染有黑色的油墨。大堆的报纸堆在礼堂的台阶上,由于下雨,有些报纸上已经溅上了雨水。所以,他一边吃力地搬报纸,一边还小心翼翼地把溅上雨点的报纸晾在礼堂大厅中间。我们几个赶快上前帮忙搬运,而让他去摊晾报纸。由于人多,一会儿报纸就搬完了。我们还要帮先生摊晾报纸,先生不让,一个劲地说感谢,并让我们赶快去吃饭,说是怕我们去迟了,食堂没了饭菜或饭菜凉了。

过几天再次在路上见到先生,只见先生西服领带,面带微笑,与另一位中文系老师边走边谈,与那天我见到的先生判若两人。这才是我见到的先生的真正容貌。以后见到先生,总是这样的身姿挺拔笔直、衣服干净整洁、对人彬彬有礼,其温文尔雅的容貌永远地印在了我的脑海中。

通过这一小事，我知道了师大中文系在陶老师的带领下创办了《语文报》与《语文教学通讯》两份报刊，也算认识了先生。再后来，到20世纪90年代后，《语文报》迎来了大发展，在全国大有名气。许多人都知道《语文报》的辉煌，都知道陶先生的大名，甚至还有人想着先生是否因此赚了大钱。但是，有谁想到创办这些报刊的艰辛呢？

1981年年底，我毕业留校任教。1985年，又因为妻子在临猗县老家任民办教师，家里父母亲都70多岁了，又有了一个儿子无人照料，所以想调回运城师范专科学校工作。由于我们这批"文化大革命"后首批留校的青年人颇受学校的重视，先生又刚刚当上校长，我想调走，请调报告交到了校人事处，却不知道如何给先生去讲，让先生同意我调走。

踌躇几天，还是得向先生说明想调走的原因。当我敲开先生的门，先生微笑着让我坐下，问我有什么事情。我怀着忐忑的心情，吞吞吐吐地向先生说明我想调回运城的想法。只怕先生发脾气，但是先生一直微笑着听我讲完，然后先生先是给我讲师大是一个非常好的学术平台，非常有利于年轻人的成长；然后又讲师大现在缺老师，我们"七七"级同学是师大的宝贝，学校对我们非常重视，将来一定会有所作为，等等。再后来先生讲你如果还是坚持调走的话，我就同意，然后上办公会研究。我赶紧说，我想调走。先生微笑着说，那好，你等几天吧。

不久，人事处通知我学校已经同意我调走。我再次去见校长，表示感谢。先生这一次却认真地给我讲，要我到新单位后努力工作，做一名好教师，为师大争光。最后还语重心长地讲，让我常回师大，说师大永远是你的家。这些话让我非常感动。按理说，我要调离师大，先生应当不高兴，但先生却理解了我，并且鼓励我到新单位好好工作，还让我永远把师大当成家。当时的我，真有不想走，永远在他手下工作的念头。这就是先生留给我永远的印象。

我听过许多人讲先生的故事，有讲先生的挺拔容貌，有讲先生课堂上的妙言珠语，有讲先生诗画般的讲课情景，有讲先生创办《语文报》的丰功伟绩，有讲先生管理山西师范大学的成功经验，不胜枚举。但是，先生留给我的印象一是那次雨中搬运摊晾报纸的"狼狈"场景，是先生艰苦创业、不辞辛劳的画面；二是先生语重心长的谈话，是师长谆谆教诲与深切关爱的画面。

薛有才，1981年底毕业于山西师范大学数学系后留校任教。1999年7月晋升为数学教授。2001年7月到浙江科技学院工作。

亲力亲为，亦师亦友

——同陶校长一起工作的日子

戴定澄

1996年夏，我从日本静冈大学完成两年的研修，在日本学术刊物上发表了研究论文后，返回上海师范大学音乐系原副教授岗位，此时正值学校酝酿将原本音乐系和美术系合并成立艺术学院。一天，系里领导找我，说学校分管艺术学科的陶本一校长要同我聊聊，这是我第一次见到有文人雅士气质，又英气逼人的陶校长。此后，我相继担任艺术学院常务副院长、音乐学院院长，同陶校长有了较多工作上的接触和音乐艺术方面的交往。

陶校长在工作上既有着大局视野，又不避辛劳，亲力亲为。作为大学校长，他在工作中对专业人士又充满着亲和关怀之情。

上海师范大学成立音乐学院初期，任重道远，陶校长亲任学院顾问，在繁重的校务工作的同时，不辞辛劳来学院参加各类会议，更随时同学院的年轻领导班子保持沟通，共商发展，保证了音乐学院较高的人才和学科水平，在教学、研究及表演等各方面都处于同类院校较为前列的位置。当时，由学院师生共同组成的上海师范大学万方青年交响乐团，北上南下，在包括北京音乐厅、广州星海音乐厅、香港文化中心音乐厅、上海音乐厅、上海大剧院、澳门文化中心等各地著名音乐厅公演，也顺道或专行赴全国各地包括清华、北大、中山等多所大学巡演，将音乐学院的教学成果带到了各地，在上海乃至全国产生了很大的艺术影响；中国唱片公司上海分公司还专为乐团灌制了一套交响乐专辑，受到专业界普遍好评。在国务院任职的文化官员赵启正先生聆听了万方交响乐团在北京音乐厅的交响音乐会后，动情地对在座的陶校长和全团演员高声赞扬："万方交响乐团，不鸣则已，一鸣惊人；不飞则已，一飞冲天。"当时乐团聘请的著名指挥家张艺（现任中央芭团音乐总监）、李心草（国家交响乐团指挥）、张眉（上海音乐学院指挥教授）、林友声（上海歌剧院指挥）等，以及应邀来团的一些欧洲指挥家和演奏家，都同陶校长建立了深厚的友谊；而乐团上上下下，则更对陶校长充满敬意。不言而喻，“万方”在当时美名远播的重要因素，毫无疑问是同陶校长的亲力亲为分不开的。

我并非在专业上师承陶校长，但在长期的接触中，陶校长的言传身教及扶持后辈的大家气度，使我视陶校长为我所敬重、对我人生历程有较大影响的几位师辈之一。长久以来，我同陶校长亦师亦友，友情历久弥新。

记得担任上海师范大学音乐学院院长之初，工作极为繁忙，同时手头还有不少研究事宜，经常忙得没有时间出席官方一些礼仪活动，尤其是甚为费时的工作宴请事宜。记得有一天，陶校长得知我在家还没吃午餐，让人带信说会来学校教授楼同我一起就餐，我毫无准备，正发愁怎么招待他，但见陶校长带着一食品袋，原来是他特地在超市购买的速冻水饺。那天中午，陶校长、我，还有我正在上小学的女儿三人共进午餐——在那次午餐的时间里，彼此沟通和商议了不少工作事宜。

2000 年，英国纽卡素大学音乐学院院长邀请我前往该校做驻校访问，事项得到学校的批准，但当时学校并无现今各大学普遍提供的访问学者基金，往返英国的交通费用需由个人承担（在英费用由对方承担），对于我这样一个经济收入很一般的教授家庭，无疑也是一个额外负担。我咨询学校可否有一定的资助，得知学校并无这类费用支出。陶校长得知后，自掏腰包帮我承担了赴英国的机票费用。我在纽卡素大学访问期间，不仅获得该校校长签署授予的客席教授聘书（一般外来访问者均为访问学者身份，客席教授的身份可享受该校多项待遇，更为重要的是说明英国大学对外来学者的学术认可，事实上也提升了上海师大的声誉），同时顺带建立了两校之间的学术联系，促成了双方校长互访，签订了合作备忘录。

我想，这些成果同陶校长的无私帮助是不可分割的。

2003 年夏天，澳门公立理工学院聘请我前往该院，担任该院下属的艺术高等学校（这是澳门唯一有音乐、视觉艺术和设计学科和学士学位授予权的高校）校长。当时的上海师大也同澳门中学教育界保持有合作关系，每年轮换派教师赴澳门中学以“劳务输出”的性质任教，同时学校还得到一定的外汇收入。所以，学校有关部门“理所当然”地提出本人亦需按此办理。然而，澳门理工学院这次的聘请，并非上述官方性质，而是海外人事招揽的一环。作为澳门艺术高校当时唯一一位由大陆聘请的教授，我受聘担任该校校长，应该是提升上海学校地位的好事，而同“劳务输出”是完全不同的性质。以“劳务输出”处理，个人费用尚为小事，学术名誉（包括个人和学校）受损则是大事。然而，“书生遇到兵，有理讲不清”，最后还是陶校长非常理解海外这方面的情况，出面解释，始为解决。此后，我在澳门工作时，先后发表多项研究城市音乐的学术成果，也有欧洲出版社翻译我的著作在欧洲发行，还受聘担任澳门政府文化委员、世界合唱联盟理事会成员等职务，受到当地学术界、文化界的普遍欢迎。2013 年，因对当地文化的贡献，被特区政府授予“文化功绩勋章”。

陶校长与戴定澄（右）在上海大剧院

此时此刻，我心中铭记的是陶校长亦师亦友的真诚关怀。

赴澳门工作至今已近 15 个年头，每年返回上海，总是要去探访陶校长。在澳门或国内外发表文论、著述，都一定要带一份向陶校长报告，并请他指正。近年来，同陶校长见面更多的是在上海华东医院的病房。陶校长的思维还是那么的清晰灵敏，对人的关怀还是那么情深意长。

匆匆落笔，尚难表心意。仅借此小文，祝愿陶校长每天有快乐心情，身体健康！

戴定澄，资深教授、音乐学博士，曾任上海师范大学音乐学院院长，上海音乐家协会副主席，澳门公立理工学院艺术学院院长；现任澳门政府文化委员，中国音乐家协会理事等职。

“我印象中的陶本一先生”临汾座谈会发言纪要

时间：2018年1月18日下午3:30

地点：山西师范大学田家炳教育书院六楼教科院会议室

主持人：原战勇

原战勇（山西师范大学校友会副会长兼秘书长、原副校长）

各位老师，各位同事，各位朋友：

大家下午好！

今天，我们在这里召开一个座谈会，主题是“我印象中的陶本一先生”。召开这个座谈会，主要是因为今年是我们山西师范大学建校60周年，有很多校友想借此契机，给陶本一校长出一本书。书名为《师长·社长·校长——我印象中的陶本一先生》。出书的目的，是回顾总结陶校长在山西师范大学时所做过的事、走过的路，所经历过的波澜壮阔的精彩人生，激励广大的师生员工及校友们以陶校长为榜样，奋发向上，积极进取，为国家富强、民族复兴、人民幸福做出自己应有的贡献，为把我校建设成为特色鲜明的高水平师范大学而努力奋斗！

今天的座谈会只是这本书组稿的一种形式，到会的也只是目前在临汾生活和工作的部分熟悉陶校长的老师和同事。陶校长的基本情况大家都熟悉，我不妨再作一下介绍。陶校长1941年出生于上海，今年77岁。1962年毕业于华东师范大学中文系，同年，响应党的号召服从祖国分配来到晋南师范专科学校任教。1978年创办《语文教学通讯》，1981年创办《语文报》，担任语文报社社长兼总编辑。1983年12月担任山西师范学院院长。1984年12月担任山西师范大学校长。1994 年 12 月调离山西师大任上海师范大学副校长。在山西工作和生活了整整 32 年。上海师大退休后接受返聘，主要从事教学工作，担任硕士生导师和博士生导师。

现在，请大家自由发言。可以讲一些与陶校长交往的故事，也可以讲一讲对陶校长的看法与印象。总之讲自己认为有意义的东西，能够反映陶校长为人处世、生活工作的情况就可以。下面开始发言。

窦 楷（山西师范大学戏曲文物研究所教授）

说起陶校长来，我有说不完的话，因为我跟他打交道的时间比较长。

我的第一个观点：陶校长在营造山西师大文化氛围方面的贡献非常大。所谓学校，就应该有学校的气氛，让人一看这就是个大学、是个学府，就要有这个气氛。这个气氛表现是什么？巨人广场—— 8 个巨人都是国内的、世界上的名人啊！这些名人他不是当官的，而都是一些科学巨匠，这充分代表了陶校长作为校长的理念。

我的第二个观点：在陶校长的支持下成立了戏研所。他非常关心戏研所的建设与发展。我知道，陶校长他最关心的就是戏曲文物研究所。他曾跟我谈他在师大做了两件大事——一个是《语文报》，一个就是戏曲文物研究所。所以陶校长始终惦记的就是戏曲文物研究所，这是我深有体会的。在这么一位有魄力的校长手下工作，我觉得是最幸运的。成立了戏曲文物研究所之后，陶校长又找我说：“窦老师，有了研究所以后，要有自己的刊物。为什么要办这个刊物呢？一是考察之后的科研成果能够很快地发表，有了自己的刊物，想什么时候发表就什么时候发表；二是有了自己的刊物之后，好多人要给咱写稿，我们的刊物就可以将社会上各部分的研究人员团结起来，他们就会传播研究所。这样一来，咱的戏研所的影响就出去了。”看看，这种看法是相当超前的。

我的第三个观点：陶校长非常重视学术交流，尊重学者。陶校长曾对我说：“你过去在北京认识的学者比较多，我们可以邀请他们来做报告。”陶校长还亲自接待了我邀请的学者。

我的第四个观点：陶校长非常关心人。如果没有陶校长，我自己在学校的一些工作也会是一无所成，这是我所不能忘记，也不会忘记的。一个人工作当中遇上一位好领导，那确实是非常幸运的。

我的第五个观点：陶校长对学校的贡献有目共睹，但陶校长谋事不谋人，他是比较重用一些有才气、有才华的人。陶校长上任后，整个学校的建设，比如图书馆、化学楼、阶梯教室、4号教学楼的阶梯、学生餐厅（当时最大）、外专楼都是陶校长在任时修建的。

陶校长的确很关照我们，他曾说过："没有窦老师，咱们的戏研所就不会在北京有这么大的影响，现在窦老师老了，你们应该好好地照顾好他。"现在陶校长年岁也不小了，我希望你们将来见了陶校长后帮我转告他：这个病没有什么了不起的。巴金先生最后得病住在华东医院最后不也活了101岁么？把心放宽，自己得想得开，人年岁大了病痛也会随之而来。我自己年龄大了，想着对年轻人能指点多少是多少，对于学校工作也是能做多少是多少。

刘安乐（山西师范大学原副校长）

在师大工作、学习时间长的、短的，老的、少的，凡是跟陶校长接触过的，都很怀念陶校长。为啥呢？他的事迹我不具体说了。我认为，是因为他的人格高、人品好、有尊严。作家梁晓声谈"文化水平"时，说到"文化"涵盖四个方面：第一，根植于内心的素养；第二，无须提醒的自觉；第三，以约束力为前提的自由；第四，为他人着想的善良。作家龙应台也说过："文化体现着人与自然、社会和自己的关系。"从这方面讲的话，陶校长本人的文化确实是高水平的。

陶校长1962年从华东师大毕业来到山西师大。1961—1965年这五年间，国家为支持山西的教育事业，从京津鲁、长三角、珠三角一带的重点大学给山西沿同蒲线的大、中学校输送了一大批优秀毕业生，仅我校就有三四十名。陶校长就是其中的杰出代表。陶校长从1962年来到山西师大到1994年离开，32年呀，从21岁来，到53岁离开，整整32年的人生最美好的年华都奉献在黄土高原上了。

陶校长最大的特点是谋事不谋人。比如，有人对他有意见或者做什么小动作，他从不会记恨。用西方的观点来说，陶校长具备贵族精神和绅士风度；用中国的说法来表达就是君子。没有陶校长，就没有师大的今天。陶校长用32年的心血，改变了学校的面貌，提升了学校的办学层次，怎么评价都不过分。改革开放以后，陶校长开始大显身手，创办了《语文教学通讯》和《语文报》。1985 年离休的郭璞书记曾跟我说过，陶本一担任校长之后，在党委的支持下试行校长负责制。我个人认为，不管实行什么样的体制，关键是由什么人执行的。如果品德不好，人格不高，也当不好“一把手”。陶先生当了 11 年校长，在他手下我担任了 11 年的财务处处长。在陶校长离开山西师大之前，有一天，他突然跟我说这几天想到我家里弹弹钢琴，我心里纳闷，像陶校长这么忙的人怎么会有时间来我家里弹琴？觉得不太对劲。后来才知道陶校长要离开临汾了。陶校长是当今社会不可多得的杰出人才，他 32 年的奋斗历程，在山西师大的校史上写下了浓墨重彩的一笔，师大师生员工们会永远怀念他。企盼陶校长健康长寿！

洪黛英（山西师范大学体育学院副教授）

陶校长非常重视体育舞蹈，对音乐、舞蹈也非常在行。我每一次要出去比赛，前一天我都会把陶校长请来先指导一下。陶校长看到音乐不好、动作不好的地方，都会提出自己的意见。

陶校长调到上海工作后，我常常把比赛情况写信告诉他。他也亲自给我们回信，在信中鼓励我们要始终保持清醒的头脑，瞄准先进水平，脚踏实地，发挥创造性，争取更好的成绩，同时嘱咐我要注意身体。看到陶校长的回信，我们大家很受鼓舞，也感到很温暖。大家忘记疲劳，忘记挫折，重新全力以赴地投入到训练与比赛中，获得了许多好成绩。

齐国辉（山西师范大学成人教育处原副处长）

师大的成人教育办得比较早。从成人教育科成立不到一年就成立了成人教育处。那个年代，只有山西大学有成人教育，其他的学校都还没有。我校开展成人教育后，大大提高了全省在职干部、教师、社会青年的文化水平，同时也给学校增加了经济收入。

陶校长是一个非常坚持原则的人。有一天他把我叫去，说了这样一件事。他说，咱们学校体育舞蹈队出国比赛，一位个体户支持了我们 5 万块钱。现在人家提出，怎样才能拿一张成人教育大学文凭。你看这个事情应该怎么办？我说，要拿成人教育文凭，首先必须参加全国统一考试，成绩达到分数线才能录取。入学后还要按教学计划修完各门课程，成绩合格才能拿到大学文凭。他说，那该怎么办就怎么办吧。通过这件事，我就觉得陶本一先生是非常理解和支持下属工作的，也是非常坚持原则的。

陶校长对成教处非常关心。成教处刚成立时，没借鉴，没经验，报名考试、教学工作、教师聘任、毕业把关，他件件关心，尤其是考试纪律方面，他更是提出了高质量、严要求。陶校长非常重视成教处，每次学生开学、毕业他都要到场并讲话鼓励学生做好人、做好事。成人学生来自社会四面八方，社会阅历广，但对陶校长特别爱戴特别崇拜，每次陶校长和他们见面，都被围得水泄不通，久久不肯离去。

陶校长是一位毫不利己、全心全意为教育事业奉献一生的好教师、好领导。他的业务能力强，思想非常开放，而且超前。他永远是我们的好朋友、好老师、好领导。真心地希望他快乐长寿。

郝文兰（山西师范大学机关二总支原书记）

陶本一先生是我一生中最敬重的一位朋友。我和陶先生相处30多年，并且还在排房相邻居住数年。他的举止、他的形象不时在我脑海中闪现。

陶先生是个不安于现状而锐意创新的人。记得1962年刚分配到晋南师专的他就极力要在中文科办资料室，这在当时人们还不懂资料室是干啥用的情况下还真是件新鲜事，而他也还是个刚毕业分来的青年教师。在他的努力下中文科资料室办起来了，以后成了中文系资料室。相继学校各系在中文系的带动下也都建立起了资料室。各系资料室的建立为教学、科研起到了很好的作用，这不能不说是得益于陶先生当年影响的结果。

陶先生在山西师大最大的功绩之一就是创办了《语文报》。《语文报》的创办并非一帆风顺，而是倾注了陶先生的全部智慧和心血，经过艰苦的努力，冲破重重阻力一步一步创办成功的。《语文报》的创办成功也打消了一些人的嫉妒和质疑，也证明了陶先生的创举是正确的。随着《语文报》走向全国，走上了中央电视台，名声越来越大，也相应地提升了山西师大在全国的知名度。人们也才知道了《语文报》是山西师大主办的，而实际上这山西师大的知名度是陶先生给闯出来的。

陶先生主政（当校长）山西师大10多年，他勤奋敬业、开拓进取、严格认真、无私无畏，锐意革新，使学校面貌发生了翻天覆地的变化，开创了山西师大历史上的辉煌时期。他的工作作风、工作态度、忘我的奉献精神，在山西师大是有口皆碑令人称颂的。就连原来质疑他的人被先生的精神所感动也不得不佩服先生。用原副院长史增福的话说："人家陶校长是见过世面的人，站得高，看得远，接受新事物快，比咱们这些土包子强。"

陶本一先生干练洒脱、挺拔轩昂、风度儒雅，一身正气，两袖清风，他具有知识分子特有的气质。他把一生最好的年华奉献给了山西师大、奉献给了山西的教育事业。他当老师是好老师，当校长是好校长。他是青年学生的偶像，他是我们的楷模。我们感激先生，好人一生平安，我们祝福先生健康长寿！

张昌河（山西师范大学党委宣传部原副部长、原德育教研室主任）

我讲讲师大开设三笔字课的事。有一次我和陶校长坐下来谈事情。他说："张老师，国家教委下了文件了，要求师范生，包括师大、师专，都要开设三笔字课。"三笔字课的重要性我就不说了，他讲了很多。最后说了一句话："我看你把咱们学校开设三笔字课的任务负责起来吧。"因为当时我是宣传部的副部长，是德育教研室主任。德育课程的任务很重，要是把三笔字教学也压给我，我实在受不了。所以当时我就跟陶校长说："让别人干吧，这个德育课已经压得我受不了了。"陶校长说："我看你还是把这个任务接下来吧。"最后我只好说："那我就试试吧。"我就把三笔字课教学的任务给接下来了。我从他的办公室出来以后，他亲自把我送到楼梯下面。这个事情过了以后，有两个人说："张老师，你可神啦。"我说："咋呢？"他说："陶校长工作非常认真，不批评人就是好的，怎么那天我还看到陶校长把你送到楼下了？为什么要送你呢？"所以我就体会到陶校长对三笔字课的教学确实是很重视，希望我能把这项工作搞好，所以更增加了我的责任心。

陶校长工作很认真。学校建校26周年（1984年），当时我是具体负责搞展览的。制作展览的整个过程，陶校长都非常关心。他除了平时常去视察以外，最后那两天，我通宵加班，陶校长就陪我加班。虽然没有通宵，但至少到半夜，他没有休息，跟我一起工作。我很受感动。

陶校长让我负责三笔字教学，我最后编了一本教材叫《三笔字教程》。在这本书的扉页上，我想题几个字，我征求陶校长的意见。我说："都说字是老师的脸面，老师应该写好字。"陶校长听了我这个意见以后，就在三笔字教程扉页上写了："三笔字是老师的第二外表。"这是陶校长亲自定的。

张继前（山西师范大学原地理系主任）

陶本一校长的高瞻远瞩是不可否认的，并且他对我们学校的定位也是非常准确非常重要的。作为师范院校，应当以培养合格的中小学教师为中心，围绕这个中心做了大量的工作。比如，开设三笔字课和普通话课、创办《语文报》等。《语文报》的创办大大提高了中小学教师的教学水平，同时也提高了我们学校的知名度。陶本一校长当时采取了很多教改措施，比如：中期淘汰制、教师轮流讲课制度等。

教师职称评定工作是在 1980 年恢复的。到了 1988 年又一次停止，到了 1991 年又重新开始。那个时候我们学校有 50 多位副教授要申报教授职称。陶校长让每一位老师讲 20 分钟课，这样可以很清楚地看到这 50 多位老师的教学水平。在此基础上，再看他们的科研成果。所以职称评审是要教学水平和科研能力相结合。在当时，陶校长很关心职称评审，给了我很多建议，自己也做了很多工作。20 世纪 80 年代末到 90 年代，我们学校的学生，分配到各地学校都很快成为骨干教师，这与陶校长当时采取的一系列措施都很有关系。

陶校长在做很多事情前都要和各级领导、老师们商量后再做决定。比如巨人广场的建立，在选择 8 位巨人时，就主动征求了老师们的意见。我给他说，8 位巨人不能全都是国外伟人，也应该有我们中国的伟人。当时我给他推荐了两个伟人，一个是李四光，一个是竺可桢。李四光创立了地质力学和构造体系，不仅在国际地质学占有一席之地，而且对我国经济发展做出了杰出的贡献。竺可桢是我国近代地理和气象学的奠基人，创立了物候学，对我国农业发展做出了贡献。陶校长建立巨人广场的用意和目的，在当时是为了让学生树立远大理想，现已成为我们学校的重要地标和一道亮丽的风景线。

陶校长在任这 11 年，对我们学校做出了很大贡献，对我们山西师范大学的发展起到了不可估量的作用。

唐长殿（山西师范大学原中文系党总支书记）

陶本一先生是我最敬爱的师长。不管他当校长还是当社长，在私下里还是在公众场合，我永远称他老师而不是官职。我觉得叫他老师更能准确表达我对陶先生的感情。

我和陶先生交往 23 年，大致可以分为三个阶段。

第一个阶段，从 1972 年到 1975 年，他是老师，我是学生。

陶先生是我名副其实的授业老师，并非一般的客气虚称。我在山西师院中文系读书期间他给我们教外国文学作品选，讲过高尔基的《海燕》等文学名篇。陶先生讲课认真投入，普通话标准，吐字清楚，声调宏朗，声情并茂，讲到激动时常辅以带表情的动作，如同话剧表演，很受同学们欢迎。听陶先生讲课简直就是一种艺术享受。

我上学时正值“文化大革命”后期，那时盛行开门办学。陶先生常同我们一起下乡，或者宣传党的政策，或者进行社会调查，或者参与生产劳动。同时进行写作等文化课的教学。陶先生来自上海，出生于相对富裕的家庭，平时生活规律，穿着讲究，加以谈吐文雅，行止潇洒，眉清目秀，一看就是彬彬书生。但是每到下乡他就换上一身普通劳动服、穿上球鞋，和同学们打成一片，割麦、平地、拉车，大家干啥他干啥，根本看不出他是一位来自大上海的大学教师。这一点令我们这些工农兵学员非常敬佩。

第二个阶段，从 1975 年到 1983 年，他是教师，我也成了教师。

1975 年，我从中文系毕业留校，分配到中国现代文学教研室。陶先生在外国文学教研室，还兼任资料室主任。虽然两人不在同一个教研室，但交往不断。陶先生不嫌弃我这个来自农村的土包子学生，给我以兄长般的关心与帮助。其间有两件事情对我的影响甚大。第一件事是 1975 年“批林批孔”运动时，在他和冯一健先生带领下编写“批林批孔”小册子。当时我刚毕业任教，尚未进入写作门槛。陶先生和冯先生一起为我列提纲、编章节、定主题，不厌其烦，悉心指导，最终成书。由于受到当时的形势影响，这本小书内容上肯定有过激之处，今日早已不复存在，化成了纸浆。但是对我来说这毕竟是我第一次涉足公开出版物的文字写作，因此难以忘怀。

第二件事是协助陶先生办《语文教学通讯》杂志。《语文教学通讯》是 40 年来中小学教师的案头必备刊物，今天已和《语文报》一起成为山西师大的名片，在中国教育界无人不知，但是《语文教学通讯》创立之初困难重重，人手不足，稿子缺乏。陶先生劳心劳力，多方奔走。编辑人员不足，就请本系老师参与；稿源不足，就发动本系师生写稿。为了扩大影响力远赴北京、上海等地请名家题词，向专家约稿。遵从陶先生的要求，我不仅给《语文教学通讯》当过校对，还写过稿子。只记得某一天，陶先生对我说："长殿，你的文笔还行，也写一篇吧。"于是在陶先生的督促鼓励下我写了《学习恩格斯〈在马克思墓前的讲话〉》，在《语文教学通讯》上发表。这是我第一篇正式发表的文章。如果说我还能写一点文章，和陶先生的督促教育是分不开的。

第三个阶段，从1983年到1994年，他是校长，我是中文系党总支副书记、书记。

改革开放以后，教育界出现"孔雀东南飞"的现象，师大许多老师调往上海、广州、南京等南方城市。陶先生却依然坚守在经济文化相对落后的山西，无怨无悔地为山西乃至全中国的教育事业贡献青春和才智。由于陶先生突出的成绩和影响，1983年末他被山西省政府任命为山西师范学院院长。第二年我担任中文系党总支副书记。从此，我与陶先生的师生关系中又增加了一层上下级关系。

作为校长，我认为陶先生是山西师大历史上最有学者风度的校长，最爱岗敬业的校长，最无私的校长，最有世界眼光和开拓精神的校长，最受师大人敬佩的校长。师大人至今念念不忘。

作为从中文系走出去的校长，陶先生对中文系的工作格外关心，多方指导。正是在他担任校长期间中文系出现前所未有的辉煌，先后取得山西省汉语言文学专业专科与本科自学考试主考权，汉语言文学专业硕士学位授予权，教学科研水平得到很大提升。

1994年，陶先生调离山西师大，回到上海。第二年我被免去中文系党总支书记职务，重返教学岗位。从此天南地北，与陶先生断了来往。虽然此后陶先生多次重来山西，我也见过他两次，但是每次都是匆匆话别。除了问候，我能对陶先生说什么呢？

马玉萍（山西师范大学管理学院教授）

刚才听了老师们的发言，陶本一校长的形象又在我脑海过了一遍：干练、潇洒、勤奋敬业，开拓、进取、无私无畏；严格、认真、一丝不苟；和善、体恤、礼贤下士……一起出现在脑海。我要说的是两件事：一件是听说的，一件是亲历的。

听说的一件事是：1962 年暑假后，21 岁的陶校长从华东师大中文系毕业，从大都市上海千里迢迢乘火车来到临汾小城晋南师专。当他来到大门口时，见状不由得号啕大哭。我们不难想象他当时的失落和失望，伤心和难过。然而，就是这样一个“茅檐低小”的地方，让他驻足献身整整 32 年，成为他的第二故乡。这得有多大的决心和毅力！这中间克服了多少困难，走过了多少常人无法想象的坎坷曲折，踏踏实实，一步一个脚印，一直走到 1994 年！就在这 32 年里，陶校长创造了山西师大历史上最辉煌的时期。

1984 年 12 月，在他任职期间，母校山西师大庆祝建校 26 周年。我有感而发，赋《江城子——为校庆而作》：“瑞雪皑皑不隆冬，挂红灯，祝校庆。人心皆暖，胜似三月春。更为改革花正红，师生欢，共举樽。二十六载建园林，路坎坷，程似锦。园丁细裁，育成栋和梁。喜看小燕变鲲鹏，腾空起，环宇震。”

我说的第二件事是：1985 年冬季，中文系老教授阎宪康夜间突发胃出血住院。阎老师没有亲生子女。我当时是系办副主任，接到电话，马上带着 8403 班党员孟飞等学生干部到临汾市人民医院。联系好医生，办理完住院手续，安排好教师、学生轮流值班等事宜，准备回家。这时，陶校长来到医院，十分仔细地向主治医生了解病情和治疗方案，问了我安排的轮流值班情况，才放心离开。这时大概已经 11 点多了。

这就是陶校长对待老师的态度！我也是从他这里学到“管理就是服务”理念的。因此，我说，陶校长对我的教育影响，不是通过眼睛看、耳朵听，而是通过自己的实际行动渗透到心灵血液中的。这是他的一贯作风。

张天曦（山西师范大学文学院、研究生院原院长）

我对陶校长的评价就是懂教育，爱教育，有胆识，有魄力，是名副其实的好校长，这是第一点。第二点，我就说一件事，我和马玉萍当时都是学生，陶老师给我们上的是两门课，一门是外国文学，一门是现代文学。陶老师不论在教学理念上还是在教学方法上都是开创性的。那个时候没有多媒体，陶校长就拿录音机辅助教学。例如：当他讲到郭沫若的剧作《屈原》时，就用录音机播放《雷电颂》，把我们带到了文学作品里面去。他不仅是个好校长，同时又是一流的好老师。

韩 文（山西师范大学外国语学院副教授、曾任陶本一校长秘书）

在1962年到1983年的20多年里，作为山西师院的一名普通教师，陶老师在三尺讲台上默默耕耘、诲人不倦，立足于语文专业的教学和研究，培养出数以千计的语文专业人才。

在1984年到2001年近20年的时间里，作为山西师范大学和上海师范大学的校领导，陶校长锐意进取、开拓创新，立足于高等师范教育管理和改革的研究，培养出数以万计的高等师范专业人才。

从1978年开始，陶社长创办了《语文教学通讯》和《语文报》，确立了科学的办报宗旨和编辑方针，立足于服务全国广大的中小学师生，利用报刊辅导和教育了数以亿计的莘莘学子。

作为“中国教育学会中学语文教学研究会”“高等师范院校语文学科教学论研究会”和“中国语文报刊协会”的领导和顾问，陶会长立足于语文学科的前沿阵地，引领了学科教学论的研究，担任博士生导师，培养出一批优秀的学科教学论方向的领军人才。

在教书育人、管理育人和办报育人的漫长教育生涯中，在学长、师长、社长、校长和会长的角色转变中，在从默默无闻到名扬天下的奋斗历程中，他被锤炼成了当代一名优秀的语文教育家、高等师范学校管理和教育的改革家、杰出的编辑出版家和卓越的社会活动家。在我心中他永远是我们山西师大的骄傲和我人生的偶像和楷模。

黄文选（山西师范大学校友会副秘书长、继续教育学院原院长）

根据自己的亲身经历，我从三个方面谈一下对陶本一校长的印象。

一是大局意识强。陶校长是1983年12月至1994年11月担任山西师大校长的。这期间，学校的领导体制发生了几次变化，一开始实行党委领导制，1987年1月实行校长负责制，1989年12月又实行了党委领导下的校长负责制。在我担任老干部处处长期间，与陶校长共过事的校党委书记郭璞曾对我说：“陶本一同志是个很有个性的人，为了工作有时免不了与我有不同意见，但他是一个很讲原则、能以大局为重的人，他能听取不同意见，这点特别难能可贵。”所以在陶校长担任校长的11年间，无论学校领导体制发生了什么变化，陶校长都表现出了很强的大局意识，能以党的事业为重，自觉维护党的领导，锐意改革，忘我工作，使学校的整体形象有了巨大改观，取得了丰硕的教学和科研成果，使学校跨入了崭新的发展阶段。尤其是在实行校长负责制期间，他的聪明才智和领导才能得到了充分的发挥，出台了一系列改革举措，建立了校务委员会，实行了党政联席会议制度和教职工代表大会制度，通过建立健全各项规章制度，加强学校民主管理，自觉接受教职工监督，确保了党的大政方针在我校的贯彻执行。

二是改革意识强。陶校长具有强烈的改革创新意识，他先后推出了绩点学分制、主辅修制、免修免听与重修制、中期淘汰制、中期选拔制、中期分流制、三学期制以及教育实习改革、增设教育见习、教学质量评估、教师职务聘任、青年教师培养、倡导和鼓励学生开展科研活动等一系列改革举措，尤其是1987年9月实行的三学期制，对于拓展学生的知识面、提高学生的实践能力起到了至关重要的作用。前几年，我国的一些重点院校也开始实行了三学期制，可见陶校长的教学理念超前了近30年。所以说，陶校长的改革创新意识强，通过一系列改革举措的实施，从根本上扭转了学风、教风、校风，大大提高了我校的教育教学质量，促进了我校的快速发展。

三是重视校园文化建设。陶校长十分重视校园文化建设，当时我们学校的校园文化生活丰富多彩、绚丽多姿，尤其是每三年一届的校园文化节、烛光合唱团以及宿舍文化建设等活动搞得有声有色，在全国影响都很大，不仅发挥了特有的育人功能，而且极大地丰富了全校师生的文化生活，至今回忆起来都让人赞不绝口，这与陶校长的重视是分不开的。

总之，陶校长是一位深受师生爱戴的好校长，他担任校长的11年，是我们学校学风、教风、校风发生根本好转的11年，是学校整体面貌发生巨大变化的11年。他超前的教学理念、坚持不懈的改革精神、务实的工作作风、卓越的领导才能、无私的奉献精神、超凡的人格魅力，是我们山西师大宝贵的精神财富，我们应该永远学习和发扬光大。

原战勇　总结发言

老师们、同志们、朋友们！以上12位老师和同事都先后发了言。大家怀着对陶校长深厚的感情，深情地回忆了和陶校长一起工作的日子，讲得都非常好、非常感人！今天座谈会的主题是“我印象中的陶本一先生”。我结合大家的发言和我个人的认识，对“我印象中的陶本一先生”作如下几个方面的概括。若有讲的不对的地方，还请各位老师和同事予以补充纠正。

印象之一：气质高雅，风度翩翩。但凡见过陶校长的师大老师和同学，第一印象都会异口同声地说，陶校长是一表人才，气质高雅，仪表堂堂，风度翩翩。陶校长这种卓尔不群的外在形象，在师大的师生员工中产生了难以磨灭的印象，以至于一辈子都铭刻在心中。陶校长的外在形象英俊帅气，这是天生的，但是他的高雅气质和翩翩风度，却是他内在修为和深厚的文化底蕴的体现。我记得，我1976年来这里上学以至于后面留校工作的最初几年间，没见过有人穿西装系领带。学校整体上显得“土里土气”，而陶校长是我见过的穿西装系领带的第一人。他这种时尚的穿着无疑体现了他开放的思想和超前的理念。他对老师和学生当中不符合文明规范的行为，常常会不留情面地指出来。比如穿拖鞋上班，上厕所后不洗手，在马路边叼着烟抽，等等。他常常给我们讲，学校要有学校的形象，个人要有个人的面貌，这就是文明的象征，这就是素质的体现。他曾倡议在全校开展关于“师大人”的讨论。就“师大人”的丰富内涵、精神气质、外在形象，以及如何做一名合格的“师大人”等一系列问题广泛征询大家的意见，并在遵章守纪、学习生活、社会实践、文明礼貌等方面提出了明确要求，促进了广大师生员工完善自我的自觉意识。由于他的严格要求，在他主政的11年当中，学校的面貌发生了翻天覆地的变化，师生员工的精神面貌和文明素养都有了很大的改观。以至于有些老师说，是陶本一当了校长之后，师大才变得“洋”起来，才变得美起来，才变得像个大学的样子。

印象之二：精神浩瀚，人格高尚。陶校长是一个精神浩瀚、心底无私、人格高尚的人。人常说“心底无私天地宽”。陶校长博大的胸怀里经常装的是祖国、事业、老师和学生，很少考虑他自己。他与妻子徐莉英老师婚后一直没有孩子，但是他创办了《语文报》，是“《语文报》之父”，他说过，《语文报》就是他的孩子；他当了师大校长，“一日为师终身为父”，他也把学生当作自己的孩子。陶校长是一个“事业型”的人，对自己要求很严，对干部的要求也同样很严。他很少表扬人，更多的是批评。他常说，成绩不说跑不了，缺点不说不得了；批评的目的主要是督促你进步成长。他批评起人来非常严厉，有时也有雷霆之怒，当然别人也会顶撞他，我就曾经顶撞过他，但他从来不记仇，从来不给别人穿小鞋。他就经常给我讲，有些人工作中老爱闹矛盾、闹意见，这个很不好；一定要严以律己，宽以待人；只有团结搞好了，工作才能搞好，事业才能搞上去；时间很宝贵，同事之间闹矛盾闹意见搞内耗，既浪费时间影响工作又伤害感情，实在不值得，你们年轻人一定要注意做团结的模范。

为了强调团结的重要性，他把团结列为他亲自拟定的校训中的第一个要求，而且在每年的开学典礼和各种场合对校训进行诠释。这对学校的“政通人和”无疑起到了十分重要的作用。他作为学校的主要领导，在使用干部问题上，始终是从工作、事业的角度考虑，任人唯贤，不拘一格。使用干部主要看你的人品好不好、素质高不高、能力强不强，而不是别的。决不搞任人唯亲、团团伙伙、权钱交易那一套。现在回想起来，那时学校的政治生态真正是“风清气正”啊。

我们和陶校长的关系就是这样，师生也好上下级也好，至真至纯，亦师亦友，情深似海，没有一丁点官场上的俗气。1994年陶校长调离山西要去上海的时候，我们几位团干部考虑到南方冬天没有暖气，为了表达心情，一起凑钱给他买了个取暖器。到年底春节的时候，我接到了陶校长寄来的贺年卡，上面写着：“战勇，今年当我用着你们送的取暖器，眼前浮现出那一张张熟识的脸庞，我似乎又回到了过去的岁月……本一。”看到他的贺年卡，我的眼睛湿润了。这就是陶校长！这就是陶老师！他是一个大写的人，一个高尚的人！他的人格魅力永远让我们怀念、让我们敬仰！

印象之三：妙语连珠，出口成章。陶校长的口才和演讲艺术在师大是相当有名的。这不仅得益于他天生一副好嗓子，给他的口才和演讲艺术提供了优越的先天禀赋，也得益于他曾受教于著名学府华东师范大学中文系，良好的教育背景给他打下了深厚的文学功底。他21岁来到师大后就一直从事外国文学和现代文学的教学工作。课堂教学长达21年之久。他那一口字正腔圆悠扬悦耳的标准普通话和生动形象的教学方式，给学生们留下了深刻的印象。就像刚才有些同事讲的，陶校长在课堂上声情并茂地朗诵高尔基的《海燕》，其情其景至今还历历在目，回味无穷。学生们都说，听陶老师的课完全是一种艺术的享受。还听师大的一些年长的老师说，陶校长曾经是学校文工团的骨干，擅长歌唱与朗诵。尤其是在省城太原文艺汇演参加《长征组歌》演出时，担任领唱表现突出，整个节目荣获重奖、深受好评，一时被传为佳话。这是团队的光荣，集体的荣誉，当然陶校长也功不可没。1983 年陶校长担任领导职务后，他的口才和演讲艺术更是得到了充分的发挥和展现。每年的开学典礼、毕业典礼，每个月的校领导与学生见面日，陶校长都会在大礼堂做脱稿演讲或即兴讲话。大礼堂每次都是座无虚席，有时连过道都站满了人。每次活动几乎是陶校长一出现，学生就鼓掌。演讲过程当中，更是不断地被热烈的掌声所打断，那种气氛那种场面真是热闹非凡！有位校友叫温连斌，毕业二十多年后还记得陶校长在毕业典礼上送给学生的一首诗："理想是石，敲出星星之火；理想是火，点亮黑暗的灯；理想是灯，照亮前进的路；理想是路，引你走向光明。"这说明什么？说明陶校长的形象、人格、能力和才华是多么地受到学生的崇拜和尊敬。如果用现在的话讲，他就像"明星"一样受到成千上万"粉丝"的热捧。当时，不夸张地说，陶校长的影响力就像长了翅膀一样传遍了全省传向了全国。有人把这种现象称为"陶本一现象"或"师大现象"。为此，山西电视台还专门为这种现象拍了电视专题片《校园的节日》，在全省广为传播。

印象之四：以校为家，夙夜在公。陶校长职业生涯的绝大多数时间都是在山西度过的，他把自己的青春年华和聪明才智无私地奉献给了山西。他在山西师大的 32 年当中，有 21 年专门做教师，有 11 年担任校长职务。记得俄国作家奥斯特洛夫斯基讲过这样的话："一个人的一生应当这样度过：当他回首往事的时候，他不因虚度年华而悔恨，也不因碌碌无为而羞愧。"陶校长完全做到了这一点。他不论是当师长、当社长还是当校长，时间从来没有虚度过。我虽然不十分了解他当老师期间的情况，但亲眼见证了他 11 年校长的经历。陶校长给人的印象，什么时候都是大步流星，步履矫健，行色匆匆。上楼梯有时候一步就跨两个台阶。每天的工作日程总是安排得满满当当，用现在的话讲就是"白加黑""五加二"。我常常看见他下班以后到外专楼就餐时，只要饭菜没端上来总是拿一大堆报纸在看，生怕时间被浪费掉。难怪这么多年过去了，师大人说起陶校长总是竖起大拇指，说他是真真正正地以校为家，夙夜在公，把自己的一切都献给了师大壮丽的事业。他的这种工作态度和工作精神，无形中影响了师大几代人。试想想，我们师大的师生员工，如果都能像他这样的工作和学习，何愁师大不前进、不发展、不辉煌。

印象之五：开拓创新，敢为人先。还是在1978年，党的十一届三中全会刚刚召开不久，陶校长就乘着改革开放的春风，在全国一个不起眼的小城山西临汾、一个不起眼的高校山西师范学院，创办了《语文教学通讯》。时隔三年，又创办了《语文报》，其非凡的开拓创新精神和敢为人先的胆魄，令学校领导、师生员工和社会各界刮目相看。由此也引起了山西省委省政府领导的高度关注和重视，陶校长也由此走上了学校校长的领导岗位。陶校长以“开拓创新、敢为人先”的精神创办了《语文报》，也以这种精神创造了师大11年的辉煌。陶校长是一个不甘寂寞、不断进取的人。他做的好多事情有声有色，在全省乃至全国颇有影响。他1983年开始主持师大行政工作，到1994年离开，担任校长整整11年。这11年当中，他不断改革、不断创新，取得了一个又一个引人注目的成绩。下面我仅举几个例子：

首先，仅用一年时间就把山西师范学院更名为山西师范大学，使学校迈上一个新台阶。他1983年12月担任山西师范学院院长，时隔只有短短一年时间，就将山西师范学院更名为山西师范大学。这是师大历史上的一个重要里程碑，也是山西8所老校当中较早由学院改为大学的高校之一。

其次，开创性地确立了师大的“校徽”和“校训”，逐步使学校向正规化大学迈进。在此之前，师大建校26年改院10年了，却自始至终没有自己学校的“校徽”和“校训”。陶校长上任伊始，就亲自指导语文报社美术编辑孙隽明同志着手进行校徽的设计。经过几易其稿，会议研究，通过了现在使用的校徽图案。校徽中央的两个S，分别是“山西”和“师范”两个词组的汉语拼音字头。大S是两本书叠加的图形，寓意书籍是人类进步的阶梯，小S是燃烧的红烛，寓意人民教师似红烛燃烧自己、照亮他人的无私奉献精神。设计图案寓意深刻，形式新颖，受到普遍好评。紧接着，又经过广泛征求意见，确立了师大“团结、创造、求实、奋进”的校训。被普遍认为其内涵准确地反映了师大独特的精神气质和文化传统，有利于激励广大师生员工不忘初心，牢记使命，向理想的目标奋勇前行。

第三，大刀阔斧地进行了一系列教学改革，形成了良好的教风、学风和校风。

他带领一班人坚决贯彻邓小平三个面向的指示，本着改变传统观念、提高教学质量、培养优秀人才的宗旨，提出了“加强基础、拓展知识、培养能力”的教改方针，大胆引进约束和激励机制，实行了诸如阶段绩点学分制、主辅修制、免修免听与重修制、“中期淘汰”和“中期选拔”制。还在全国率先开展通识教育，进行文理渗透，实行了“三学期制”。这些改革措施在全省乃至全国都是超前领先的，使得学校的教风、学风和校风发生了根本性变化。难怪有些高校领导参观我校校园看见巨人广场学生读书的情景时不无感慨地说，你们学校的学风真好，在我们那里是难得一见的。

第四，旗帜鲜明地提出“以学生为主体”的理念，充分发挥学生在学校事务中的“参与”作用。我记得我在校团委工作时，听陶校长最多的一句话就是“参与”。陶校长特别爱学生，视学生为上帝。他始终认为学生就是教职员工的“衣食父母”，学校的一切工作都是为了学生。为此，他在学生中公开招聘了两名“校长助理”，一个是政教系的刘伟波，一个是外语系的刘丽娜。这两位“校长助理”除正常上课外，其余时间轮流值班就坐在他身边。这样做的目的就是在校长与学生之间架设一座沟通的桥梁，使校长更了解了学生的心声，学生更理解了校长的工作。同时他还积极支持校团委在学生当中成立了“学生自律委员会”。其目的是充分发挥学生“自我管理、自我教育、自我服务”的作用，其意义也在于强调学生在学校事务中的“参与”意识。学生餐厅的秩序由学生维持，学生违了纪由学生首先提出处理建议，学生出早操由学生点名，学生宿舍的卫生由学生检查评比，学生对学校的意见和建议由学生收集反馈。学生自律委员会在培养学生自律意识和民主精神方面所做出的成绩，受到全省乃至全国高校的广泛关注。1991 年“五四”青年节，共青团山西省委授予学生自律委员会“新长征突击队”光荣称号。《人民日报》也曾以《山西师范大学自律机构发挥作用》为题做了报道，认为“自律”作为民主生活的一种保证、法制建设的一种补充，是一种现代意识，很值得提倡。这一工作也成为师大学生工作的一大亮点，被广为传播。

第五，特别重视校园文化氛围的营造和校园文化活动的开展。陶校长认为，一所大学没有校园文化，学生只知道死读书、读死书，死气沉沉，就不能称之为大学。大学应该有大楼、大师，还要有大爱。因此，为了营造校园文化的氛围，他在任职期间建造了别具一格的图书馆、化学楼、阶梯教学楼、学生餐厅和外专楼，并在文科教学楼门厅绘制了“文坛精英”“岁月星辰”壁画，在办公楼门厅绘制了“黄河壶口瀑布”壁画，在学生餐厅绘制了“黄河颂”“青春赞”壁画，在校园中央建立了以8尊中外著名科学巨匠雕塑为主要内容的“巨人广场”。现在“巨人广场”已经成为师大的重要地标。这些措施，无形中营造了浓厚的校园文化氛围，对师生员工起到了陶冶情操、环境育人的作用。为了活跃校园文化生活，陶校长提出，除正常开展校园文化活动外，还要定期举行校园文化节，对校园文化活动成果进行集中展示。在他任职期间共举办了三届校园文化节。第一届是1987年4月31日至5月4日举办的，主题为“丰富知识，陶冶情操，开阔视野，振奋精神”；第二届是1990年5月6日至5月13日举办的，主题为“爱我中华，爱我师大”；第三届是1993年5月1日至5月7日举办的，主题为“青春万岁”。这三届校园文化节，均以多样的形式和丰富的内容及其轰动的效果，全面检阅了校园文化建设的累累硕果，展示了师大人的精神风貌，赢得师生员工和社会各界的高度赞扬和好评。凡是参加过这些活动的老师和同学，至今回想起来仍是赞不绝口，难以忘怀。

第六，雷打不动每月召开一次“校领导与学生见面日”，其效果及影响刚才已讲过，真不愧是“校园的节日”。

第七，创造性地在全校开设“三字一话”课程。根据师范生的培养目标要求，提出了“学好普通话，写好三笔字”的口号，在学生当中开设了“普通话课”和“三笔字课”。采取“官教兵”“兵教兵”“小先生”授课的独特教学方式，在全省乃至全国开了先河，收到很好的效果。

第八，在临汾小城勇敢地创办了《语文报》，又带动了《英语周报》《数学报》和《物理报》的创办和崛起。他是“《语文报》之父”，目前《语文报》发行量有五百多万份，在全国同类报刊里名列第一。同时又带动了《英语周报》的创办与崛起，它也是全国同类报刊里面第一，发行量一千六百万份。现在，《语文报》与《英语周报》均为“中国驰名商标”，享誉海内外。学校师生员工和校友为此而感到十分自豪。

第九，高度重视和积极支持人才建设和学科建设，为学校发展奠定了良好基础。陶校长特别重视人才，爱惜人才，重视学术，重视科研，这方面刚才大家都讲到了。可以说没有陶校长就没有师大的今天，没有陶校长就没有现在的两个博士点。

所有这些，都是陶校长在师大期间所做的比较典型具有标志性的工作，其他方面还有很多，不再一一列举。

印象之六：业绩辉煌，有口皆碑。陶校长在师大的业绩，正如前面所讲，无疑是突出的、辉煌的，是我们永远不能忘记的。他在许多方面都追求卓越，不愧是一位出色的教育家、出色的编辑出版家、出色的学者。事实上，陶校长的威望与声誉，已经不仅仅局限在我们校园里，它似乎已经穿越千山万水深深地扎根在了海内外师大几代校友们的心里。历史恐怕就是这样，凡是为国家为社会做出重大贡献的人，人们都不会忘记他。我常常在师大校友微信群里看到，凡是有人一提起陶校长或出现他的照片和回忆文章，校友们就纷纷点赞，赞不绝口。大家都认为陶校长是师大的骄傲，作为师大的老师和学生感到无比自豪。是陶校长促进了他们的成长，影响了他们一辈子。毫无疑问，陶校长在师大的功绩，将永远铭记在师大师生员工和校友们的心里，将永远载入师大的史册。陶校长现在已年过古稀，又身患多种疾病，常年住在医院里，但我每次代表学校看望他时，他都会关心地问起学校的建设和发展情况。时时牵挂着师大，时时牵挂着师大的师生员工和校友，似乎师大已融入了他的骨髓和血液之中，可见陶校长与师大的感情有多深。作为陶校长曾经的学生、部下及同事，让我们一起衷心地祝愿陶校长在未来的岁月当中，身体健康，生活幸福，乐享晚年！

今天的座谈会就开到这里。谢谢大家！

“我心目中的陶本一先生”太原座谈会发言纪要

时间：2018 年 5 月 27 日下午 3:30

地点：语文报社五楼会议室

主持人：高国顺

参会者：牛仁亮、史宽亮、卫建国、马景龙、李东福、田润华、安洋、王志连、吴刚、霍世平、刘子学、侯晋川、武海顺、樊一发、傅双喜、原战勇、蔡智敏、董俊荣

高国顺（山西省卫生厅原厅长）

今天，我们召开的“我心目中的陶本一先生”座谈会，是根据牛仁亮副省长的建议召开的，受牛仁亮副省长的委托，我主持今天的座谈会。这次座谈会的目的就是要回顾我们和陶老师在一起的美好时光，讲师大故事，总结陶校长的办学理念、教学教育思想。

刘子学（山西师范大学教授、原党委副书记）

陶校长是我在校学习时非常崇拜的现代文学课老师，也是我在校从事党政工作时十分敬重的领导。陶校长对山西师大的发展，倾注了极大的心血，他在病床上，与我讲起在山西师大工作时，实施的以素质教育为中心，以学生为根本，以教师为重点，以改革为动力，以培养高素质人才为目标的办学理念及相关重要措施，仍是如数家珍。他对山西、山西师大有着深厚的感情。这本书的设想很好，一方面我们大家有一个愿望，就是想将他的办学理念教育思想进行总结；另一方面，这本书也是对山西师大办学历史的回顾。一个学校的历史，是由它所有

的师生员工共同构成的，特别是当学校有一个或数个重要的代表性的人物时，这个学校的历史就更加生动。总结陶校长的办学经验，其实就是总结山西师大的办学历史，我非常支持这本书的编辑出版。

侯晋川（山西师范大学原校长）

我认识陶老师是通过《长征组歌》。在这个俊杰荟萃的群体中，一个耀眼的明星就是陶本一老师。他当时是中文系青年教师，既是《长征组歌》合唱团的组织者之一，也担任主要的领唱独唱角色。陶老师英俊潇洒，气质儒雅，才气逼人，魅力十足，给我留下深刻印象。

陶老师在师大发展的关键时期担任了第五任校长。1984 年陶本一上任校长后，成功实现学校更名为山西师范大学，山西师大实现从专科办学模式到本科办学模式的真正转身，大大加快了办一所本科大学的脱胎换骨过程，为学校以后的发展，奠定了良好的坚实的基础。

陶本一校长是教学改革创新的先驱。在陶校长主持下，学校率先实施了一系列教学改革举措，包括实行大文大理，一年级学生分文理科集中统一升课，等等。现在看来，当时的不少教学改革尝试都很高瞻远瞩，理念超前，其中一些改革举措至今仍在一些高校中不断推出和施行。

陶本一校长是爱才引才护才的典范。陶校长特别注重师资队伍建设，求贤若渴，想方设法为师大引进人才。他主政山西师大期间，是师大师资队伍发展最快的时期，他的周围集聚了一批教学、科研、管理等方方面面的骨干人才，对师大的建设发展、办学质量的提升功不可没。

史宽亮（山西师范大学原党委书记）

我和陶校长从 1986 年到 1990 年，相处了 5 年。共事的时间不长，但印象很深，影响很大，和陶校长的配合挺顺利。我想了想，总结了以下几点：第一，陶校长是山西高校改革的先行者、带头者，改革的深度、广度在当时的高校当中是领先的，他的理念很超前；第二，立场坚定，在大是大非面前有原则；第三，尊师爱生，爱惜人才；第四，工作认真负责，待人宽厚，全心全意投在教学上。山西师大当时各项工作都能够轰轰烈烈地展开，陶校长功不可没。陶本一确实是个好校长。

武海顺（山西师范大学原校长）

陶校长对山西师大发展做出的贡献，不仅我们能够感受到，后来者也会持续地感受到。他最大的特点就是目标坚定，手段有效。他有清晰的目标，就是人才培养、素质教育。为了实现这些目标，他进行教学改革、队伍建设、学生管理等，让山西师大成为率先垂范的改革典型，令人印象深刻。

他对人才的支持是分类支持，他善于发现学生和老师身上的特质，提供不同的帮助，让他们在各自的领域中发挥最大的作用。他有很多暖心、爱才、留人之举，让师大的师资队伍逐渐壮大起来。在他任职期间，山西师大取得快速的进步，可以说是“旧貌换新颜”，陶校长给我们留下了先进的、与国际接轨的办学思想，让师大开始向一所现代大学迈进。奠定了山西师大快速发展的时代基础。我们后继者沿着陶校长的路继续发展，他对师大的影响会持续下去。

樊一发（大同大学原副书记）

我在校读书期间，陶老师负责管理资料室。在我们眼里，他是一位才华横溢，非常负责的老师。他讲的课，他的风采和思想的高度，让我终生难忘。

傅双喜（山西省委党校副校级干部）

我是1973年入学的，陶老师有两件事令我印象深刻。第一是看他参演的《长征组歌》，陶老师风华正茂，意气风发。第二是陶老师主政期间，创办了《语文报》和戏研所。他在中文系的教学改革卓有成效，《语文报》到现在也是颇有影响力的报纸。以陶老师为代表的那一代青年老师都是我们的偶像和骄傲。

田润华（太原师范学院原党委书记）

第一，陶校长是一位非常有感染力的老师。我1972年入学，是他的学生。他讲的《海燕》激发了学生的学习激情，让很多学生记忆犹新。当时教室是平房，上课的时候门是敞开的，陶老师一上课，很多外系的学生都会站在门外聆听。

第二，他是严格的师长。我们留校工作后，陶校长并没有因为我们是他的学生而有丝毫偏爱。他热爱学习，所以他的思想深刻、先进、宽广；他的理念新颖，他“以学生为上帝”的理念，他对学生发自内心的热爱，对我后来的工作也有深刻的影响，我也在自己的工作岗位上传承着他的精神。

第三，他是有影响力的校长。当时的山西师大很闭塞，他改变了师大的学风和校风，甚至师大学生的穿着和言行，为师大发展、提升层次起到了重要作用。

陶校长离开师大20多年了，这本书和这次座谈会也是师大人情谊的体现。我对山西师大非常感恩，没有师大的培养就没有我的今天，历任领导对我们的发展都付出了心血。感谢！

马景龙（山西省民政厅原厅长）

陶本一校长主政时期应该是山西师大发展的黄金时期。他办报办刊，开境外交流之先河。他还亲自参与设计校徽，意识超前。山西师大培养了很多优秀人才，形成了梯队，这和陶校长的人才理念密不可分。

李东福（山西省教育厅原厅长）

我和陶老师的接触，主要是我到教育厅之后。一个高校校长的威望并不在于掌握多少资源，有多大威望，更重要的是他的人格魅力、学术水平和处事原则。第一，陶校长特别有思想。他为人公正，任校长期间，全心全意扑在学校的发展上，为师大的发展奔波和呼吁，师大在他的带领下迅速发展，逐渐有了影响力和知名度。第二，他的改革意识和进取精神令人敬佩。20世纪80年代初，师大的教学改革在全国也是很有影响的，而且实践证明，他的做法是对的，也得到了当时教育部的表扬。第三，重视人才培养。他教育了一批人，影响了一批人，师大的发展也因此受益。

安洋（山西省新闻出版广电局副局长）

今年是我国改革开放40年，在这样一个重要的时间节点，我们编写“我印象中的陶本一”这本书，很有意义。我对陶本一先生最深的印象就是——改革开放。

陶本一是一张亮丽的山西名片。他创办的《语文教学通讯》和《语文报》，影响深远。现在的《语文报》不仅仅是山西师大的一张文化名片，更是山西省的一张名片，也是语文教育系统的一张名片。山西的教辅类报刊全国知名，就以《语文报》《语文教学通讯》为代表。作为陶本一的学生，作为师大人，作为山西人，我感到非常自豪。这也恰恰体现出陶本一给山西带来的价值。他的人格魅力、文化魅力、个人风采的魅力，给许多人留下极其深刻的印象。他是教育思想家，他的教育思想能够接地气，他的改革理念为大家称道。在外围对山西有一些偏见的情况下，能出现陶本一这样有改革开放意识的校长，而且他的思想和理念还在不断地影响后人，非常值得研究。

吴刚（太原工业学院党委书记）

陶校长对我来说，更像一个传说。今天聆听了各位老师的讲话后，我更有一个感觉："高山仰止，景行行止。"陶校长在我心中的形象更为高大和立体。我认为支撑陶校长无私付出的是一种教育家的大爱和大德。我现在正在教育岗位工作，有很多地方要向陶校长学习。陶校长的精神和思想是我们需要学习和传承的。他激励着我们，是我们学习的榜样。

王志连（太原科技大学党委书记）

陶校长的留校政策改变了我的人生轨迹，在他的鼓励下，我考上了华东师大的研究生。山西师大在当时的高校教育中能够独领风骚、独树一帜，离不开陶校长敢为人先的创新精神和艰苦奋斗的创业精神。他在那个时候能够推动师大教学改革，让师大的教学管理等等走在了全省高校的前面。在我的教育教学管理工作中，很受陶校长影响。在当年的艰苦条件下，陶校长能举起改革的大旗，而我在现在的工作条件下，更应当秉持陶校长改革创新的精神，来推动我所在学校的改革进程。这种精神，用各种不同的方式在影响着山西教育的发展，甚至是山西的发展。

牛仁亮（山西省原副省长）

发言已整理成文，单独成篇，见序一。

卫建国（山西师范大学校长）

首先，要对老领导和老校友表示感谢。师大的影响和声誉，不仅和校领导有关，特别是和山西师大培养的学生，和各位杰出的校友在社会上的优秀表现有密切的关系。

第二，我对陶校长既陌生又熟悉。我在山西师大十几年，经常听到有人谈起陶校长。陶校长的开学典礼和毕业典礼的讲话，他讲的《海燕》等文章，至今被人称道。什么是好老师呢？一句话、一堂课改变了一个学生的人生轨迹，决定了一个人的人生选择，在 40 年后的今天，依然被学生铭记，说明陶校长是一位成功的老师。还有陶校长的教学改革，创办《语文教学通讯》和《语文报》，这个影响力非常大，所以他更是一位成功的校长。

这本书要总结陶校长的办学理念和思想。他的课堂教学改革、人才培养模式改革，对我们现在的工作仍然有指导意义，这也是陶校长为我们留下的宝贵的精神财富。现在学校的确发生了很大的变化，办学的层次提高了，条件也改善了。这些年来，山西师大给各地市中小学培养了大批的师资人才，我们还开办了“杰出校友论坛”，约请师大走出去的学者、科学家回来做报告，完善校友资料，健全校友会，在大家的努力下，山西师大在各个方面都取得了很多成绩。

今年是山西师大 60 周年校庆。这对一个学校来讲也是一个重大的时间节点，我们会举行隆重、简朴的庆祝活动。我们也想通过这次活动建立校友的电子档案，把各学院的经验进行总结，欢迎各位校友指导。

蔡智敏（语文报社社长兼总编辑）

从教育的角度来看，陶先生是当之无愧的一位教育家。他不仅在山西高等教育改革方面做出了突出贡献，而且在全国基础教育改革领域也发挥了独特的影响。这种影响主要是通过他创办的《语文教学通讯》和《语文报》实现的。陶先生 1978 年创办了《语文教学通讯》，1981 年创办了《语文报》，近 40 年来这两份报刊一直风行海内外，对全国的中小学语文教学，对广大青少年提升语文素养，都发挥了不可替代的重要作用。比如，陶先生倡导的“大语文”教学理念，不仅是我们多年来奉行的办报办刊的核心理念，而且是许多语文教育工作者普遍认可的语文教学的核心理念。再比如，多年前陶先生就提出“读优秀的书，做高尚的人”的教学主张，并成功组织了五届全国中学生读书评书活动，得到了党和国家领导人和社会各界的普遍好评。这样的主张和行动，和现在的落实立德树人根本任务、发展学生核心素养的教育要求非常吻合！可见，陶先生的教育理念非常先进。陶先生将自己的教育理念通过报刊影响到中小学教学一线，这在当代教育家中是极其难能可贵的。

从出版的角度看，陶先生是非常优秀的一位出版家。这两份报刊至今仍在影响千千万万中小学生，发行量大，广受师生欢迎。陶先生十分重视出版人才的培养。山西省很多出版人才是从语文报社走出去的。他们在各自的岗位上为山西的出版事业做出了突出贡献。目前，语文报社的一百多名编辑，都是在陶老师精神影响下成长起来的。山西师大的其他报刊，比如《英语周报》《数理报》等都是受《语文报》的影响才创办的。山西之所以有全国最大的教辅报刊群，和《语文报》的创办和影响分不开。陶先生对我国教育教辅类报刊的贡献必将载入史册。

总之，陶先生是一位当之无愧的教育家、非常优秀的出版家，他为山西师大、为我国中小学语文教育、为我国教育教辅出版事业，做出了不可磨灭的卓越贡献。陶先生是教育改革的先行者，他是教育出版的拓荒者，他的教育思想和出版思想，他的人格魅力，影响了我们的过去和现在，也必将影响我们的未来。

高国顺　总结发言

今天这个座谈会开得很成功。牛仁亮副省长的发言有感情、有思想。他对陶本一精神 “四观”的总结准确全面有高度。

各位校友也带着很深的感情，从各个角度，各个方面对陶校长的办学理念、教学思想、教育思想进行了总结。大家共同认为陶校长是教育改革的先行者，是优秀的教育家、语文教学家、出版家，是优秀的大学校长。他为山西师大改革发展做出了卓越的贡献，他为山西培养了数以万计的优秀人才。他的教育思想，他的人格魅力影响了师大，影响了山西的过去，影响着山西的现在，也会影响山西的未来。我们要讲好师大故事，弘扬陶本一精神。

亲友篇

成长

Grow up

幼年时期

小学时期

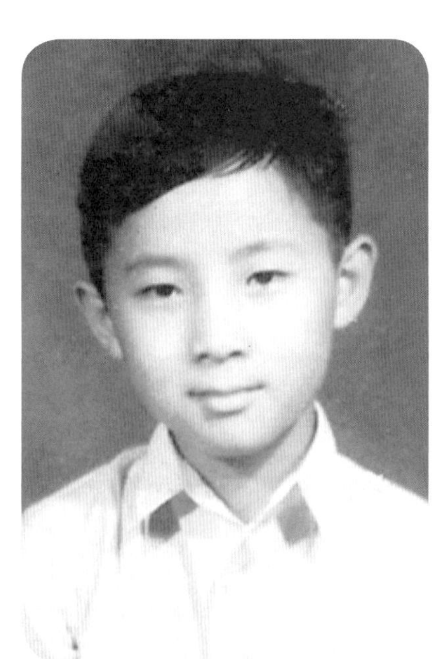

中学时期

中年时期

大学时期

老年时期

永远的楷模

王　晨

2010年3月16日，我应语文报社之约，出席了陶本一语文教育思想暨编辑出版思想研讨会。会上我表达了自己的心声："陶本一老师是中国语文报刊协会学术委员会主任，是我景仰的学者、教育家、出版家，也是改革开放以来，我国语文报刊界的领军人物。我以为陶本一老师在出版界所做出的成就，不仅是语文报社的骄傲，更是我们中国语文报刊界的骄傲。"

记得我在语文报社建社30周年出版的纪念文集《历史与细节》一书中，写了篇名为《语文报——我永远的向往》的文章。由于篇幅所限，我没能展开太多细节，比如：当年语文报社曾经向我抛出橄榄枝，由于我向往回到北京家人的身边，放弃了在语文报社工作的机会，没能成为陶老师的部下，这也成为我人生的一大遗憾。记得语文报社30周年社庆时，陶老师曾用六个字概括了《语文报》的成长，那就是"天时、地利、人和"。他把《语文报》成功的原因归结为：有一支非常好的作者队伍，有一个非常好的团队。我从事语文报刊的工作前前后后算起来有35年了，据我了解，与《语文教学通讯》和《语文报》同时或前后创刊的报刊有多家，从"天时"来说，《语文报》不是绝无仅有的；从"地利"来说，临汾的地理条件也并不占优（1983年初我曾去取过经）。其实若是《语文报》没有"人和"的这个大氛围，又谈何"天时、地利"？谈何让这些对的人得以在对的时间、对的地点相遇并通力合作，创造一个又一个佳绩呢？从语文报社30年社庆活动中那些激动万分的老作者们的脸上，我能感受到他们和编者之间深厚的情谊，岁月就是最好的见证人。

陶老师这一简短的概括，对于他个人的影响力只字未提，但我们都知道，一个具有凝聚力、充满活力的团队，必然少不了卓越的领头人，而这个人正是他自己。可以说，陶老师一直以来都在用他的学识和思想感染、影响着他身边的每一个人。他所带领的这支工作队伍，团结和调动了全国各地的有识之士，真正做到了“和人”和“人和”。陶老师的学识、气质、风度，本就是《语文报》的第一品牌，他的“大语文”的编辑思想一直影响着语文报人。

在语文报刊界和语文界，我听说过很多关于陶老师的故事。陶老师受过良好的教育和文学、音乐、美学等方面的熏陶，他兴趣爱好广泛，是位优雅、智慧、极具绅士风度的君子。听说，临汾山西师大的巨人广场，山西师大的校徽、校训都是他设计创作的。此外，他还组建了上海师大的学生交响乐团，出任上海语文教材的主编。陶老师对待自己的学生、部下如同对待自己的孩子，身边的人言行举止哪里有鲁莽、不妥之处，他都会直言不讳地指出来，提醒对方改进。所以常有人感慨，和陶老师接触的人，受到他的影响，耳濡目染，显得个个都气质优雅，风度翩翩。

据我了解，过去，语文报社有不少人家在农村，遇到农忙时节去单位请假，凡是与工作冲突的，都不会被批准，但单位允许员工雇人帮忙，这笔费用报社出。在业务方面，我听不少编辑跟我说，陶老师点子多，思路广，要求严，令人又佩服又敬重。正是有了这样的大家的指点，这支队伍的总体素质在业界是被认可的。试想，没有一批高素质的人才队伍，没有高质量的出版物，被学人认可，这可能吗？尽管陶老师离开报社很多年了，但后继领导都跟陶老师保持着经常的联系，每有大事，必请教。我以为，这也是《语文报》之所以长盛不衰的原因之一。有着这么高水平的开拓者、领路人，有着这么视《语文报》为生命的前辈的关心和关爱，难道不是语文报人永远的优势吗？！

在朋友们的心中，陶老师是亲切、和蔼、充满亲情的。出席会议时的饭后散步聊天，从语文人物到报刊编辑，从选题策划到活动设想，陶老师总是语出惊人。一次参加在成都举办的全国中语会上，我们饭后散步时完成了《春》《夏》《秋》《冬》散文集（语文出版社出版）的策划。后来从审读到内容调整到编辑出版，陶老师都无不亲力亲为，这套书后来也一版再版。

记得在一次座谈会晚饭后，我和他的几位弟子到他的房间看望他，见茶几上放着两封信，我一眼便认出是叶圣陶和吕叔湘先生家的地址——东四九条、永安里，便问陶老师，他说是两位先生给他的来信，他要给语文报社的。我说，这么珍贵，您应扫描后给他们，存好原件。没想到，陶老师看着我说：“我又没有孩子，要它干什么？”这个话题是我的软肋，我只能愣愣地无语，但心里的惊涛骇浪只有自己知晓。从此，我更知道了《语文报》在他心目中的位置。

从右至左：王晨、陶本一、李行健、张春林

认识陶老师20多年了，在人生的长河中，这不算长，也的确不算短。但20多年中，我们在一起会面的时间有多少，又真难以计算，准确地说很有限。想想我们身边有多少人你认识了一辈子，但了解的、完全了解的又有多少？陶本一先生不是，从见到他那天起，我便被他的言行举止所感染，被他深刻的见解所震撼，被他强大的气场所吸引。认识了他，便记住了他，更成为自己心中永远的楷模。

一次去上海出差，我提前告诉他要去看望他。见面的那天，他和夫人徐老师请我吃午饭，陶老师一贯地伸手示意我先落座。席间，服务生来倒茶，陶老师又一贯性地转过身用手挡住嘴，轻轻地看着人家说：“谢谢！”（这一幕曾多少次打动我）饭后，我与他们夫妇告别，告诉他们，我要去看望市教研室的姚建庭老师，陶老师听后坚决要送我去，说回来后他要去办公室。姚老师入住的别墅区离陶老师家很远，他往返送我的一幕，又成为我永久的记忆。但几年后，他的博士生告诉我，他接到我的电话是在医院里，他是从医院里跑出来见的我，我再一次无语……

陶老师近些年住院以来，我去看望过他几次，每次回来心里都翻江倒海，那么一位风度翩翩的绅士遭受病痛的折磨，行动不便，叫人心里实在不忍。我把他的情况说给我们共同的好朋友张春林听，张老师去看望他，还专门给陶老师订制了合身的衣服，让我的心暖暖的。

在山西师大庆祝60年校庆之际，回忆这样一位令人尊敬的学者，希望向陶本一老师那样做人、做事、做学问，学习他的人格魅力，学习他视事业为生命的奉献精神。我想，他是我们中国语文报刊人应该学习的楷模。

王晨，中国语文报刊协会会长，语文世界杂志社社长兼总编，民进中央出版传媒委员会原副主任，叶圣陶研究会理事。

真

于 漪

由于都钟情中国的语言文字，都钟情中学语文教学，我与陶本一老师结识交友已三十余年。尽管岗位有别，但友谊的深厚却随着岁月的流逝而持续增添。

陶老师给我的第一印象是创业心切，思路很开阔。那是20世纪80年代初，“文化大革命”十年动乱对经济、社会、文化、教育摧残、破坏的痕迹还比比皆是，但人们心中有一团火，急切地期盼百废俱举，尽快创建美好生活。教育战线更是热情高涨，不仅以高等学校入学招生考试为突破口，使教育秩序迅速正常化，而且许多有识之士在大、中、小学各自的教育领域想方设法采用多种措施改进学校教育，提高教育质量，为早出人才、多出人才做贡献。陶老师出于对中学语文教学质量的关切，想为语文教师提供学习、交流的平台，创办了《语文教学通讯》杂志。那个年代，物质极端匮乏，资金短缺，要办一本走向全国的语文杂志谈何容易，更何况编辑部设在内地小城市的高等学校内，其中的艰辛可想而知。且不说交通通信、人员来往、人际关系等种种难处，单是自然环境就很不理想。在山西师范学院我见到的陶老师是穿着高筒套鞋在雨后泥泞的路上奔波，忙这忙那，满腔热情。他要教课，要办杂志，要开拓业务，有时空气里煤灰弥漫，但他为语文教育事业创业的劲头丝毫不受影响。

紧接着，陶老师推出了一系列引领学生热爱祖国语言文字，提高语文学习质量的举措，令中学语文界瞩目。首先是《语文报》问世，以学生作为阅读对象的全国第一张语文专业报纸诞生，这份报纸对当时有文化饥渴感、语言文字饥渴感的师生来说，无疑是自天而降的喜讯。那时，我是学校的语文教研组长，高中、初中学生人手一份，教师指导，不定期进行阅读交流。由于这份报纸涵盖的内容十分广泛，不仅有语言文字知识，文章、文学、文化也广为涉猎，且有趣味性，帮助学生打开视野，深得师生喜爱。报纸质量、品位的背后是办报者的理念、学识、勤奋的支撑，而最最可爱的是办报者对语文事业、对莘莘学子的一片真心，一腔痴情。

20 世纪 80 年代中期，语文报社在无锡市太湖之滨举办全国中学生语文写作夏令营，对参加的对象分文不取。当时，报社有些年轻同志有点嘀咕：办公条件那么差，工作同志的待遇很低，为何不能留点钱加以改善？我也对他提过此事，他回答："条件会逐步改善的，重要的是把活动搞好，让孩子对语文、对写作有兴趣，报社所得利润用在孩子身上是应该的，也是最值得的。"我只能点赞了，他是在孩子心中撒播祖国语言文字的种子，而不是计较眼前的得失。30 年后，我赴南京开会，遇到一所外国语学校的优秀语文教师，她兴奋地对我说："我就是参加太湖夏令营的那个小不点儿，那种快乐，那种景美、文美、人美，我永远忘不了。现在，我也在传播语言文字的魅力啊！"人有长期记忆，短时记忆，前者并不多，而在长期记忆中留下无比的美好，更是十分难得的。童年留下的美好记忆，常忆常甜，这种幸福任何功利手段都无法衡量。这是举办活动者的胸怀与真情。

举办中学生读书活动，邀请众多出版社向中学生推荐好书，然后评选出 10 本优秀读物。范围之广，发动之深，前所未有。其意义与价值不只是在于评选出一些优秀读物，而在于当学校教师忙于"两基"（基础知识、基本能力）落实，阅读课外读物未放到应有位置时，举办者登高一呼，组织大规模活动，积极引导学生重视阅读，爱读书，爱读好书。阅读伴随学生，学生从中不断吸取思想、情感、意志、品质等精神养料，就能更快健康成长。这项活动不收学生半点费用，全是报社支出。这种有益于学生身心健康的社会活动，出自对青少年的真心爱护，出自对青少年教育的责任担当。在太原市召开的中学生推荐优秀读物的颁奖大会上，当《青春万岁》的作者王蒙、《高山下的花环》的作者李存葆、《扬眉剑出鞘》的作者理由等出席颁奖会，并与学生讲话时，参加会议的学生群情激昂，兴奋不已，与那么多的著名作家相遇，实属难得，只能以一阵阵掌声与欢呼来表达心情的激动，学生发自内心的期盼、欢乐，仍历历在目。

紧接着，又是新鲜事。语文报社组织了"16 城市中学生语文邀请赛"，并在中央电视台直播。当时，智力竞赛还鲜为人知，电视台直播更是十分罕见。从命题到组织层层选拔，颇费周折，很是辛苦。参赛的学校都是省市级数一数二质量上乘的中学，师生积极性均非常高涨。复赛、决赛更为紧张，不仅测试知识，更测试语文应用能力，且是即时应用。这对评判者来说，有相当难度，既要思维敏捷，不能有丝毫差错，又要公平公正，不能有半点偏颇。该活动自始至终，陶老师坚持标准第一，让每个参赛者都享有平等的权利。在讲究人际关系的社会环境下，出于对学生的真心爱护，才能做到如此坚持。

从以上有限的语文活动中，就可清晰地知晓陶老师是一名有理想、有识见、有谋略的创业者，不断开拓语文学习的新领域。他之所以能数十年如一日地坚持、发展、开拓，在语文事业上卓有建树，源于他对事业的真心真情，对学生的真心真情。与他接触得越多，就越能感受到他的“真”，他的“情”。

我有幸与他合作编写过给语文老师参考、给学生学习的书，他总是说要想到中西部地区老师教学的困难，要讲究质量，为他们提供种种资料的方便。编学生读物也是如此，无不站在学生立场考虑。真情可掬，常使我深受感染。我这名长期在教学第一线从教的草根教师，从陶老师身上学到很多东西，对事业的赤诚，对学生、老师的真心真情，对友人的真诚、热情，使我受益良多，永生难忘。

以“真”立身，以“真”立业，以“真”交友，好一个“真”字了得！

于漪，语文特级教师，上海市杨浦高级中学名誉校长，长期从事中学语文教学。长期担任全国语言学会理事，全国中学语文教学研究会副理事长、教育部中小学教材审定委员会审查委员等职。多次被评为上海市先进教育工作者，上海市劳动模范，全国及上海市三八红旗手，全国五讲四美、为人师表优秀教师，1989年被评为全国先进工作者。

老同学本是一位事业家

——记陶本一二三事

过传忠

我和陶本一是华东师大中文系1962（毕业）级的同学，他在3班，我在5班，虽不在一个班级生活，由于都喜欢演戏，都在话剧团里忙活，接触就相当多。在共同参与的一系列活动中，我逐渐发现，他有较强的组织能力和活动能力，办什么事都有条不紊，还善于与人合作，能调动各方面的力量，每每取得理想的效果。

崭露头角

他的办事能力终于在即将毕业时崭露头角，那就是，在他的倡议、发动和主持下，我们年级策划编写了《中学课外阅读参考资料》，产生了相当大的影响，获得了好评。

课外阅读应该是中学生学习生活的重要环节，但当时一般学校对此还重视不够，更缺乏应有的指导。陶本一关注这一问题，并从推荐书目、介绍作品这一角度切入，把中学生的阅读纳入了一定的框架，规范了大体的内容，为学校（尤其是图书馆）、老师、家长指导学生读书指明了方向，也为中学生们直接提供了颇有参考意义的指南。

构想是很好的，但工程却是浩大的。古今中外，值得向中学生推荐的作品浩如烟海，有些作品，我们自己都没有认真读过，要做出恰当的评价和指导，谈何容易？

陶本一争取到了校、系两级领导与不少老师的帮助，又争取到了上海教育出版社的支持，列入了他们的选题计划，并派出了资深编审严君默老师具体指导把关。有了这样的坚强后盾，他先是聘请了编写组的核心人员，接着就广泛发动全年级同学，让人人都分到了一份任务，编书成了全年级每个人的事情。

他从纵横两条线来抓这件事。横向，他抓两摊子，一是班级，各班都分担了一定的任务；一是体裁组，组成了小说、诗歌、戏剧等专题组，对各类题材的作品做集中的把握和加工。纵向，他以稿件质量为总目标，把写作分为初稿、修改稿、定稿几个阶段，每阶段都安排专人负责。这样，点面结合，纵横交错，既保证了任务的完成，更提高了书稿的质量。记得严老师当时说："有些同学的文学水平实际上是达不到出版标准的，但你们这样充分发挥集体的作用，效果就大不一样。"

一方面要上课，一方面要编书，在面临毕业的特殊时刻，《中学生课外阅读参考资料》终于顺利出版，成了我们年级告别时给予母校的一份珍贵礼物。这其中，陶本一作为主编是功不可没的，他的办事能力也在此崭露头角。

已成格局

毕业分配，他出人意料地去了山西。从"文化大革命"到改革开放，他在山西的创业过程，令老同学们都十分敬佩。尤其是立足临汾、顾及山西、放眼全国的语文活动，被他掌控得得心应手，无论是教参、报刊、培训、竞赛……语文教学成了一项事业，生机勃勃，蒸蒸日上，连北京、上海这些大城市，与之相比，都显得有些逊色。

这里只谈谈 1984 年他主办的全国"16 城市中学生语文邀请赛"的事，因为自始至终，我都参与其间，由此留下了三点深刻的印象。

首先是目标明确。此次活动不为名，不为利，只为语文教学能真正深入学生的生活，只为学生能在掌握母语的大好环境中茁壮成长，活动的开展有鲜明的实用性和公益性。在一年多的时间里，他先后在杭州、上海、北京等地招兵买马，做好了种种准备，邀请了众多的教师、专家和作家（如韩少华就出了很多力气）共同出力，但都没有丰厚的报酬。他和山西方面更是以身作则，从不拿一分钱用在活动之外，而对参赛的学生则周到细致，关怀备至，让他们都能度过一段有意义的、愉快的宝贵时光。

其次是形式新颖。当时，此类活动属于首创，没有什么先例可以借鉴，更不像后来可以从国外购进形形色色的样板。但是在他的策划下，大家开动脑筋，坚持生动活泼，坚持别开生面，针对参赛学生的需求，想出了许多精彩点子，从内容的丰富，形式的多样，题型的巧妙直到答案的贴切，都下了一番功夫。竞赛现场热闹活跃，充满生气，通过中央电视台播放录像后，更是在全国都得到了赞誉。

最后是作风正派。这类涉及全国范围的活动要涉及教育、文化、广电等方方面面，尤其在经费的筹集和使用上，更要跟各类企事业单位打交道。倘夹杂私心或稍有不慎，很容易招惹歪风，酿成邪气，甚至弄出纰漏。但是，在这次活动前前后后经历的一两年中，主办方始终风清气正，很少暴露矛盾问题。不仅参赛的学校和选手对公开、公平、公正的做法感到兴奋愉快，所有参与其中的工作人员也由衷地感到满意和欣慰，多少年后谈起还能引起不少美好的回忆。

“16 城市中学生语文邀请赛”虽是陶本一早期策划的活动，但格局已经形成，显示出他作为一位事业家、社会活动家的素质和能力。

文化贯穿

说到底，陶本一是一位文化人。无论是教师、校长还是编辑、策划，做什么事都有一系列文化因素在支撑他，他也始终在努力地把一些文化因素贯穿、渗透到他所从事的事业中。

他在文化方面是有根底的。他父亲是离休干部，在旧上海，以海关职员身份出现在社会上，因此，他从小也就生活在颇有文化素养的家庭环境中。大学时，我们到他家去做客，古老的钢琴，斑驳的油画，典雅的陈设，直到他所掌握的一门烹调手艺，招致他背上了“公子”“少爷”的雅号，但从内心里，不少同学对他的文化修养还是不无羡慕之情的。

到了华东师大，我们接受了许杰、徐中玉、施蛰存、钱谷融、谭惟翰、叶百丰等老师的教诲，这些老一辈学者的学养尤其是人格有形无形地陶冶铸造着我们，给了我们不可磨灭的影响。而他，作为一个有心人，更是与这些师长建立了种种联系，有些一直维系久远，对他起到了很好的指点与促进作用。至于我们这届以及前几届中一些出类拔萃的同学们，陶本一在与他们交往与合作中也获益匪浅，形成了建立在共同事业基础上的可贵友谊。

于是，直到他由山西调回上海，担任上海师大副校长之后，他的事业心并未减弱，他创业的劲头从未稍减。他抓起了全校的文化建设，尤其是创建了上海师大的交响乐团，他亲自指导，乐团曾去过北大、清华、天津师大等高校交流演出，有时还登台献艺，在上海高校成为一段佳话。

如今，本一兄抱病数年，但他办的学校兴旺发达，他出的校刊依然活跃，他促成的团体仍在活动，尤其是他数十年来在校内外所培养的各种类型的人才都在文化战线上贡献着自己的力量，显示着自己的担当。这对他来说，不是一份难能可贵的回报吗？数十年奉献出的心力终结硕果，陶本一应该颇感欣慰。

本一，老有所为，老有所乐，多多保重吧。

过传忠，1962年华东师范大学中文系毕业，中学语文特级教师，曾任上海复旦大学附中副校长。现任上海市新侨学院副院长。曾主持《今日一字》《诗情画意》《中华成语趣谈》《文学名著趣谈》等一系列电视专题节目。20世纪80年代曾参加全国高考语文命题工作，主编和编写了《作文指路》《说话技巧》《诗情画意》等著作。

教改之交淡如水

陆继椿

我与陶本一交往于20世纪80年代。那是一个拨乱反正，百废待兴的年代，那是一个人人奋发，要把十年浩劫罹难的光阴夺回来的年代，也是我参与著名教育家刘佛年教授语文教改科研项目，有条件充分发挥自己的才智，跟志同道合者携手共进，创建“双分”（分类集中分阶段进行语言训练）教学体系的年代。

那时陶本一在山西师院任教，主编《语文教学通讯》。他是华东师大中文系毕业的，我是华东师大一附中的教师，也曾于1963年，亦即他毕业的第二年进华东师大中文系进修，读了两年古典文学专业研究生课程，我的导师叶百丰先生，也是陶本一十分佩服和敬重的古代文选课老师，因此，我们是校友，而且沾了点师出同门的关系，所以，他约稿，我是一口答应的。

20世纪80年代，《语文教学通讯》发表我的文章和发表有关我的文章，都是比较有分量的。

他办杂志很有眼光，视野宽广，有深度，有前瞻性。

20世纪70年代末，东北师大附中主办全国语文教学研讨会，我是以思想解放的心态，交流了对语文教学新的认识，提出了一系列新的观点，诸如：语文学科与其他学科质的区别问题，名家名篇的重新评价问题，教材、教师、学生三者关系问题，课堂教学的结构与过程问题，课型问题，等等。他虽然没有出席研讨会，但是，这是十年浩劫后首次召开的讨论语文教学的全国性会议，他肯定知道，不久他就向我约稿了。

后来，竟至我一篇两万多字指导学生培养阅读能力的长文，还有《中国教育报》记者陈亦冰采访我的长篇特写，都在《语文教学通讯》一次性刊登了。

为了促进山西和陕西的语文教学改革，为了推广和借鉴“双分”教学的经验，他不仅请我去给他的中文系学生做讲座，还促成两省的有关部门特邀我去临汾和西安做不同要求的报告和上不同课型的课。

当时,《山西教育》和《陕西教育》都分别做了现场录音,事后整理成文,发行了专辑。

那时候,我和他不仅文字之交频繁,而且经常在各种场合见面,有时,他回上海的家,还约我去聊聊天。

他还是一个注重细节、穿着得体和善于忙里偷闲的人。

有一回,他陪我去某地的途中,时间已过晌午,我有点疲劳了,等车的时候,就不经意地靠在车站边的电线杆子上。他发现了,把我轻轻地拉开,微笑着说:"站头上柱子之类的东西都很不卫生啊!"

又有一回,也是他陪我去某地,离开会的时间尚早,他看看手表,跟我商量说:"还有两个多小时呢,我们去放松一下,去看场电影怎样?"我当然很高兴,人生地不熟的,与其干等着,不如去享受享受电影艺术。于是,跟着他去看了一场《卡桑德拉大桥》。

我和陶本一,是校友,他是我的学长。

我和陶本一,又是战友,他曾不遗余力地宣传我的教学思想,可以说,我探索语文教学科学化,创建"双分"教学体系的理论与实践,走向全国,陶本一是功不可没的!

我和陶本一,也是朋友,曾经我们是那么随便、随意,无话不谈。

20 世纪 90 年代以后,我和他的工作都有了新的变化,语文教改也是后浪推前浪,不断有新的发展,我们渐渐地就没有什么交集了。

现在,我们都老了,都退休了。

我因为他,结识了他的弟弟陶本川。陶本川也因为他,还坚持为《语文报》做些联系作者的工作,还约我写过稿。现在,还不时有来往。最近一次见面的时候他告诉我说,哥哥长期住院,不太见客,尽管医疗条件不错,可身子大不如前了。我听了,那很久以前的交往,忽然一幕幕地闪现出来,浓浓的,又淡淡的,好不是滋味。我只有在心中默默祝颂他早日康复!

陆继椿,中学语文特级教师。曾任华东师大一附中副校长,一附初中校长、荣誉校长,现任上海市民办新华初级中学名誉校长,华东师大中文系兼职教授,全国中语会荣誉理事、学术委员,上海市教师学研究会副秘书长。曾被评为上海市优秀人民教师,上海市劳动模范,全国教育系统劳动模范,全国先进教育工作者,并获全国"五一劳动奖章"和人民教师奖章。

陶本一先生与全国中语会

顾之川

丁酉深秋，收获时节。饮水思源，不忘本来。杭州师范大学王光龙教授先以《学者·导师·旗帜——回忆语文教育家朱绍禹先生》文集见赠，继以《师长·社长·校长——我印象中的陶本一先生》发起人相邀。陶本一先生是我国语文教育界前辈，曾任中国教育学会中学语文教学专业委员会（以下简称“中语会”）副理事长，现为中语会学术顾问。我虽与陶先生交往不多，但作为中语晚辈，自然也当仁不让。这里仅就陶本一先生与中语会若干事迹略述数端，以见其语文教育家之风采。

一、首创《语文报》与中语会合作

中语会原名“全国中学语文教学研究会”，是经教育部党组批准，于 1979 年 12 月 25 日在上海成立的。在 1987 年第四届年会（广州）上，始改为现名，成为中国教育学会的一个分支机构。中语会第一任会长是著名语言学家、语文教育家吕叔湘先生（1979—1987），后有刘国正（1987—1999）、张鸿苓（1999—2001）、张定远（2001—2003）、陈金明（2003—2008）、苏立康（2008—2013）、顾之川（2013—2018）继任理事长。作为一个全国的中学语文群众性学术团体，中语会的主要工作，一是组织开展中学语文教育教学研究，二是为一线中学语文教师服务。这就与《语文报》有了天然联系。

《语文报》是陶本一先生于 1981 年 10 月在山西师范学院创办的。其办报宗旨是：坚持大语文观，辅导广大青少年学好祖国的语言文字，促进全国的语文教改，弘扬民族文化，提高全民族素质。编辑方针是“高质量、高品位加可读性”。近 40 年来，几代《语文报》人励精图治，不懈努力，不断完善，精益求精，使《语文报》成为名副其实的“中华语文第一报”。

正因为中语会与《语文报》工作性质、内容有相似之处，《语文报》所倚重的专家也多为中语会成员，在陶本一先生的谋划运作下，《语文报》与中语会的合作也就水到渠成，顺理成章。《语文教学通讯》于1978年创刊，刊名就是中语会第一任名誉会长叶圣陶先生亲笔题写的，中语会第一任会长吕叔湘先生、副理事长张志公先生、理事长刘国正先生等都曾为《语文报》题词或撰稿。1989年1月，《语文报》被正式确定为全国中语会会报。1993年7月，《语文教学通讯》又被确定为全国中语会会刊，这种关系一直保持至今，《语文报》《语文教学通讯》成为全国广大中学师生的首选语文报刊，这不能不归功于陶本一先生当年的远见卓识。

二、主持策划多项与中语会合作的重要活动

陶本一先生在主持《语文报》工作期间，曾策划过与中语会合作的多项重要活动，包括策划成立“农村中学语文教改研究中心”“叶圣陶语文教育研究中心”，举办“语文报杯”全国中青年教师课堂教学大赛、“语通杯”全国中语“教改新星”评选活动、全国中学生读书评书活动、全国中学生语文夏令营等。这些活动，既扩大了《语文报》《语文教学通讯》在语文界的影响，也丰富了我国中学语文教研活动，有力推动了中语会的工作。

1986年，在邓小平“三个面向”指示的鼓舞下，桑建中在陶本一先生的支持下，在《语文教学通讯》刊登《建立“农村中学语文教改研究会”启事》（“农村中学语文教改研究会”后改名为“农村中学语文教改研究中心”），提出“应该将全国语文教改的重点移到农村学校！建成一支浩浩荡荡的农村教改生力军，集思广益，联合攻关，扎扎实实地开拓农村中学语文教改新局面”。该中心一成立，就受到全国各地中学语文教育工作者以及教育专家的高度关注与支持。几年之内，发展会员近万人。1994年被中语会批准为“二级学会”，先后在苏州、黄山、温州、深圳等地召开过四届年会，产生了广泛影响。进入新世纪后，李元昌在中语会副理事长张翼健先生支持下成立“农村语文教育研究”专题组，逐渐成为中语会的一个品牌，受到党和国家领导人的称赞。在大力推进教育公平，强调城乡教育一体化、均衡化发展的今天，《语文教学通讯》和中语会对农村中学语文教改的积极探索，显得尤为难能可贵。

1990年4月7—9日，中语会与《语文报》在江苏扬州联合举办“叶圣陶语文教育研究中心成立大会暨首届学术讨论会”。全国各地研究叶圣陶语文教育思想的学者、专家和语文教师共270多人出席会议。民进中央副主席、叶圣陶的长子叶至善出席会议并讲话。吕叔湘向大会致贺信，理事长刘国正做报告。陶本一作为研究中心主任做总结报告。这次会议的成果由杭州师院《语文新圃》编辑部编辑出版了《叶圣陶语文教育思想研究》一书，有力推动了叶圣陶语文教育思想的研究工作。

“‘语文报杯’全国中青年教师课堂教学大赛”是《语文报》与中语会共同打造的一项品牌赛事，始于1995年，至今已连续举办11届。这一活动始终坚持弘扬课改精神，倡导新型理念，奖掖优秀教师，推广成功经验，是我国中学语文界规格最高、实力最强、影响最大的一项赛事，被誉为我国中语界的“奥林匹克盛会”。

1991年7月，中语会在辽宁大连旅顺口区举行第五届年会。在这次会议上，陶本一先生以他对中语会的突出贡献当选为副理事长。后来，他因工作变动，才没再继续参与中语会的工作。

三、助推青年语文教师成长

作为我国著名语文教育家，陶本一先生始终关注青年教师成长，助推语文教师专业发展。

山西省中语会1981年11月在临汾成立，第一任理事长是山西大学中文系马作揖教授，第二届理事长即时任山西师范大学校长的陶本一先生。1984年10月，山西省中学语文教学研究会召开常务理事会，在陶先生倡议下，决定设立“山西省中学语文教学‘金钥匙奖’”，由山西省中语会与山西省教研室共同主办，每三年评选一次，坚持至今。这对山西省促进青年教师专业成长，提高中学语文教师素质，都具有巨大的推动作用。

中语会在20世纪90年代中期，曾成立过一个特别的二级组织——全国青年语文教师联谊会，简称“全国青语会”。“青语会”成立伊始，即委托陈军牵头，组成课题组，研究于漪的教育思想和教学艺术，编成《于漪语文教育艺术研究》一书，邀请陶本一先生作序。陶先生在序中说：

看到一批青年教师健康成长，我非常高兴。语文教育事业是一项长期而又艰苦的系统工程，需要一代又一代志士仁人共同努力；老同志为语文教育事业打下了坚实的基础，更希望年轻一代沿着语文教育的正确道路，去开创新的局面，做出新的贡献！

他希望广大青年教师学习于漪老师的做人之本和育人之道，多读点书，开阔自己的视野，充实丰富自己的知识，尽可能地避免“走偏锋”；多挖掘成功经验的底蕴，使自己成为一个不但会教，而且有着深刻思想的人。其奖掖后学的拳拳之心，溢于言表。

2010 年 4 月 12 日，中语会在成立 30 周年之际，举行隆重的颁奖仪式，向包括陶本一先生在内的 21 位老同志颁发“终身成就奖”。对陶先生来说，可谓实至名归。

行文至此，不禁想起我与陶本一先生相识、相知的过程。我第一次知道陶本一这个名字是在 30 多年前。20 世纪 80 年代初，我从河南省淮阳师范毕业后，在家乡商水县高中当中学语文教师，备课时常用的一本教学参考书，就是陶本一和于漪二位先生主编的《中学语文备课手册》。第一次见到陶先生，则是 2001 年 12 月 5 日在香港城市大学举行的“第四届中文科课程教材教法国际研讨会”上。虽与陶先生交谈不多，但他的儒雅博学与蔼然长者形象，给我留下深刻印象。

当前，我国语文教育迎来新的发展机遇。新课标、新教材、新高考，为语文教育注入新的内容。回顾陶本一先生与中语会的历历往事，不仅可以使我们从老一辈语文教育家身上汲取精神养料，也更加坚定我们对语文教育事业的热爱，从而激励我们发扬光荣传统，不忘初心，继往开来，砥砺前行，加速推进语文教育现代化。

顾之川，人民教育出版社编审，浙江师范大学教授，中国教育学会中学语文教学专业委员会理事长。

我的大学同窗陶本一

顾朝晶

时光回到60年前，1958年8月，我们来自五湖四海的新伙伴，来到华东师大中文系报到。我记得，陶本一是报到的最后那天傍晚来的。初见时的印象，文质彬彬，长相英俊，皮肤白皙，一副书生模样。手上还捧着一本他自己编写的剧本，不时地翻给我看，一见便知他是个戏剧爱好者。巧的是，陶本一不仅和我都编在3班，而且是同小组、同寝室、同张双人床的上下铺，他睡上铺，我睡下铺，就这样，我和他在师大第一学生宿舍同窗同住了四年。又因他是全年级年龄最小的，大家都亲切地称呼他“小陶”，尽管他后来当上了大学教授和校长，但在我们老同学之间，“小陶，小陶”的称呼始终没变。

美丽的师大校园总是令人流连忘返。我们一起在清澈的丽娃河畔晨读，在幽静的夏雨岛上谈心，一起坐在宏伟的文史楼301大教室上课。许杰、施蛰存、徐中玉、史存直等大师的风范，精深的学术造诣，深深地感化着我们这些年轻人。程俊英先生吟诵《诗经》时的特有声调，听徐震堮教授如品香茗的唐诗鉴赏，还有那钱谷融先生讲析《雷雨》人物时如泣如诉的动人情景，至今仍历历在目。正缘于此，使我们对中国语言文学的钟爱如痴如醉。

在大学时代，在学校的话剧舞台上，充分展现了陶本一的艺术才华。他是中文系话剧团的台柱子。《荒山桃李》演绎的是20世纪50年代发生在西南山区，师范学校毕业的彝族女学生（即剧中主人公阿角）到偏远彝族山村当教师，改变学校面貌的动人故事，歌颂了教师的高尚和职业的尊严。此剧荣获1959年上海市群众文艺会演优秀创作奖和优秀演出奖。陶本一在剧中有出色的表演。此后，无论在现代剧《群猴》，还是古装剧《柜中缘》等剧中，陶本一出演主角的舞台形象，个个栩栩如生，光彩夺目。陶本一的课余生活，大多在排练厅和舞台上，他真是痴迷与乐在其中了。四年大学生活中，令我印象深刻的还有一件事。面对外界对我们这届“只会挥舞铁锹，只会唱唱跳跳，不会搞科研”的非议，就是在陶本一的倡议和主持下，和同伴们一起挑灯夜战，编写出版了供广大中学师生阅读的《中学课外阅读参考资料》。在大学生时，他已经崭露了编辑组织才能。

到了1962年秋毕业分配的时刻，没想到的是，中文系总支书记的三分钟谈话，就把他送进了娘子关，送到了山西临汾晋南师范专科学校。对未来，天真单纯的陶本一总是抱着罗曼蒂克的幻想，即使是娘子关，他也把它想象成是罗密欧与朱丽叶的城堡。然而梦醒后的现实，是黄土高原上的山城，这所城郊荒野上的学校，点着油灯，听着寒风吹过纸糊的顶棚发出“哗哗”的响声，窗外是鬼哭狼嚎……而中文系话剧团只有他一人，离开了父母，越过了长江黄河，开始了独立的生活。此时，我仿佛听到了我的同窗、这个白面书生的呼喊：“为什么把我分配到这个地方?！”我十分担心小陶：他吃得了这种苦吗？去山西不久，“文化大革命”爆发了，又传来了陶本一被游斗的消息，我又十分担忧他的安危：我这个老同学，他能顶得住、受得了吗？

有人曾经问过陶本一，“分配到山西你后悔吗”？想不到，他的回答竟是那么铿锵有力，掷地有声：“不！我不后悔！”“正是这种艰苦的生活砥砺了我的意志，使我从严格意义上来说，成为一个真正独立的‘人’。正是这里浑厚淳朴的民风，使我更多地认识了人间的真情。更重要的，也正因为在这里，给了我机会去实现人生的价值。”读到这里，我的眼眶湿润了。我被我的同窗好友的外柔内刚、坚而不摧的意志、“我不后悔”的精神深深地打动了。

打倒“四人帮”后，迎来了教育真正的春天，也激发了陶本一的全部能量与激情。1978年，他创办了《语文教学通讯》，后又接连创办了《语文报》《中学生文学》等一系列报刊，在全国形成了广泛的影响。20世纪80年代，他还和于漪老师一起，主编了全套《中学语文备课手册》，这套教师备课用的工具书，在那个教学参考资料匮乏的年代，真是雪中送炭，成了广大语文教师的良师益友。1984年，他被山西省人民政府任命为山西师范大学校长，时年43岁，被称为

华东师大中文系（3）班部分老同学和陶本一在上海师大校园合影，摄于2005年5月22日

当时中国最年轻的大学校长。1989 年他被评为山西省劳动模范。这段时间，正是陶本一生活最紧张、最充实，事业最辉煌的时刻。我们老同学都为他感到高兴和骄傲，都说：“小陶真是不容易，小陶真是了不起！”

尽管他的工作十分繁忙，但小陶始终不忘老同学。他策划组织了年级 30 年的师生聚会，主持编印了《我们 30 年》的班级同学录，使大家见字如面，也成了十分珍视的永久的纪念。他诗情洋溢地感叹：“从现在开始，我们将从山峰走下山坡，我们将看到太阳怎样渐渐地西沉，但这仍然是太阳，仍然是辉煌，在那夕阳的辉煌中，我们那颗虽老仍保持着青春的心，依然会更顽强地去迎接新生活的挑战！当我们在第二个 30 年聚会时，那心的琴弦仍然会奏起生命的凯歌！不是吗，我的老同学们！”

是的，1994 年，他调任上海师范大学副校长后，又开始迎接新的挑战。他主管学校的教学科研等工作，还出任了上海二期课程教材改革新教材初中版的主编。1998 年，他随国家教委“211 工程”评审专家组来到华东师大，也来到了我们二附中。专家组参观了我校追求卓越校史陈列馆，对我校的办学成果赞誉有加，而陶本一的那句赠言——“希望你们更加卓越”更是一直激励着我这个同窗，激励着二附中人。

我和陶本一也真是有缘。巧的是我们现在住在同一个小区，昔日的同窗又成了今日的近邻。我们经常相互串门，也见到他在小区漫步锻炼。遗憾的是，由于长期积劳成疾，小陶患有重病，在华东医院住院已有六个年头。即使这样，他仍坚持要和老同学一起出外旅游。去年 5 月，他坐了轮椅，和我们一起乘上了“量子号”邮轮，在大海上航行。看着一轮红日从海上升起，又看着夕阳从海面下沉，此时，我又想起了小陶在我的大学毕业纪念册上的留言：“我爱初升的太阳，她那么美丽，那么磅礴，那么富有生命力。但是最知道太阳美丽的，却是那些去过大海并且和它进行过搏斗的人。那么，我想：真正能知道知识美丽的，不正是那些在知识的海洋中搏斗过的人吗？”我想，我的大学同窗好友小陶，就是这样的人！

顾朝晶，华东师大二附中原校长、语文特级教师。

我的挚友陶本一

高仁恒

我和陶本一相识有 50 多年了。1965 年我从北师大分配到山西师院（后称山西师大）生化系任教，他是 1962 年从上海分配到山西师院中文系任教。那时我们很年轻，才 24 岁，是两条小蛇。我们住的是小平房，又是邻居，在生活上彼此照顾，朝夕相处，亲如兄弟。因为接触多、关怀多、了解多，个人友谊不断加深，互为挚友。如今我们都 77 岁了，是老年人了，中青年时期的美好时光已经过去，但是，那个时代的美好回忆却深深印在脑海中。

山西师院是一所很有活力的大学，单从师资队伍来看，年轻教师颇多，尤其是外省市的青年教师较多，其中以北京、上海、广东为主，陶本一在这些年轻教师中算是佼佼者。陶本一授课深受学生们欢迎，是位好教师。他身高 1.76 米左右，白皙的圆脸上戴着一副眼镜，衣着整洁而时尚，一口标准的普通话，态度温和，面带微笑，人显得很精干，又帅气，老教师们都称呼他为“小陶”。陶本一不抽烟，不玩纸牌，也很少与同志们一起说笑话。在师院，教师们经常聚在一起，聊一些有趣逗人的事，比如讲万荣“zèng”的故事来取笑万荣人的“zèng”气，就连校内教师的趣事也在大家面前抖出来，引得大家哈哈大笑。但陶本一从不参与这些活动，因此也有人说他清高。

陶本一不仅爱学习、爱看书，而且藏书特多。除专业书外，房间里摆满了中外名著。他很爱惜书，有人来借书要做记录，就这样也常出现借出不归的事。我是一名理科生，读小说少，读外国小说就更少了。每逢他回家探亲，我帮他看家，近水楼台先得月，我也读了一些外国名著，如《高老头》《葛朗台》《红与黑》等。这不仅丰富了我的文学知识，也拓宽了我语言交流的内容，这一点要谢谢老陶同志。

陶本一的烹调手艺也很好，菜做得色香味俱全。每次聚餐时，他掌勺，我打下手，因为他嫌他爱人动作慢。但是，采购的任务是他爱人徐莉英完成，她拿着陶本一写的清单去买食材，虽然她很辛苦，却还是常受到陶本一的批评，因为有些食材不合陶本一的心意。因为多年相处，我也学会了几道菜，如白渍鸡、熏鸡、芙蓉鸡片和罗宋汤等。我的厨艺比不上陶本一，但是有一点我胜过陶本一，那就是我会做春卷皮，而他不会。烧菜虽然是生活中的小事，可是从这个小事上，我觉得陶本一做事很善于思考，有计划、有程序，水准比较高，也很自信，很大度。

陶本一同志在大礼堂做报告，用普通话演讲，也很具有特色。往常的演讲台是放在主席台的中央，而他演讲时是放在面对师生的左上方一侧，这点很新颖，反映了他的创新精神。他穿一身淡蓝色的西装，很鲜艳，在台上是个亮点；标准的普通话，再加上生动的演讲内容，使得整个会场出现两个特点：一是安静，二是掌声。师生们愿意听陶本一做报告，因为不仅给人教育和鼓舞，也给人一种享受。

师大的面貌变得焕然一新，是在陶本一任校长时开始的。学校建起一座漂亮的外专楼，引进了外教，活跃了学术交流，提升了师大的知名度，也成了师大的一个景点。在 4 号教学楼的北侧，面向图书馆修了一个很宽很高的台阶，台阶下面是大广场，广场的东西两侧，各竖立着四座中外科学家的石雕像，整个建筑群使人感到宽敞、宏伟，是师大的一个景区，也是师生及家属休闲、娱乐的好地方。

这几年，陶本一同志身体欠佳住进了医院，我和我爱人杨绮青去上海看望他们夫妇。老陶的气色和精神状态很好，但行走不方便，谈吐不太流畅。我们聊了很长时间，都是些家常事，很放松，很高兴。其间，老陶还指着徐莉英很幽默地说："她现在脾气大啦，常批评我。"在场的四位都哈哈大笑，感到很开心。由于相距很远，不能常去看望挚友陶本一，只能衷心祝愿他早日康复。

高仁恒，山西师范大学生物学教授，曾任山西师范大学生物系系主任。著作有《遗传学入门》等。

我的先生陶本一

徐莉英

1966年，我从华东师大化学系本科毕业，次年被统一分配到山西省运城盐化局的化工学校（属化工部和山西省化工厅领导）任教。从南方到了北方，从家乡到了异乡，一个人的不适与孤独是难以排解的。1969年秋天，我的朋友郑延年介绍我认识了陶本一，他们两人是同学，他说陶本一是一个非常不错的人。当时我还在山西运城盐化局工作，虽然运城到临汾距离有些远，但因都是从小生活在上海，又都毕业于华东师大，心理的距离因此被拉近了许多。美中不足的是，我是理科生，他是文科生，我俩的专业差距大，我怕没有共同语言。但经过半年多的交往，他儒雅的气质，他待人接物时的彬彬有礼，以及他对我的关心，都令我十分满意，于是在家人和同学们的见证下，我们于1970年春在上海举行了结婚典礼。因我们俩的户口均在山西，所以回到山西后办了结婚证书。

我是一直都想调回南方工作。我们结婚以后长期两地分居，由于聚少离多，加上两次流产，又因自己患上了甲亢，担心会对下一代造成不良影响，所以我们最终选择不要我们自己的孩子。1984年1月，山西省委、省政府任命陶本一为山西师范学院院长。我们调回南方工作的可能性暂时没有了。1986年6月我调到山西师大工作，至此才结束了我们近20年两地分居的生活状态。

陶本一是个宽以待人、严于律己的人。我调到山西师大工作后，陶本一给我约法三章：一是要求我支持他的工作，但不要干涉他的工作，在学校少表态；二是要积极参与学校和系里的活动；三是一定要做好本职工作，努力上好系里安排的每堂课。在教学工作上，陶本一对我尤为关切。当时我被安排在化学系的无机化学教研室，负责化学系和生物系学生的无机化学课程和一些选修课的教学工作。陶本一对我担任这些课程的教学工作不放心，多次分别请山西师大教务处处长罗世斌老师和化学系主任朱轼廷老师来听课。即使听到他们比较好的回复，他还是不放心，几次专门到化学楼的走廊，在我上课的教室门外听我上课，多次听课后，他才对我的课有了信心。其实，作为一名教师，不忘初心，恪尽职守，要为学生成长付出一切，做学生人生方向的引路人，做学生成长路上的铺路石，是我自己一辈子的理想追求，也是我的职业宗旨，上课绝不会敷衍了事。因此我从来都是十分认真努力地备课，十分认真地上课，让学生能在我的课堂上获得知识，学会做人，将来更好地服务社会。

陶本一一直鞭策我在专业上不断进取。英语就是他督促我学习的。我在华东师大附中（当时没有二附中）初中开始到高中，直至到华东师大读大学期间，都是学的俄语，英语没有什么基础。当时不少教师被安排出国深造，出国深造需要合格的英语水平。20 世纪 90 年代初，山西师大外语系老师开设了各级外语班，为了让我学英语，陶本一自作主张帮我报了英语初级班，为了不辜负他的期望，自己也想学习一点，晚上就参加了外语系主任的英语学习班。以前只是赶时髦，跟电台学过一点可怜的基础英语，在班里我年龄最大，基础最差，因此刚开始学习的困难之大可想而知。但半年以后，陶本一向外语系主任打听，得到的反映是，半年内我的外语进步很大。鉴于此，他又帮我报名参加西安外语学院出国人员培训。去培训前，必须与学校签一份合同，时间一年，必须参加全国 EPT 考试（出国进修人员英语水平考试），满分是 120 分，山西省教委要求 80 分即算通过，若不及格，所有学费 4 000 元必须自己付。我对通过 EPT 考试心中没底，感到不现实。当时我的工资每月也就几百元，4 000 元对我们而言也是一个天文数字，但陶本一一定要我去试试。抱着试一试的心情，我开始重新做学生，认真学习英语，通过自己的不懈努力，一年后总算顺利通过了考试。后来因陶本一调回上海工作，我也就没有再去申请出国。

在科研方面，陶本一对我也提出了要求。20 世纪 90 年代，山西师大化学系的实验室条件很差，想要写出比较好的论文是很困难的。也就因为有他不时地鞭策，我请我大哥在南京土壤所开放实验室当主任的同学帮助，利用暑期休假，花了 8 年时间，参与了几项中科院开放实验室的科研项目，利用那里实验室的条件和中科院图书馆的图书资料，写出了多篇质量较好的论文。

在山西师大工作的 10 年里，陶本一对我的要求近于苛刻。我工作比较认真负责，化学系多次提议选我当先进工作者，甚至提名我当系里或教研室的主任。

但只要报到陶本一的手里，他都会把我的名字划掉。记得有一次教务处评选批改学生作业认真的教师，系里已把我报到了教务处，他还是把我的名字划掉了。有一次我计划申报副教授职称，他又不许我申报，要我让出申报的机会，给系里年资更高的老教师申报。为了他工作方便，我也只好支持他，同意他这么做。

陶本一对学生是一种发自内心的关爱，总是像爱护孩子一样去爱护学生。有一次“闹学潮”，他在省城开会，会议刚结束，他就连夜匆忙赶回临汾。没顾上回家，就赶到学校大门口，婉言相劝，堵住想要外出的学生，并请学生到礼堂，给学生讲话。但部分学生还是没有听从他的劝告，要求上街游行，他担心学生发生过激行为，或有其他事情发生，便迅即安排校办主任马龙山老师和部分辅导员，参加到学生的游行队伍里保护学生。为此他整整三天三夜没有回家睡个安稳觉。“学潮”以后，省里来人要批评学校领导，当时的校党委书记和陶本一都毫不犹豫地要承担主要责任。

他对教职工的工作和生活，不管大小事，都看作大事，一定会及时办好。每天回家后，总有不少老师和学生来找他，他对我讲，没有急事，他们不会来家里找，来到我家找他的人，不管是老师、职工，还是学生，都不能拒之门外，要热情接待，必须让座、泡茶。因此，即使时间再晚，即使我手头有事，都必须放下，招待来客，不能冷落了来访者。他不在家时，我为他接了无数电话，每次我都会把来电记在电话机边的记事本上，记载清楚是什么人的电话、讲了什么事情，以便他回来看。对学生的电话，他更是当成大事情对待，有时学生深夜打来电话，反映宿舍的用电用水情况，他得知后，再晚也是马上打电话给有关部门，让他们及时进行处理，有时还亲临现场处理。学校个别老师因一些琐碎的事，全家出动吵到他这儿，他也不计较，平和劝导，平息纠纷。

陶本一廉洁奉公，公私分明。在山西师大时，语文报社的福利比较高，每月有一些编辑经费补助。有一次语文报社的会计给我送来了钱，我再三问，这钱可以拿吗？会计说是陶老师在报社的津贴，我才签字拿了。他回家后，我告诉了他此事，他对我说，我已经拿了国家的工资，怎么可以再拿第二份钱，一定要我去把钱还回去。每年新年前他要给不少朋友、亲戚发贺卡，但凡是发给自己亲戚的贺卡，一定是我去邮局买来后发出的。山西师大离火车站比较远，以前没有公交车和出租车，凡是他来车站接我，回到学校后都要去财务处缴汽车费用，开始学校财务处说，还没有这笔收支账，他就要求财务处从他开始，设立此账目。

陶本一是个典型的“工作狂”，但也是一个好丈夫。他每天早早去上班，中午不到12:30（有时甚至中午1:00）是回不了家吃午饭的。急急忙忙吃完午饭，又有一大堆报纸要看，看完报纸，迷糊一会儿又去上班。晚饭就更是没有固定的时间了，我们家的晚饭从来没有固定的时间。白天在学校上班，晚上还经常要带不少工作回家来干，无怪学生和老师都称他为“拼命三郎”。尽管工作繁忙，但他却不是一个“甩手掌柜”，在家中不是一个衣来伸手、饭来张口的大男子主义者。每逢节假日，只要学校事情不忙，他总是尽量帮我操持家务。当时家里没有洗衣机，一旦需要洗被子、褥子这些大件物品，他总是抢着干。一次正巧教务处副处长周作胥老师有事到我家找他，他正用搓板在大盆里搓衣服，周作胥说：“没想到校长还在家里干这活。”打扫卫生、拖地板、整理家等也是他常干的活。每年的除夕，同学朋友聚会迎新年，这顿晚餐，我按他的要求买好菜，大厨师的事情就是他的任务，他还美其名曰：“我一年到头都忙于做饭。”家里几次装修房子，从整体设计、材料采购到装修监理，所有环节都是由他一手操持完成，他的品位特别好，我也就根本不用操心，不管不问，乐得当个甩手掌柜。

百善孝为先，陶本一是一个对长辈十分孝敬的人。他对自己的父母十分孝顺是朋友们都知道的，他对我的父母也是关怀有加。1998年我母亲罹患食道癌后，他把我母亲接到家里，精心照料。老人年近90岁，生活自理能力变差，一次把床单弄脏，她坐在床边，都不好意思离开床。我这个做女儿的却比较粗心，没注意到，只是一个劲儿叫她出来吃饭。但陶本一就走到床边去请她，一下就猜想到了原因。陶本一对我母亲讲：“没有关系，洗洗就好了，我也难免会发生这样的事情，何况您快90的人了。”我妈妈很感动，常常在家人面前夸他。患病后期，我妈妈吃饭吞咽十分困难，听说灵芝孢子粉对食道癌有用，他就到上海当时唯一有售的四川北路中药店，花了4 000多元帮她买了一个疗程的灵芝孢子粉。

陶本一不但对我的父母好，对我的其他亲戚也很关心。我的外甥女自浙江大学毕业后在杭州一直没有找到合适的工作单位，但她的户口若能落到上海，就业机会就可以多些。他得知18岁以上的知青子女，有蓝表可以申请回沪，于是就通过同事的帮助，将我外甥女的户口迁进了上海。但当时规定落户口还必须有住所，为避免矛盾，他毫不犹豫地就把她的户口迁进了我家的户籍里。不负众望，小姑娘凭借自己的实力，最终进入了一家中日合资企业。

1994年，我们终于一起调回上海工作。当时的工作调令是我俩同时调到上海师大的，但陶本一不想让我再与他安排在同一学校，到上海师大后，他请上海师大人事处处长设法找单位安排我的工作。正巧当时的上海化工高等专科学校需要调进一位财经专业的老师，但这位老师的夫人是工人，化工专科学校无法安排。于是就把我和这位教师的夫人对换，他夫人被安排到上海师大食堂当工人，我就被安排到上海化工高等专科学校任教，这样我成了上海化工高等专科学校唯一的一位教授。与陶本一不在同一学校，对我也是好事，可以放开手脚，再也不用在他眼皮底下小心翼翼地工作和生活了，无形中也使我对自己的专业能力有了自信和再认识。

1994 年 11 月，陶本一来到上海师大工作。1996 年上半年，上海市委通知他去中央党校学习。在此期间，上海市教委到上海师大宣布了他的任职——任上海师范大学副校长（正局级）。调动之前，上海市委组织部找陶本一谈话时承诺其调回任上海师范大学校长，陶本一心里虽然有些郁闷，但还是顾全大局，服从了组织的安排，在副校长位置上干了 9 年。

他在上海师大努力推行教学改革。陶本一思考问题一贯比较超前，有远见卓识。刚到上海师大时，他满怀着激情，所分管的工作，想方设法要搞好。在山西师大教育改革（大语文，大数学，三学期制、中期选拔和中期淘汰制等）尝试的基础上，对上海师大的基础学科教育，提出了通识教育的理念，当时此理念在我国高等教育界是比较领先的，还没有几所学校试验。这些理念虽在上海师大提出并部分执行了一段时间，但因故没有坚持下去。今天回头看看，当时若能按照他的设想在上海师大试行通识教育，对上海师大的人才培养理念和模式都必定会有较大的提升。

他为上海师大申请到“课程与教学论”专业博士点。陶本一做事情有股子锲而不舍的精神，要么不做，要做就要做成。20 世纪末，上海师大博士点相对而言比较少，当时他分管学校研究生工作，增设博士点对学校工作的顺利开展和学校地位的提升是十分有益的事情。2000 年他和上师大的一些老师组成了团队，为上海师大申报博士点竭尽全力，在上海和北京两地间奔走，向有关单位介绍上海师大，在全校教师的共同努力下，不负众望，当年国家教委为上海师大新增了 7 个博士点和 1 个学科点。申报过程中的甜酸苦辣，团队的成员都是亲历过的，当得到消息的瞬间，团队的全体在京成员都相拥在一起欢呼，都流出了兴奋的热泪。

他为上海师大创建了交响乐团。陶本一自己爱音乐，有较高的音乐修养，他把自己对音乐的爱拓展到了艺术教育中。为了高雅艺术进校园，在上海师大创建交响乐团的初期，他做出了不懈的努力。1998 年经过上海师大艺术学院全院老师的努力和陶本一的协助，组建起了交响乐团，在时任上海市市长徐匡迪的提议下，中国船总公司拨款资助 100 万元，建立了上海师大万方交响乐团。乐团聘请了许多在上海，乃至全国都有名望的指挥家、艺术家来指导交响乐团的日常排练。当时工作虽然繁忙，但只要有空，他都会到排练现场为交响乐团的师生提供服务。在乐团全体成员的共同努力下，交响乐团多次在上海音乐厅献演，参加了全国多地多场演出，又到全国多所高校进行交流演出，同时还获得了商业许可进行商业演出，这是全国高等院校第一支专业交响乐演出团体。非常可惜的是，由于种种原因，上海师大万方交响乐团最终没有保留下来，陶本一为此事一直感到十分痛惜。

上面所谈的都是一些小事、琐事，但从这些细微之处可以看到陶本一精神深处的寻常之处与不同寻常之点。这就是我的先生——热情、真诚、率真、敬业、与人为善的陶本一。

徐莉英，陶本一先生的夫人。退休前为上海应用技术大学化工学院无机教研室教授。

我的大哥陶本一

陶本川

我家三兄弟，陶本一是我们的大哥。

记得《新民晚报》曾在20世纪90年代发表过一篇《姓名趣谈》，文章品评了我们三兄弟的取名，夸我家老爷子给兄弟仨取名有文化，有内涵，有水平。我们就是出生在这样一个知识分子家庭。

我父亲出生在有“上海源”之称的松江县泗泾镇。我的太祖父是泗泾的一个地主，却长期居住在租界新式里弄当寓公，太祖父舞文弄墨、擅长画梅，民国时曾在上海参加过画展。我祖父是位水利工程师，却壮年去世，父亲和他的弟弟、妹妹是在祖母的拉扯下长大的。由于我祖母的妹妹是当时中国妇女界的先进，曾担任基督教女青年会的总干事，受姨妈的影响，父亲通过自身努力，考取了当时江海关税务学校，进入了由英国人控制的海关工作。这份职业在当时是属于捧着金饭碗的高级白领阶层,所以我们自幼就得到了很好的生活环境和教育资源。

我的大哥生于1941年的青岛，父亲当时在青岛海关任职。由于他是陶家的长子长孙，很受祖母的宠爱，加上生性聪慧，讨人喜欢，老嘎嘎（不惧生），所以又深得父亲的喜欢，1岁时就被父亲带到青岛海滨游泳。

由于父亲自小受到老派教育，崇信“棒子底下出孝子”，因此从小就对我们管束很严。3岁那年，大哥被父亲送进学堂“读书”（听课），目的是让大哥熟悉学校氛围，结果一个3岁小男孩坐在课堂里，有模有样，没有一点疏离感，获得老师的赞赏。5岁时，大哥正式入学。在小学里他成绩不错，还参加学校组织的演讲比赛，题目是介绍蒋介石的故乡奉溪，结果小小年纪的他居然得了奖，显示出他自小驾驭语言文字的能力。10岁，大哥考进了上海一所蛮不错的南洋模范中学，而且还是住读。送校那天，母亲、外婆和家里的娘姨一起去，娘姨在帮他铺被褥时眼泪都掉下来了，但大哥没有一点离家的伤感，很自立，还一个劲地催母亲他们快走。后来母亲知道，之所以催他们快走，是他动了一个小脑筋，大人走了，他就可以跑到操场上去玩了。可见，住校让大哥获得了一个自由的空间。

由于大哥初、高中都在上海西区上学，而我家又地处北面，所以从我记事起，大哥一直住在祖母家，接触很少。能给我留下印象的，一是1957年“反右”那会儿，他利用星期天回家，只见他在白报纸上画了很多“反右”斗争的漫画，铺得地板上、沙发上到处都是，说明他当时要求进步、靠拢组织、积极向上的态度；二是他在高中时和班上的三位同学义结金兰，这给我的印象特别深。这三位同学都是班上的优等生，其中一位还是班长，当时我父母都特别支持。从这件事上可以看出，我们的父母一直很重视孩子的朋友圈，他们信奉近朱者赤，近墨者黑。所以父母对我们哥仨的朋友圈都很关注，很尊重，很热情，也很放心。

从小对语文情有独钟的大哥，高考时选择了华东师大的中文系。学习阶段，他主攻英国文学。记得那是一个初夏的上午，天气蛮热的，父亲和他坐在二楼楼梯的风口处，谆谆叮嘱，希望他改攻中国古典文学。但大哥不为所动，结果导致毕业后因外国文学教研组不需要留校生，被分配到山西。

在大学阶段，大哥很活跃，是华东师大话剧团的积极分子，许多人都夸我大哥普通话说得标准。我曾看过两次大哥的演出，也到后台看他们卸装，看到剧团的同学们与大哥相谈甚欢，相信身处这样的同学圈，大哥这四年的大学生涯一定很开心。毕业那年，除了外语得了四分外，大哥所有的功课都是五分。作为学业优秀的大哥来讲，他为自己的大学生涯画了一个圆满的句号。但他又不得不为自己的选择，离开上海，来到了山西晋南师专，走上了他人生的第一站。

晋南师专，真可谓穷乡僻壤，去火车站接我哥一行三人的，竟是马拉的大板车，而学校的破败相，让大哥一下子跌入莫名的彷徨中，大哥一度想回上海，父亲的信打消了他的念头。父亲当时是上海海关缉私处的主管领导，也是号称“海关三支笔”中的一支，虽然我不知道父亲给大哥写了些什么，但这厚厚一沓子信，相信对大哥思想情绪的稳定起了很重要的作用，毕竟父亲的笔头很健，功底很好。记得国庆10周年，《解放日报》曾连载父亲写的缉私小说《海关的钟声》。

大哥在山西的那些年，我不甚了解，只知道他在那儿干得不错，小地方，小院校，还挺能磨炼人的。“文化大革命”把一切都搞乱了，人的疯狂，思想的疯狂，让人变得亦鬼亦人，为了躲避派系的“追杀”，王宗礽携家逃难到上海住在我家，丁耀良也不时来上海转转，赵佩玉、张明健和大哥一样，都回上海避风头了。这真是一个莫名其妙的年代，每个人都生活在恐惧中、警觉中、提防中。但大哥在复课闹革命中，响应号召，积极备课，受到院领导的关注，相信是金子总会发光的，大哥的才华自此开始得到了挥洒。因此，这又是一个惺惺相惜的年代，成就了大哥的第二春。

自此以后，大哥在事业上顺风顺水，从创办中国四大语文核心期刊之一的《语文教学通讯》开始，到创办全国第一份《语文报》，再到 43 岁出任山西师范大学校长，成为改革开放后，被英文版《中国日报》介绍为当时中国最年轻的大学校长。到 1994 年陶本一离开山西返回上海时，他给山西师大留下的是一所全新的学校，和一座令人难忘的巨人广场。

我知道，大哥在山西师大那段日子，锐意进取，埋头改革，搞得风生水起，在当时的报刊上常有介绍他的文章。记得 21 世纪初，他带队上海师大交响乐团去山西巡演时，他跟我说，这次回到山西师大是他一生中最快乐的时光。山西师大师生对他的到来所表现出来的那种超乎寻常的热情，让他深受感动，那些老同事（甚至包括反对过他的老同事）握住他的手，所表达出来的情感波澜，让他心热了好一阵。不容易，真的不容易，当反对过你的人在向你表达敬意时，你已经走向人生的巅峰。所以当时我对他说了一句话："人生到了你这个份上，应该说你做人已经很成功了。"

我的大哥今年 77 岁了，帕金森症干扰了他的后半生。原先潇洒倜傥，思路敏捷，口若悬河，思绪缜密，中气十足，步履矫健的学者、博导、校长，如今已垂垂老矣。大把大把西药照单全收，吃进肚里，毁了他的身体，对西医的迷信，使他没有了选择。药能治病，也能致命，可见吃药要适时减量，适时停用，适时靠自身的免疫功能去抵御，真的很重要。

我的大哥，在我们三兄弟中很有威望，我小的时候还真有点惧他，即使我二哥只小他一岁，也还是很敬畏他。我二哥是个理科生，搞航天的，主攻电子对抗，在他的专业领域属翘楚级人物，在国际雷达界很有影响。他是 IEEE（全球电器和电子工程师协会）高级会员，也是当时国内第一个美国 AOC 会员，据说在亚洲只有两位会员，另一位是个日本人。有一次大哥对我说，二哥在事业上比他做的还要好。即使如此，二哥对大哥的意见还是言听计从，关键是大哥就像个大哥样。他的家族观念很重，对父母他敬重又孝顺，对兄弟情分他也很看重，只要是家里的事，他都很上心，一点儿都不含糊。在这点上，大哥秉承了父亲的家族理念，谁让他是陶家的长子长孙呢。

说到这里，家庭对大哥和我们的影响很大，尤其大哥无论对工作、对事业，还是对亲友、对同事，待人接物，风度着装，喜怒爱好都有父母的影子。首先，中国的传统观念对我们影响很深。记得每逢过年，祖母掌持的这个大家庭都要祭拜祖宗，父母一辈、子孙一辈面对供祖宗的酒席要行叩拜之礼。那时，最高兴的是对长辈磕头拜年，头磕完就有压岁钱好拿，可一转身，我的压岁钱就被母亲收走了，而大哥二哥却可以自由支配他们的压岁钱，这是因为我小，钱被母亲帮我存入了银行。我们自小就是生活在这样的家庭中，处处感受到父母待人接物的真诚与热情，它深深影响着我们的成长。而父亲为人处世重信义讲情谊，凡朋友托付之事，他有始有终负责到底，又让我们感触很深。尤其父母对待工作的废寝忘食、一丝不苟、认真负责，更让我们感同身受。这点点滴滴就这样潜移默化在我们的血脉中。

其次，由于父母从小接受的是教会教育，所以我们的家庭又相当西化，当父母说话要避开我们时，常会用英语对话。我父亲是个很活跃的人，他骑马、打球、游泳、骑车样样都行，有时他也会客串唱京剧，嗓音还真不错。同样我们的母亲也不逊父亲，从小在教会学校里就演过话剧，而我的钢琴启蒙就是母亲手把手教的。在这样的家庭里，我们经常会在饭桌上听父亲讲大事，无论国际的、国内的，纵论天下。我们也会经常一起出去看电影、戏剧和话剧。小时候，还常和祖母一大家子到文化广场听音乐会，耳濡目染使我们渐渐接受西方文化和东方文化的熏陶。有人说，我们哥仨嗓音条件都不错，要不是因为“文化大革命”，我二哥真有可能走上作曲家的道路。这或许是我们多多少少继承了父母身上的文艺因子。大哥着装挺括，风度翩翩，在山西师大是出了名的，这就和家风的熏陶有关。

受嘱，我信手写了大哥和我们家庭的一些琐事，我想因为大哥的成长，离不开家庭的教育与哺育。

搁笔之余，一个眼界开阔、敢为人先的校长，一个思路新颖、高屋建瓴的社长，一个不苟言笑、又很宽厚的兄长，一个桃李天下、宅心仁厚的师长现我眼帘，我大哥就是这样一个人。

这就是我的大哥，陶本一。

陶本川，语文报社上海办事处主任。

琐　忆

陶本真

认识大哥哥是在他大学毕业分配到山西来时，之前的印象只在照片里，知道是伯父家的老大，因此我们叫他大哥哥。

曾祖父有一儿一女，祖父的子女中，伯父是老大，爸爸是老二，而我是我们家老大。到我为止，曾孙辈的名字都是曾祖父起的。

我们是“本”字辈儿，大哥哥名字里有“一”，陶本一。我呢，有个“真”字，据说因为“真”字横过来中间有个“四”，我是他老人家曾孙辈里老四，他没等到第五个曾孙来到世上。我父亲成家晚，我们和大哥哥年龄差距就比较大。虽然他上学早，大学毕业只有 21 岁，我那时 11 岁，弟弟们更小，他当然就是个大人，个子还高！家里来一个大哥，长得挺拔帅气，我们当时很兴奋的。

他从华东师大毕业分配来山西，一开始未定是留太原还是去临汾，在我们家住过一小段，使我们和他有了较多的接触，也彼此熟稔起来。大哥哥多才多艺。他字写得好，会画画，还会弹钢琴，当然我们家没有钢琴，当时没有直接见识到。但他的歌喉令我感到惊艳，因为自己缺乏这方面的潜质。他唱得很好听，而且是声震屋宇那种，尤其在家里洗浴时，关起门来会放声歌唱，就好像这时在练声、吊嗓子，如入无人之境！我们住的是平房，后面一排的住户应该经常

我们四人在上丰垢留影（1972 冬）

是他的听众，我们当然也是。

大哥哥在临汾工作，到榆次、太原是常事。在我们眼里，他什么都行，烧饭做菜也是一把好手，说起来头头是道，做起来有条不紊。“文化大革命”期间，我们渐渐长大，在家里开始担当做饭主力。记得切白菜时，是他告诉我，白菜切几段后，应该竖着切，这样炒出来的菜一来味道有所不同，另外，烧得再烂也是有形的，后来我切白菜始终这样切了。

记忆中另外一个印象，就是他年龄虽不大，规矩蛮多的。大概因为他从小生长于大城市，伯父伯母家教甚严，我们则随父母建厂来到山西，厂区就是一个大花园，出入自由、无拘无束。他来了，不由自主就要“纠偏”了。比如“走路手不要插在裤袋里”，比如“肚皮缩进去（收腹）”，等等。我们在一个职工来自五湖四海、南腔北调的小环境里，普通话也带有很多印记，他帮我们纠正，比如该发zhi、chi、shi的，不要发成zi、ci、si等，比如说我们，“什么吃（ce）饭了，吃（ce）饭了”，指责我们的腔调不正确。

“文化大革命”中我们的来往有所减少，但这并未减少我们之间的亲情，他始终在关注和关心着我们。1968年至1978年十年间，父亲被停止工作并不断被审查，问题迟迟得不到处理和解决。1970年随着干部下放农村的又一拨运动，我们姐弟三人跟母亲到左权县劳动和生活了两年多，其间我们三人的户口全部转为农村户口。

左权县属太行山区，我们落户的村子上丰垴位于县北部的寒王公社，从县城向北、去往寒王途中公路旁的一条山沟里。沿一条小路走进沟去，小路蜿蜒来回许多次穿过山谷中的一条小溪（我们一般骑自行车进出，每过小溪须搬起车子踏石过河），下了公路沿小溪要走10里地，才来到山坡上的上丰垴村。这个村庄离县城30里，离公社所在地35里，无论到哪里，都得先走出山沟。

大哥哥早说要来看看我们。1972年年末，大哥哥突然来了，怎么来的我已经记不清了，只记得他来后的情形。我们带着他村里村外看了个遍。我们住的大队部的两间西房，村中石头铺的小道，我们每日担水的西河边一口井上的“之”字形坡道，西坡上的松林，从西坡上看隔河东面的村子及俯瞰整个山谷。他带了一部相机，四处给我们拍照，也拍了村子的里里外外，他给我们带来了快乐，也使我们得以保存这组照片并珍藏至今。

后来我们又回城，找工作上学颇费周折，大哥哥一直关心着我们。1973年，在大学工作的他，告诉我们又开始招收工农兵大学生及必须推荐报名的信息，使我得以在那个年代进入山西大学学习。

这就是记忆中的一段，零零碎碎。

我们的兄长，陪伴我们从少年长成大人。

陶本真，1986年毕业于北京外国语大学英语二系本科，晋中市经纬中学英语教师，中学英语高级教师。

纯纯真真同学情

缪美生　石丽君

我们和陶本一是大学同学，但并不同班，在学校里彼此不很熟悉。1962年我们从华东师大中文系毕业，一行四人被分配到山西临汾——黄土高原上一座古老的小城。陶本一和张明健被分到了晋南师专，缪美生被分到了临汾一中，石丽君被分到了临汾师范。因为身处异乡客地，同学之间的来往就多了起来。有时，星期天我们会步行十几里路，到郊外的晋南师专与陶本一、张明健聚会，一起说说工作、生活情况，一起动手杀鸡、煮黍，改善生活。

特别是在“文化大革命”动乱的岁月里，老同学之间的相互关心、帮助更显得格外可贵。1968年底，缪美生突然胃溃疡大出血，送到专区医院，保守治疗无效，人处于昏迷状态，生命垂危，需紧急开刀抢救。当时，医院里处于一片无序的状态，乱哄哄的没人负责。最后，是陶本一他们找到了师院两位在专区医院外科工作的家属：张爱玲（政史地系沈茂君的爱人）、张淑雪（物理系谈浩良的爱人），联系了外科“第二刀”戴大夫，在没有原始病历和影像资料的情况下，为缪美生做了止血和部分胃切除手术，挽救了他的生命。出院后，为进一步治疗，老同学们又让张福生（华东师大中文系1964年毕业被分到山西师院的校友），陪同石丽君冒着同蒲线上隆隆的武斗枪炮声，把缪美生护送回上海。这样的同学情谊，让我们铭记终生。

“文化大革命”后期，临汾好几个学校的教职工都被集中到临汾一中居住。这样，我们老同学之间的来往就更多了。20世纪70年代，大家都建立了家庭，有了下一代，陶本一虽然自己没孩子，但他对我们和张明健家的孩子都很关心，无论是上学还是工作都给予尽可能的帮助。至今，孩子们都很感念陶叔叔的关爱。

20世纪80年代中期，“孔雀东南飞”，大批“文化大革命”前毕业的大学生纷纷往东南沿海调动，我们也在苏州落实了单位，但在省里被卡住了。当时，陶本一已担任了山西师大的校长。师大此时刚把临汾七中收为附中，急需物色一位中学校长，于是陶本一就在省教委人事处截留了缪美生，动员我们一起到师大。说实在的，当时我们还是想回南方，缪美生也不想去附中当校长，顾虑由同学关系变为上下级关系，彼此不好处。最后，经人事处一再动员，我们还是一起到了师大。不过，陶本一作为师大校长，对附中的工作、招生、人事安排从不徇私干预。相反，他的开拓型思维给附中的工作打开了新的局面。是他，让附中与上海中学建立联系，于是附中连续送了三批老师到上海中学进修学习（为期一年），提高了教师素质；是他，让附中与日本秋田县协和中学建立了友好学校关系，并实现了互访，打开了师生的眼界。附中在师大的支持下得到了很大发展。

在师大那么多年，我们与陶本一的关系仍是纯真的同学关系。每年春节，我们三家都在一起吃年夜饭，轮流做东，以一家为主，其他两家相辅，各尽所能，做出一桌丰盛的饭菜，三家其乐融融一起过年。我家孩子至今还记得陶叔叔家中西合璧的年夜饭。即使要回上海，陶本一也总是要和大家过完年再走。

1994 年，陶本一调任上海师大副校长，离开山西师大。我们既为他能回到故乡高兴，也为同学分别而不舍。2000 年，我们也退休回到故里，老同学又在上海相聚了。山西师大在长三角的师生不少，于是陶本一发起组织了校友会。2008 年，他组织了一批山西师大老朋友到苏州聚会，游览了金鸡湖、李公堤、木渎古镇、西山明月湾，大家尽兴而归。2010 年，他又和老朋友们到浙江天目山游览。当时，他身体已经不适，但还是和大家一起上天目山，游千岛湖，进石化洞。之后，陶本一一直疾病缠身，长住上海华东医院多年，但他仍乐观豁达，积极、开朗、自信。去年 5 月，还和我们几位老同学一起，乘邮轮游览了日本的福冈，令人深为感佩。

光阴荏苒，岁月匆匆，我们都已年逾古稀，与陶本一相交近 60 个春秋，从青春年少到耆老白头，刻下了人生各个阶段的印记，也铸就了一段真挚的感情，它不掺杂任何私利也无任何欲求，是一种纯洁、真诚的同学之情，是没有亲缘的亲人之情！

缪美生，1962 年华东师范大学中文系毕业，曾任山西临汾第一中学校长、山西师范大学附属中学校长。
石丽君，1962 年华东师范大学中文系毕业，曾任山西师范大学中文系古代文学专业副教授。

生活 Life

童心不泯

1970 年

无锡太湖边

1996 年上海紫薇园

2006 年张家界

黄河壶口瀑布

2013 年大学同学聚会

悠闲自得

附　录

犁

焦祖尧

一

“一八五〇年居住地！”

在美国著名的国家公园“两湖之地”的丛林深处，竟完整地保留着一个多世纪前由几个农户组成的小小村落！每一个院子都是当年美国农村的典型住宅。

山西师范大学校长陶本一率领的教育代表团，来到美国有关的大学考察和签订交换留学生协议。盛情的主人亲自驾车，陪他们到这里来游览。从高楼林立的闹市来到真正的大森林里，又走进了这样古老的院落，时间和空间的概念完全搞乱了。

柱子是稍加砍削的粗大的原木，墙壁是又长又厚的木板钉成的，地板当然是木头无疑，连屋顶上铺的也是用木板锯成的瓦片；粗糙笨拙的家具，似乎放一万年也不会走样。终于看到铁器了，那是在一间充作储藏室的小木屋里：木柄铁镢头、铁犁、长把铁镰刀……幻灯上再现了当年美国农村的耕作方法和生活方式：不堪重负的老马拉着弓形的木犁，犁尖深深插进黑色的土地，耕者在扬鞭吆喝牲口；一家人弯腰收割庄稼；木轮车上载着他们的收获，土路上扬起的灰尘在夕阳里飞舞。那是在掰搓玉米，那是在熏制腊肉……

这就是一百三十多年前美国的农村吗？一百三十多年前，或者说一千三百多年前，我国农民也是这样耕作和生活的；可是一百三十多年或一千三百多年后的今天，牛和马不仍然拉着沉重的犁，在自己家乡的土地上耕作吗？

陶本一的心上仿佛被犁开了一个口子，什么东西在汩汩流淌。

那次，他也看到了犁……

那是在“四人帮”刚刚垮台不久，系里组织教师到平定县去搞教育调查：有一些学生在县城附近的一所初级中学里实习。这所中学只有一排破旧的平房。陶本一请一位老师带他去看看学校的图书馆。

"图书馆？"那位老师觉得这名词挺新鲜，"我们这样的学校里还会有图书馆？"

"没有图书参考资料，教师怎么备课？"陶本一不胜惊讶。

"教师就靠省教育厅印发的几本教学参考资料，报纸只有《山西日报》，杂志只有一份《红旗》，还是公社给订的。"

陶本一的心一下子收缩了。在那里实习的学生告诉他，这所学校的条件还算比较好的，有的学校连一份报纸、一本杂志也没有，全部图书就是一本《新华字典》。

"那古文怎么教？"陶本一急切地问，似乎希望这话不是事实。

"教得了就教，教不了就跳过去；所谓教得了，就是从头至尾读一遍。"学生说，那边山里有个学校，教师是夫妻两人，人说是夫妻老婆店，高兴了就上上课，不高兴就放学；农忙时，学生都给他们到地里干活，名义上是学农……

那天晚上，陶本一睡在县招待所的木板床上，辗转反侧。白天，他在招待所里曾经碰见这个县的革委会副主任。他觉得很面熟，后来才想起，这人原本是个小学教师，自愿进山区办学，"文化大革命"以前就很有点名气。几年前曾到学院来做过报告："我当时只凭一股热情，进了山区。"他自身的文化不高，却在一条炕上教四个年级。学生问他惊叹号（！）是什么，他不知道。忽然想起"打倒帝国主义！""打倒国民党反动派！"后面都有这个"！"，便福至心灵地对学生做出了独特的解释："这是手榴弹！"帝国主义、国民党反动派当然要用武器才能打倒，况且那个符号也颇像手榴弹。可是学生接着又问："'毛主席万岁！'后面那个东西也是手榴弹吗？"他没法回答了，于是翻山越岭去请教别的老师，才弄清了这符号的意思……

陶本一不知是什么时候睡着的，早晨却醒得很早。头脑发涨，到外边呼吸点儿新鲜空气去。

农民醒得比他还早，城郊的田野里一片吆喝声。正是春耕季节，一张张犁在沉睡了一冬的土地上缓缓地匍匐前进，犁尖深深插进土里。

表土下面还没有消冻吗？为什么犁轭那么沉重？哦，在荒芜的土地上播种知识，那犁轭会更加沉重吧！这位华东师范大学的毕业生，在当时不知为什么把自己和犁的形象联系在一起了。

回校以后，陶本一在课余编起了函授参考资料。必须提高乡村中学教师的业务水平。还应该办一份杂志。《语文教学通讯》，这名字好！要成立个“语文教学通讯社”，来编辑和出版这份杂志。异议马上就来了：“学院（那时还未改成师大）中文系究竟搞教学还是编杂志？”“我们国家只有一个新华通讯社，怎么能有第二个通讯社？开玩笑！”陶本一没有开玩笑的习惯。师院中文系就要培养出合格的中学语文教师；不了解中学的实际教学情况，“产品怎么能对路”呢？办刊物，从大量来稿中可以获得信息；更何况，这份杂志，对中学语文教师的进修提高是雪中送炭！他去找主管副院长，运用了“蘑菇战术”；副院长同意了，又去找系主任，找管钱的副院长。总算答应给一千五百元钱，作为创办杂志的费用。打倒了“四人帮”，人们从压抑中振奋起来，都想多做点事，多贡献一点什么。不取分文报酬，愿意当业余编辑的人还是大大有的。天时、地利、人和，他陶本一都占上了，还能不干吗？钱是少了点，那也不要紧，千方百计节约就是了。找个任务不饱满的小印刷厂，价钱好商量。于是他靠翼城籍学生提供的信息，找到了翼城县印刷厂。

函授参考资料夜以继日地编写出来了，而我们古老的印刷机器仍然按固有的节奏慢慢地转动着。等到资料印出来，其中有些提法已经欠妥。他也注意到了，然而他以为作为一本“参考资料”还是有参考价值的，所以只是印了一则“启事”，提醒读者注意，内中有些提法“不够妥当”，就发出去了。自以为这样做不失周全，可他太书生气了。噩梦刚刚结束，从噩梦中过来的人，嗅觉的敏锐是无与伦比的。一九七八年的初夏，陶本一遭到了批判。他觉得有些悲哀。一九七七年编的时候为什么没预见到一九七八年的变化呢？你太粗心了！太性急了！白纸黑字，“后患无穷”呀！将功赎罪吧！批判会一结束，他径直向临汾开往翼城的长途汽车站奔去。翼城印刷厂正在印着《语文教学通讯》。

长途车里，像沙丁鱼罐头般塞满了人。陶本一是最后一个挤上车的，他站在车门口，眼光投向窗外绿色的田野。绿色是生命的颜色，这颜色反映到人的视网膜上，能使人感到一种生机勃发和青春的跃动。陶本一的心情，从茫然中渐渐解脱出来了。应该抓紧去做该做的事情，三十八岁，他的生命正处于绿色的时期。

已经过了深夜三点，县城里寂静的街道上，传来“得得”的蹄声。莫非这时候大车就进城了？

但陶本一还没有入睡，他坐在床上，盯着自己的破裤子出神。还有两个小时天色就要大亮，他还要上印刷厂去。大街上，众目睽睽，他露着膝盖怎么好？

十多分钟前他才从印刷厂回来。招待所早已关门，他只好翻越铁门了。铁门上端焊着一排尖尖的箭簇。他惴惴地、十二万分小心地爬越那道铁门。忽然，“嘶啦”一声，裤子扯了一道长长的口子，膝盖露出来了。

为了赶刊期，他动员印刷厂工人加班。厂里没有钱，发不出加班费。他去恳请厂长给工人发几个钱。厂长被他说服了，或者说感动了。印刷厂的工人，大多数是老大姐老大嫂，技术熟练的老师傅很少。排字工人文化低，很多字都不认得，第一校是成片成片的黑蝌蚪。特别排到古典文学，老大姐老大嫂一个个哭丧着脸；拼音文字过去也没有接触过。陶本一只好自己去拣字，自己和老师傅一起捉摸着去拼版（厂里过去没有排过什么杂志）。校对当然是他的事了，校了还得亲自去改版（你校了，她还是给你排错，不如自己去改版呢）。缺字是常有的事，得设法到外边借去。胶皮辊上用的胶，有冬胶夏胶之别，夏胶没有了，得设法到洪洞县去弄……老大姐老大嫂叫他感动了，她们听他的指挥，男人、孩子不管了，心甘情愿跟着“眼镜”熬夜。那“眼镜”图啥呀，学校又不多给他一分钱！

陶本一实际上已不是印刷厂的顾主，他成了这个厂的生产指挥者。深夜里，他和老大姐老大嫂们一起离开车间。

啃完一块干饼子，喝了一大杯开水，他打了几个饱嗝，就为裤子上的破洞洞发愁了。要是有块胶布先把破洞贴住也好，到厂里再借针线缝一缝。可屋子里只是有根挂毛巾的铁丝，那是十号铁丝，能缝衣服吗？

“要是莉英在这儿就好了。”他忽然想。只有在这一筹莫展的情况下，他才想到了老婆。

老婆在江苏南通市。一九七〇年结婚时，她在运城盐化局化工学校当教员；虽然两地分居，但你来我往，还有点时间厮守在一起。一九七八年她调回南通，因为两家老人都需要照顾：一个人先回来，另一个调回去也就有了理由。后来陶本一搞上了《语文教学通讯》，在临汾扎根了。都是年近四十的人，还没有孩子。他好像并不着急。到上海出差的机会并不少，但他很少去南通，偶尔去一次，住三两天就走了。徐莉英执教的南通纺织工学院的院长，几次想找陶本一谈谈，总觉得人家刚来，两口子的话还没说完，不该找上门去叨叨，等两天再找他，他倒走了。一九八一年春，徐莉英总算怀孕了，写信告诉他，他很快回了信，说“得此佳音”，“激动而又兴奋”，要她“好生保重”。而他却又跑到大西南去了。

先去四川，四川一亿人哪！那儿的中学语文教学情况如何？他需要第一手的信息。他还要发展特约通讯员。先到成都，又到重庆，然后去了贵州。刚到贵阳，重庆就转来了一份电报。电报是从学校发去的，电文只有五个字：“有要事速归。”他莫名其妙。难道是刚刚创办的《语文报》出了什么事？电报跟踪而来，看来是凶多吉少。他立即返回重庆，在那儿又接到了第二封电报。这次的电文详细了：“《语文报》订数超出预料许多事不好处理接电速归。”

我的天！

预料的数字是二十万份，这本身就是个冒险的数字；现在竟然“超出预料”，恐怕不是超出千儿八百份吧！那么，这份报纸确实是小读者们所需要的！这“超出预料”所带给他的喜悦，恐怕比接到妻子怀孕的消息还要有过之而无不及。

本来《语文教学通讯》已经发行到了七万份，国外也有了订户。刊物受到读者的欢迎，甚至成了“须臾不离身边的朋友”，四川成都一位女教师来信就是这么说的。开始她对“通讯”不屑一顾。临汾是个什么地方？一次，她翻遍图书馆里的参考资料，找不到她需要的东西；在病急乱投医的情况下，翻翻“通讯”，竟发现了她需要的文章，这篇文章就是为了她的需要而写的。临汾那个地方，竟有人了解她的需要。她把创刊以来的“通讯”都借来了，越翻越不忍释手。于是立即写信给编辑部，邮购全套“通讯”。“如果不能如愿，我就要‘犯法’啦：图书馆借来的这一套不还了，照章赔款或罚款，都行！”这近于“要挟”了。这种“要挟”对编辑同志却是最好的嘉奖。还有苏北的一位乡村小学教师，来信说他很穷，信中所附的四角钱邮票，是他从灯油费中挤出的，想买某期“通讯”，“务请不要让我失望”……

陶本一没有顾得上去品尝成功的喜悦，却产生了新的苦恼。“我们希望有个刊物来指导我们的语文学习，”一群中学生来信说，“为我们中学生办一份刊物吧！”这样的信当然不止一封，有些甚至还签上了全班的名字。有位老教师来信，表达了他的忡忡忧心：“刚打倒‘四人帮’，就召开了全国科技大会，社会上普遍重视数理化，这是好事。但对语文都不那么看重，不少学校也是如此：语文课排在上午第四节（青少年肠胃消化功能特强，这时已经饥肠辘辘）和下午第一节（昏昏欲睡，很难集中注意力）。语文是各科的基础，语文学不好，其他各科能学得很好吗？不重视语文教学，长此下去，其后果不堪设想。”陶本一完全赞同这种观点。他跃跃欲试了，他摩拳擦掌了。在北京香山召开的全国中学语文教材座谈会上，他和北京、杭州、上海的与会老师一说，反映既一致又强烈：该办！快办！办好！“咱们再谈得具体点，”陶本一兴奋了，他和杭州一位抱着同样热忱的编辑相约，“明天会议就结束，咱们去北海，再约点北京的同志来一起谈。”都是不甘寂寞的人，都想为教育事业多干点实事。这一谈竟谈到月上柳梢。

成竹在胸，陶本一赶回学校。“通讯社”连他在内只有五个人，办一份六十四个页码的月刊，已经相当费劲，还要再办一份《语文报》，哪儿有力量？

“力量在社会上！”陶本一说。要闯出一条新的办报之路！聘请有教学经验的同志担任兼职编辑，可以在北京、上海、杭州、长春等地成立编辑小组。他已经打了招呼，得到的反应是热烈的。鲁迅先生搞毛边书，咱们能不能搞个“毛边报”？十六开，十六个版面，每周一报，由小读者自己折叠装订。杂志式的报纸，报纸式的杂志。在咱们，少了两道工序，可以降低成本，在读者，因为经过自己的劳动，会对报纸更加珍惜。

他很快搞了“市场预测”。各地的特约编辑在当地广泛征求意见，传来的信息是：“反应良好，迫切希望订阅”；“老师们也认为此报是雪中送炭”……第一期自己发行，估计能上二十万份就很不错……

陶本一从西南赶回学校，一进屋，编辑们便扑上来，异口同声：

“陶老师，不得了啦！每天订单雪片一样飞来，桌子上已经堆积如山。邮局向我们提出了抗议。”

“统计出来没有，”陶本一不动声色，“多少啦？”

“已经超过五十万，订单还陆续寄来。五十万份报纸，怎么往外寄呢？”

“这还用发愁吗？”陶本一说，脸上没有丝毫笑意；当然心里高兴，但还没高兴到发笑的时候。他说过：“只有感到满足的人才会发笑。”全国五千万中学生呢，五十万份又算什么？

第一期《语文报》，实际发行数是七十八万份。第二年由邮局公开发行，订数一下子上了一百万！

《语文报》越办越有生气了。这种生气能历久不衰吗？

“创新就是生命！”陶本一要求全体编辑把思想统一到这个指导思想上来。“我们创新的原则是对读者有益、有用、有趣，不断提高报纸质量。不创新不能发展，不创新不能生存。经常给读者以新的感觉，必须成为我们报纸的突出特点。”创新不能凭主观想象，凭花样翻新；创新必须以科学依据为基点。科学的依据哪里来？陶本一说要靠回收信息，主要是回收和研究来自读者的信息，包括学生家长、语文教师、同类报刊或有关报刊的信息。陶本一要求每个编辑眼观六路，耳听八方，随时随地接受各方面的信息。外出组稿啦，参加各种会议啦，要利用这样的机会召开座谈会。有时专门派人到各地征集意见。对随报纸发出的征求意见表上的意见，逐条认真研究。这样，从各种渠道上来的信息，就成为改进编辑方针和各期报纸充实新内容的依据。

要求每期报纸都要给读者以新鲜感，吸引他们去获取新的知识。有那么多的新内容吗？应该有的，因为生活天天都是新的。那天，他见编辑在写一份电报稿，写错了，又换一张电报纸。他火了：“为什么电文不先拟在废纸上，一张电报纸一分钱呢！”于是有人说：“陶本一是个阿巴公！”他听到了，没顾得上生气，因为有一根神经被触动了：小气鬼，阿巴公；阿巴公，小气鬼，还有《儒林外史》中严监生临死前伸出的两个指头……一大串文学作品中的人物排着队来了，阿Q、林黛玉、鲁智深、花木兰、奥勃洛莫夫、乞乞科夫、老葛朗台……文学形象早已进入人们的生活，进入社会。应该在报纸上辟一个新栏目：《有趣的文学形象画廊》，每期介绍一个人物，包括这个形象的特点、意义、在文学史上的地位等，还要插一幅图。新栏目一出来，小读者就叫好；中国少年儿童出版社来信了，说等编完一百个形象，就出书，而且要出得漂亮。

陶本一中午从来不睡觉，他要看报纸，翻杂志。像“全国邮展闭幕”这样一条小消息也不放过。下午，他拿着那张报纸走进编辑部。

“这儿有条消息，大家看一看，然后说一下自己的想法。讲得好有奖。”

原来这条消息中有这样一句话：“一个语文教员收集了一组与教学有关的专题邮票……”

最早做出答案的人得到了奖品：某次会议上送给陶本一的一个精致的笔记本。晚来的就没有了，虽然设想大致是相同的：尽快向那位语文老师组稿，请他写一组《语文与邮票》的专栏文章。第一篇就是初二课文中的《美猴王》，当然要印上邮票。中学生中有多少集邮迷，当他们知道邮票中有那么多和语文有关的知识，而这些知识又伴随着那多彩的画面，他们的兴趣和求知欲一下子被激发起来。这个专栏当然受到小读者的欢迎。

这些年，办报刊是越来越难了。一些出版单位或非出版单位，为了拼命追求报刊发行量，把办报办刊的宗旨扔在脑后，用不小的篇幅去登载那些荒诞离奇的东西。什么“野史”“血案”等之类充斥街头闹市。而这些东西往往是涉世未深的中学生的“热门货”。街头小报的盛行也许会影响《语文报》的订户，有人建议《语文报》也不妨登一点惊险、猎奇等“够味”的东西，以便吸引更多的读者，与街头小报竞争。陶本一笑笑说：“《语文报》要这么办还不如关门。”他提醒人们，不要忘了自己办报的宗旨是“育人益智”；不要忘了我们历来的主张：吸引读者，只能靠健康的思想，充实的内容，丰富的知识和生动的文风。我们就是要用自己的报纸去抵制那些不健康的出版物，积极引导青少年提高识别能力，正确地去对待它们。于是报纸上接连发表了《近“朱”与近“墨”》《谈谈通俗演义》《怎样看待古典小说中的志怪神魔》等文章，开设了《向你推荐一本书》的专栏。陶本一认为，《语文报》是专业性很强的报纸，不是政治时事报，也不是思想教育报，但“文以载道”，语文和思想教育是不能也不应割裂开的。他强调报纸要突出语文的特点，把思想教育融于知识传播之中。《语文报》以思想性、知识性、生动性的鲜明特色赢得了广大中学生和语文爱好者的喜爱，发行量持续四年大幅度上升。在报刊林立，竞争激烈，街头小报迅速蔓延的一九八四、一九八五年交接之际，《语文报》由一九八四年年底的一百六十多万份上升到一九八五年年初的一百九十多万份，在全国同类报刊中一直居于首位。

《语文报》蒸蒸日上。人们称陶本一为陶老板。在一次全国语文教学研究会上，一位特级教师打趣说：

“陶本一是西铁城：西铁城领导世界钟表新潮流，语文教学通讯社领导语文教学新潮流！”

“那也叫新潮流吗？”从“两湖之地”归去的汽车上，陶本一盯着窗外高速公路上奔驰的车流禁不住苦笑了，“那不过是犁铧后面翻起的一条土浪……”

二

在田纳西州的奥斯汀皮耶州立大学参观时，主人邀请他们去观看该校和纳斯威尔大学两个校队的橄榄球比赛。

与其说是比赛，不如说是拼命。队员带球一格一格往前传，每跨前一步都会遇到巨大的障碍。主队球员刚抛出球，客队球员就像饿红了眼的老虎一样扑过去，拉，抱，拖，拼死拼活要把球夺过来；好不容易挣脱包围，眼看可以投球，客队球员却在前面用身体筑成了一堵墙；只见主队球员一个鱼跃，竟越过人堆，连人带球扑倒在得分区内。于是全场轰动，狂热地呼喊、号叫、拍手、跺脚，一切能表达出兴奋和激动的方式统统用上了。

陶本一也情不自禁地鼓起掌来。不仅仅赞美他们精湛的球艺，也赞美他们的勇敢和机智，赞美他们那种敢于拼搏、为了达到目的不枉他顾的精神。

为了一个目标的实现，就要不顾一切去行动，去拼命。陶本一从不涉足运动场，可这个橄榄球运动却引起了他的兴趣，因为他自己就是个“拼命三郎”。

一九八四年春节前三天，《山西日报》印刷厂来了“最后通牒”：印刷厂纸张紧张，他们要是再弄不来纸，《语文报》春节以后就要停印！

“通牒”上的语气是斩钉截铁的，没有任何商量的余地。

责怪印刷厂太绝情吗？陶本一没有这个想法。只怪《语文报》订户上升得太快。国家是按一百三十万份给调拨纸的，而印刷厂拿到的纸张，由于种种原因只够印一百万份。还有八十万份报纸的纸没有着落，报社印刷厂已经垫进了几百吨纸。前些日子派人去商谈、央求过，人家打开纸库，让你“眼见为实”，他们的存纸确实不多了。

陶本一手下的几员干将正在太原、北京奔走，一方面继续向印刷厂“磕头”，要求“缓刑”几天；一方面向北京有关单位求援。一有信息，立即向他汇报。

太原怎么还不来电话？那个张发在干什么？

张发当然不会躺在招待所的床上睡懒觉，他准是穿着又肥又厚的大棉裤，骑着那辆“咯吱咯吱”发响的自行车，像没头苍蝇似的满太原转吧！

印刷厂下达“最后通牒”后，编辑部的同志从最坏处考虑，提出了几个应变方案：对开变四开，篇幅减一半；只印八十万份，停印一百万份；暂时休刊，什么时候弄到纸什么时候复刊……

“不行！”陶本一斩钉截铁，“一百八十万份，一份不能少。”

“没纸怎么办？”

“用白的确良也要印！”陶本一的脸上毫无笑意，“不能让上百万的小读者失望！”白的确良布印报纸？荒唐！陶本一说这话却是极其认真的，上午，他在电话里对张发说：“告诉印刷厂，《语文报》绝对不能脱期！我们千方百计弄纸；没纸，用白的确良……”

张发当然不会让他失望。但愿张发的风湿性关节炎不要发作才好。那辆自行车早就该退休，骑起来很费劲。张发一定满头大汗，一定气喘吁吁，一定像热锅上的蚂蚁……但愿骑车不要撞了别人，张发远在宁武老家的老婆和三个孩子，正眼巴巴盼着他回去过年呢。

陶本一推崇一位日本企业家的用人方法：一个人有九分能力，就要给他压十分的担子，要让他跳一跳，出几身汗才能完成。才干是在压力下锻炼出来的。

《语文报》该与承印工厂签订新的合同了。本年度报纸是四开张，售价四分；下年改为对开，篇幅增加一倍，定价只提到六分。为此，成本必须往下压。但印刷厂却说，他们提出的印刷工价是最低价码，不能压了。陶本一坚持每张报纸印刷成本要压二厘五毫。驻太原的人和印刷厂打了几次交道，毫无结果。

陶本一又派一员干将李文锦到太原去办理此事。

“不行啊，陶总！”第二天上午十点，李文锦在长途电话中对陶本一喊道，“因为用了部分议价纸，成本高了。我使出了吃奶的劲儿，舌头磨短了一截，最后只能压掉——”

“多少？”陶本一迫不及待。

“一厘五毫！”

“不行！你好好看看我抄给你的那份资料，人家上海、杭州的印刷厂，拣字、排版、印刷的费用是怎么算的。你必须掰着手指头，一项一项给人家算。”

“我给他们算过了，掰着手指头算的。”

“你再找找其他印刷厂的行家，请他们参谋参谋！”陶本一对着话筒喊，“一句话，你要心里有数！”

“陶总！”

“还有别的事吗？”

“要压二厘五毫难哪！”

“别说了，赶快办去吧！”陶本一把电话搁了。

李文锦立即去找一位印刷业的行家，诚心诚意请教。拣字、排版、印刷，一令纸的出报率，还有纸张管理费等，一笔笔算下来，每份报纸成本可以压去二厘。李文锦立即奔向承印厂，摆出一副行家的派头，如此这般，有根有据，连细微末节也没有忽略，把一张报纸的成本，细细算了出来。“你们的陶老板就是厉害。”对方叹了口气说，“人家算斤算两，他是算厘算毫。”就按这价码定了。李文锦当场签了合同，立即带了合同赶回临汾盖章。

一份报省五毫！毫无疑问是个伟大的胜利：《语文报》当时发行一百七十八万份，一期报纸的成本就降低八百九十元钱，一年五十多期，就节省四万多元！这是个小数目吗？李文锦有理由欢欣鼓舞。回去一说，陶本一不该表扬几句？

晚上十点来钟，在陶本一的宿舍里，李文锦兴冲冲地做了汇报。

“应该再压它五毫！”陶本一听完汇报后的第一句话竟是这样！

李文锦倒吸了一口冷气，盯着陶本一毫无表情的脸发愣了；愣了一阵，才脱口喊道：

“还要压？人家不想和咱做这买卖了！”

陶本一没有理会，却转身点起煤油炉来，然后坐上锅，往锅里倒了半暖瓶开水，抓了一把挂面放进去，这才转过脸说：

“你这是站在印刷厂的立场上和我谈判！我不信再压五毫他就不干！”

“你自己去试试！”这句话已经冲到了李文锦的嗓子眼儿，还是狠狠地把它咽了下去。他了解陶本一的性格，降低报纸成本，是为了不亏本，并且力争有较多盈余，好用这些钱来开展对小读者有益的活动。“人家是把早点钱、冰棍钱省下来买报纸的。”这是经常挂在陶老板嘴边的话。

陶本一把煮好的挂面端上来，还打了两个鸡蛋。李文锦吃完心里热乎起来了。为了赶时间，他得立刻上路，坐零点多的三十六次特快，赶到太原正好早上六点多。明天是八月三十一日，这是签订合同的最后期限。

“到车上找地方打个盹吧！”陶本一随手将一包苏打饼干塞进李文锦的口袋。饼干是陶本一的母亲从上海寄来的，陶本一常在熬夜时用之来平息辘辘饥肠的愤怒叫唤。别人和他一起熬夜时，他就像孔乙己给孩子们发茴香豆那样，一人三块五块。不要嫌少，因为熬夜是经常的事。

公共汽车早已没有了，李文锦只好坐在自行车后架上，由别人送他上车站。他们的身影已经消失在深夜的寂静里，身后又传来了陶本一的叮咛：“上车找个地方打个盹！”

这就是他给予下属的一点点可怜的关心。须知这是在暑假里，教职员工大都在家休息。他的“通讯社”是没有假期的。李文锦的妻儿们还在三百多里外的孝义县……

他自己是个“拼命三郎”。生命在每个“滴答”声中消逝。要做的事情太多了，所以要赶紧去做，拼命去做。为了一个预定的目标，他要求别人都像他一样去拼命。

那次因公到上海，陶本一的父亲见他脸色不好，问他什么地方不舒服。他说胸闷，手臂发麻。父亲领他去广慈医院检查。检查的结论很古怪：心脏不完全不典型右束支传导阻滞。没听说过这新名词，大概不是什么要紧病，他也就毫不在意。一次，刊物马上要付印，但有一篇稿子抽下来了，要补一篇上去，说好由兼职编辑丁耀良去翼城。第二天早晨，丁耀良起床迟了些，没买到长途汽车票，回来了。陶本一急了，直奔丁耀良宿舍。

“不行，你怎么也得赶到翼城去！”他朝着丁耀良喊；丁是他的同学，嗓门大点没关系。“刊物刚办，刊期不能延误，这是对读者的信誉问题。”

“没票怎么去？”

“和汽车公司说说，通融一下；实在没票，站也要站到那儿。”

“我也不是壮壮实实的小伙子了，站五六个小时，吃得消吗？请你考虑我的实际情况！”

“我请你考虑一下几万个读者，他们在等着刊物！”

“迟一两天有什么关系？读你那刊物像吃饭那么要紧吗？”

“你……你怎么说……这样的话？”陶本一气得有点结巴了。

他突然感到天旋地转，身体失去平衡，倒在了丁耀良的床上。

他失去了知觉。

昨晚他干到深夜三点，才把要换上去的稿子弄出来。现在一急一气，“不完全不典型右束支传导阻滞”起作用了。丁耀良慌了手脚，声嘶力竭地呼唤着老同学。陶本一就是不肯从昏厥中醒来。

干吗要和他争吵呢？不是很了解他的秉性吗？丁耀良后悔莫及。不过眼下顾不上责备自己，得赶快找医生来抢救。

“老丁，我没事。”陶本一醒过来了，“你赶快去翼城吧！”竟还是这句话。

丁耀良赶到翼城去了。那期刊物没有误期。丁耀良松了口气。他知道陶本一不会生他的气，他俩在一起工作了十来年，彼此的情谊和了解还不深吗？他是希望别人跟他一心，像他那样并且用他那样的方式去“拼命”。

暑假里，李文锦要回家帮助老父“龙口夺食”。“通讯社”在太湖举办的语文夏令营，他不能去了。陶本一大为伤心，给李文锦写信说：“太湖夏令营的重要意义自不待说，轻轻一句‘实难从命’，让人瞠目结舌。……一个人为了事业，总要有点牺牲精神；如果连区区家庭小事都舍不得割弃，还能办成什么大事？”李文锦读了这封信也伤心了。“陶总！”他在复信中说，“您说我‘连区区小事都舍不得割弃’，实在不敢苟同。五年来，我埋头苦干，‘忍辱’谈不上，至少也是‘负重’实干吧！”李文锦笔下一发而不可收了，“《语文报》创刊会议，是一九八一年四月在上海召开的，我丢下了刚满月的孩子和十分虚弱的产妇，与你一同赶赴上海。我走后，爱人连顿可口的饭也吃不上，等了我十八天，只能凄惨地一个人抱上五十天的小生命回家了。”“今年寒假，年轻同志都想回老家与家人团聚，这是人之常情。为此我说服动员我妻子，冒严寒，带了小孩从三百华里外的故里到学院来。我工作了一个寒假，孩子病了一个假期。”“去年六月你要外出，我在编辑部顶着干下来。这期间，从未给我写过信的老父，曾有一短函，想让我回家‘龙口夺食’。我无奈，只好求救于我患眼疾的妻子，她从命了，且因此又使眼病复发。农村的医疗条件，您大概不甚了解……事业之心，不可不有；家庭生活也不能不管。我始终认为，一个人要真正干一番事业，并非必定将家庭‘割弃’。……”李文锦洋洋洒洒，一泄胸中块垒，并不是为了表功，只需要别人正确看待自己。他在信的结尾处这样写道：“五年来，您对我的信任、教育和培养，我终生不忘！可我也为我这个不能做出‘牺牲’的人而感到‘伤悲’和‘寒心’。”

陶本一不能设身处地为别人着想，他对部下的要求近于严酷，他“割弃”了自己的家庭，“割弃”了自己的正常生活；他要求别人也像他那样去“割弃”。他处理问题时常常有悖于人之常情……

去年春节，他本来写信和妻子约好，要早几天回去过年，让她一放假就回上海。父母亲很高兴，早早就采办年货，要来一顿丰盛的年夜饭。等到大年三十那天下午才收到他的电报，说坐快车晚上十点五十分到上海。年夜饭下酒的冷盘摆上了，碗、筷、碟子摆好了。徐莉英和她的小叔子骑车上了车站。三人到家已经十一点三刻。满满一桌酒菜还未有人动筷。不要紧，菜冷了可以重新下锅。散席已经深夜一点多。“这顿年夜饭从去年吃到今年。”父亲笑着说。母亲的脸上一直是漾着幸福慈蔼的笑容：“合家团团圆圆，我真开心！”

大年三十能在一起团聚，毕竟是全家高兴的事。有几年春节，他是大年初一或初二才到家的。“车上人少，路上不受罪。”他这样解释。这是能起作用的，因为母亲心疼他：挤三十来个小时，吃得消吗？妻子当然不满意他这样解释，但不会当着婆婆的面戳穿他的谎言。

这几年，徐莉英的心慢慢凉下来了。

一九八一年，徐莉英第一次怀孕流产了，住在上海。陶本一正好要到福州去参加全国中学语文教育研究第二届年会，这时也到了上海。家里人希望他多住两天，给妻子以抚慰。“我在家又能怎么样呢？”他搓搓手，“那边的会，很要紧……”为了如期赴会，他还是走了。

徐莉英在一九八二年下半年又小产了。这次干脆没告诉他。他的冷漠反应，她受不了；他不知道，也就不会有什么反应，这样反倒好些。他的行为越发乖张了，可以断定他的心已不在肝上。写信经常把地址写错，“南通纺织专科学校”（那时还没改成工学院），把“专科”两个字省掉了，信寄到了南通纺织学校。正好那边有徐莉英的同学，人家拿到信给她送过来，开玩笑说：“徐老师，过些时候你爱人会把你的名字也给忘了呢！”

即便这样，暑假里徐莉英还是要赶到临汾来看他。她没有超凡入圣，她需要丈夫的体贴与温存，她需要关心丈夫并被丈夫关心。但待了几天就待不住了，挟了个小包直奔火车站。她是个独立的存在，竟然在他眼里占不到一点点位置！度这样的假简直是痛苦。陶本一打发人到车站去把她追回来。“莉英，我实在顾不上招呼你……”他抱歉了。她需要的仅仅是“招呼”吗？每天晚上一点多才回来，中午吃完饭就走。“马克思每星期还有一天时间给燕妮和孩子，你比马克思还要马克思！”他听了，苦苦一笑，两手一摊：“没法子！”

她发誓再不来临汾了。但来年一放暑假又登程北上。他毕竟是她的丈夫，而且她认定丈夫是爱她的。一九七四年，他十二指肠大出血，就和他把一点点可怜的细粮省下来给了她，自己尽吃高粱面有关。她后来才知道，赶到临汾在床边侍候了他一个月，经常背着他暗暗弹泪。

那时候他的话比较多，两人还不时开点小玩笑。有一次她买菜回来，他竟然躲在门背后；她进屋后找不见他；忽然从门角里闪出一个人来，“哇”地叫了一声，吓得她心里“通通”直跳。

他的性格里并非缺乏开朗、幽默，甚至还保留着童稚式的恶作剧。他怎么会变得如此冷漠呢？性格冷漠的人会那样热爱孩子吗？那次张发的三个孩子来了，他让他们坐在办公室的沙发上，拿出苏打饼干、话梅、上海奶糖隆重招待小客人。

忽然心血来潮，一阵风跑到保卫科，请来一位摄影师。“张发，你过来！”他一把抓住正在看稿的张发，拉到他的办公室，按在沙发上。然后把老二老三放在张发的左右膝上。“搂着你爸爸的脖子！”他对站在背后的老大下达指示。“张发，你把他们搂紧点，张开大嘴笑。别咧嘴，自然些。”他摆弄好了，让摄影师按快门。还有一次，中午下班，他忽然说：“哪位借我一辆自行车，我上趟街。”人们问他干什么，原来邻居的小孩生日，他去买了挺“机关枪”……

他的冷漠背后恰恰是一种热烈，他割弃什么正是为了更多地获得什么。徐莉英理解丈夫的追求。

离开奥斯汀皮耶州立大学时，他欣然接受了主人赠送给他的一个橄榄球。他无意回校后提倡橄榄球运动，但他更喜欢橄榄球精神；这种精神不仅仅是属于一个国家、一个民族的。

三

在美国，陶本一接触的大都是教育界的人士，自然也接触过资本家。和所有的人一样，他们每个人都是一个独立的社会存在，有共性，也有鲜明的个性。陶本一没有兴趣去研究他们。但在国内竟也有人说他像个“资本家”，从工作作风到思想方法，都像。有必要为自己辩解吗？……

几年来，《语文教学通讯》《语文报》和后来创办的《语文文摘报》赚了大钱。陶本一这个社长兼总编辑确实成了“资本家”。不过，这个“资本家”给老婆和父母写信从来不用公家信封信纸，邮票更是自己买的了。别人写错一张电报纸，他不是要发脾气的吗？有一天早晨上班，他守候在走廊上，等一位昨晚加班的编辑来。那位编辑来了。“你看看这里有什么异样吗？”他问。对方上下左右，环目四顾，最后还是诧异地摇摇头。陶本一指指头顶：“你不觉得这里的光线有点反常吗？”原来，那位编辑昨晚加完班，离开时忘记关灯了。“自己家里的电灯也会这样不经心吗？”一位编辑出差在外，给编辑部写了三封信，被陶本一看见了。他把三个空信封钉在一起，到各个办公室去展览，解说词是这样的：“给一个编辑部的三个人写信，有必要装三个信封、贴三张邮票吗？况且用的是寄稿件的中号信封而不是小信封！我们这位同志真够大方的了，向谁摆阔气呢？一个牛皮纸信封就两分钱哩！诸位手下都留点情吧！我们的每一分钱都是孩子们从嘴里抠出来的，谁也没有理由大手大脚！”

在银行里，“通讯社”户头下的存款数字相当可观了。陶本一的脑子里开始接受另一类信息。

全国年年评优秀短篇小说。去北京出差的时候，他打听过读者的投票情况。据说，中学生对这样的活动很感兴趣。电台不是请观众评选“我最喜爱的十名最佳运动员”吗？为什么不能组织和发动中学生评自己喜欢的书呢？对，通过评书，进一步推动中学生课外读书活动，“读优秀的书，做高尚的人”。“读书第一，评书第二”。指导思想有了。作家为中学生写的作品太少，出版社也出得不多，评书活动应该请作家和出版社的同志来参加，这对他们也会是一个促进。

当然要搞全国性的。首先要取得领导的支持。学院领导是支持的。赶快给上级领导打报告。他每天等待批复，迟迟没有回音。忽然，学院团委书记告诉他，团中央书记处书记高占祥到了临汾，来检查共青团的工作，现正在铁佛寺参观。陶本一拔脚就往外奔。不消十分钟就到了。他要求见高占祥同志。秘书出来了，他谈了评书活动的计划，请求团中央支持。高占祥答复说，这是好事，应该支持；如何支持，回去书记处开会议一议，让他稍等一等。陶本一哪里能等得及？很快就到了北京，找到团中央，得知书记处已经讨论，发出了通知，要求各地共青团组织支持并配合评书活动的开展。他又跑到中宣部去。中宣部请出版部门支持，给中学生推荐优秀书目。他又去找教育部，部里很快起草了文件，要求各地教育部门支持。《光明日报》和《中国青年报》发了消息。

中学生们都在谈论着“我所喜欢的十本书”。福建闵江水利工程子弟学校的学生，自己收集图书，成立教室图书角，一边读书一边评书。苏州中学搞了个盛大的投票仪式，被公认为课外阅读积极分子才有投票的资格。他们排着队，洋洋得意地拿着评选表走向票箱，其他学生则夹道鼓掌。

一九八二年四月在太原召开了第一届全国中学生评书活动授奖大会，作家王蒙来了（他的《青春万岁》是中学生最喜爱的十本书之一），他说：“参加这样的会，作家们都会变得年轻起来的。”

这次评书活动，他大大方方地一下子甩出了一万三千元人民币。会上还决定，这样的评书活动每两年要搞一次。

有人曾质问陶本一：“师范学院就是培养中学师资，搞好教学才是正业，编辑出版杂志、报纸是务的什么业？”对这类问题，陶本一觉得无须去辩解。他们的“两报一刊”在全国中学语文教学中的作用，已经有无数生动的证明。

编辑工作够他忙的了，况且他又开始忙另一件事：筹备召开“叶圣陶语文教学思想研究会”。

他带了两个编辑上了北京。

当他们从电车上下来，直扑东四八条时，狂风夹着大雨在后边追赶他们，三个人顿时变成了落汤鸡。

这已经是第二次造访叶府。第一次去，见到的是叶老的长公子叶至善。陶本一滔滔不绝地说起来意：粉碎“四人帮”以后，报纸上又介绍起苏联凯洛夫教学思想；中国是办教育最早的国家之一，孔子的教育思想影响了我们几千年，也影响了世界许多国家的教育事业；“五四”以来，以叶圣陶为代表的一批教育家，熔我国古代的教育思想和欧洲先进的教育思想于一炉，对语文教学提出了很好的见解，并且有非常成功的实践经验，这种植根于中华民族文化土壤上的语文教学思想和实践，应该认真研究和总结，使之在教育振兴中发挥作用，这就是开研究会的目的和宗旨……没想到叶至善一句话就封住了陶本一的口：“我父亲一贯不赞成宣传自己。这事无须与他商量。”

陶本一当然不会就此罢休。他第二次造访叶府，必须见到叶老，他有把握打动老人。他们在叶府对面的戏剧出版社门厅躲雨。半个小时以后，风停雨息了，打湿的衣服也被身体焐干。陶本一抻了抻衬衫，揸开五指梳了梳头发，嘱咐两个同伴少安毋躁，便到对面去敲门。“笃笃！笃笃！”他轻轻敲了两声，没有反响，便又踅回来。

“怎么不去了？”

“我怕人家正在吃饭。”

“说几句就走，怕什么？”

“刚才不该在这儿躲雨，浑身湿淋淋地进去，肯定能感动叶老……”，他说。

叶老真的被感动了。语文教学通讯社、杭州的《语文战线》、上海教育学院三家联合在苏州召开了叶圣陶语文教学思想研究会。会议规模原定为一百人，没想到闻讯赶来与会的人大大超过了这个数目。会上提交的论文有上百篇，讨论得认真，研究得深入。会后还出了本《叶圣陶语文教学思想讨论集》。

陶本一的脑子里，新的主意和设想一个接着一个。他实在不是个“安分守己”的人。讨论会刚刚开完，他就跑到北京去了，他要和中央电视台联合搞一次“全国十六城市中学生语文邀请赛”，“这是极有意义的事”。他用三寸不烂之舌进行说项，“通过邀请赛，使青少年进一步了解我们民族语言的优美、丰富、准确、精练和多种多样的表达方式，从而更加热爱我们伟大民族的语言，帮助青少年掌握广博的知识，训练他们敏捷的思维能力和表达能力，加深对语文学科学习的兴趣，同时也能检测当前初中学生掌握语文知识、基本技能的水平，从而对语文教学改革提供积极的意见。”电视台的同志似乎被说动了。他又烧了把火：“你们台搞的中小学生智力测验在社会上反响很大，效果很好嘛；不过那是综合性的，为什么不能来个单科比赛呢？语文是一切学科的基础呀！”对方一面频频点头，一面又似乎皱了皱眉。陶本一赶紧申明：“请放心好了，邀请赛的组织工作由我们负责，费用由我们负担。”

语文邀请赛就要开始了。陶本一派出了他的先遣部队。任务重大，得派得力干将去。他把李文锦叫到自己的办公室：“文锦，你把我说的这些问题，记在笔记本上。”李文锦打开笔记本，陶本一一五一十向他提出了到京后该办的事。“还有，同学们住在八中，要看看住室的纱窗好不好，屋子里通风如何，凉席能否借到，借不到就买吧，大热天不睡凉席怎行？就近能不能解决洗澡问题；同学们来自全国各地，伙食要有南北风味；最好少吃凉拌菜，万一有点不卫生会闹肚子的；开水一定要保证供应；看看八中的校医能不能昼夜值班？校医室如果缺常用药，就得提前买好，比如霍香正气水、速效感冒片、枇杷露止咳嗽糖浆；消炎药当然要的，还该买点仁丹和风油精……”李文锦的笔记本上记了五十多项。后来陶本一去了北京，叫李文锦打开笔记本向他逐条汇报落实的情况。

七月十三日，十六城市中学生语文邀请赛和第二届语文夏令营在北京举行了。来自广州、南宁、西安、成都、北京、上海等十六个中学的代表队的一百五十多名中学生代表，头戴印有竞赛会徽的白色营帽，走进了中央电视台。他们在电视屏幕上与亿万观众见面。人们从这一百多株智慧之树的后面看到了生长在祖国大地上葱葱茏茏的绿色海洋。

陶本一主持了发奖仪式。他看见邀请赛顾问茅以升、华罗庚、王力、严文井等同志向比赛的优胜者发奖时，几百双眼睛里洋溢着神圣庄严而又充满青春活力的光彩，他的眼睛湿润了。对国家和人民有益的事业，总会得到社会的支持。他务的怎么不是“正业”？他只是觉得自己还做得太少。

这次活动，除了各界的赞助，通讯社花了三万五千元。在这以前，他们还在无锡举办了第一届中学生语文夏令营；在南京举行了第二次“我喜欢的十本书”

评选和授奖活动(这次活动花了三万元);举办了华夏读书活动,还有“我们应该怎样生活”“走向社会”和“热爱国旗、国歌、国徽、版图”等多种有奖征文,这些征文活动共花了三万五千元。

一九八五年的第三届全国中学生夏令营,全国二十八个省市的中学生文学社团代表近三百人与会,学生代表的往返旅费等一应开支均由报社负担,这次活动支出六万五千元。粗略统计起来,光一九八四、一九八五两年,他们直接花在中学生身上的钱就有十七万一千元,占这两年报纸纯收入的百分之四十。光一九八五年就上交学校八万元,纳税八万元。这些支出加起来,占纯收入的百分之八十以上。余下的作为购买纸张和周转金等其他用项,用这部分钱就得掰着指头算了。而报纸的定价,在全国二十多种供中学生阅读的同类报纸中始终是最低的。

“从中学生身上赚来的钱都该花在中学生身上。”这是陶本一的主张,“不该花的,一分钱也要卡住;该花的就大把大把的票子往外撒。”

这就是“阿巴公”陶本一!这就是对人“严酷的”“资本家”陶本一!

四

内华达州里诺城著名的企业家C先生,告别时紧紧握着陶本一的手说:

“谢谢你刚才和我交谈。我们需要互相理解。”

C先生与他从未谋面,只是因为两年前访问过厦门,受到过热情的接待。这次,在当地著名风景区泰豪湖畔的餐厅里,C先生极为热情地招待中国客人。他说:“请理解我,我招待你们,并不是为了将来再次去贵国时要得到你们的回报,而是因为中国人民的友好感情深深地打动了我。美国有不少人对中国缺乏了解和理解。真正的友谊是建立在互相理解的基础之上的。”

“我们需要互相理解。”回到下榻的旅馆,这句话还一直在陶本一的耳畔萦绕。当然,这决不仅仅是在两个不同社会制度国家的人民之间……

他理解别人并被别人理解吗?对他那种拼死拼活的干法,并不是所有人都理解和欣赏的。如今有些人的生活信条是讲究“实惠”。从实惠的角度来看,如果他不是行为乖张,心理反常,就是有另一种急迫的动机。

他确实有一种急迫的动机。他在中学读书时是优等生,众多的课程里他更喜爱语文和历史。一部近代史就是交织着我们民族的血和泪的历史。我们打了败仗，割地赔款；我们打了胜仗，也要割地赔款！我们和殖民者打仗，吃亏的是我们；殖民者和殖民者在我们的国土上打仗，吃亏的还是我们！读着这样的历史，他感到耻辱、愤怒和痛苦。这痛苦在他心里也许早就萌生了。六岁那年岁末，他跟着母亲上街。傍晚路经苏州河边，见一群衣不蔽体蓬头垢面的人，紧紧挤着蜷缩在高楼之下；孩子凄厉的哭声，被风吹得很远很远，叫人听了撕心裂肺。他问母亲，这些人为什么不回家过年。母亲说这些人是无家可归的难民。第二天报纸上就登出了一幅搬运尸体的照片。母亲说这就是冻死在街头的难民。当时他还不懂得“死”的可怕含义，但看着尸体成堆的照片，全身也像筛糠一样发抖起来。后来他上学了。也是一年的岁末，他在路上看见三个衣衫褴褛的人(其中有个女的)，抢了一袋“老虎灶”(卖开水的炉灶)上生火的砻糠，狼吞虎咽。这景象使他惊呆了。他读的小学课本上说：“人有两件宝，双手和大脑。”那意思是说，靠这两件宝，就能过好日子。那些难民难道没有双手和大脑吗？为什么会露宿街头、冻饿而死？后来他慢慢懂了，懂了不能光放在嘴上说，懂了就要干！弱者只能受人欺侮，只能永远挨打。中国为什么要振兴？不振兴人们不也能苟且地活下去吗，继续写血泪交织的历史就是了。既然不能再这么活下去，就得拼命去干！“致天下之治者在人才，成天下之才者在教化。”振兴国家必须振兴教育。那天从奥斯汀皮耶州立大学回住处的高速公路上，有个场面给他留下了极深的印象：正在奔驰的汽车突然刹住了，原来前面停了一溜汽车。莫非出了交通事故？在国内，陶本一常常看到这样的场景。陪同的美国朋友告诉他，前边并没有出什么交通事故，只是一辆接送学生的校车，停在那儿等学生上车。这种校车漆着红黄色的标记，两侧各伸出一块写着“停止”的红色圆牌。陶本一从车窗探头出去，那块写着“停止”的圆牌赫然在目！他马上联想到一个形象：瞪着警惕的眼睛，张开两条有力的臂膀，保护着自己孩子的母亲。

“停止！”这无声的命令竟如此威严，即使达官贵人乘坐的高级轿车也得遵从它的命令。这是对教育的尊重，对知识和人才的尊重，也是对国家和民族命运前途的尊重和珍重！

难道我们就不懂得这种“尊重”和“珍重”？十八岁那一年，他跨进了师范大学的校门，二十多年来他从未怀疑过当时的选择。事业是他生命的一部分。现在，《语文报》就是他的事业。没有为事业献身的精神，什么事也休想干成。这是他的一贯主张。如果不干就活不下去的话，即便上刀山下火海也会去干的。遗憾的恰恰是，在现实生活中，马马虎虎地干，吊儿郎当地干，非但不会活不下去，而且靠了别的法门，还能活得相当不错！

不知为什么，陶本一却总有一种不干就“活不下去”的感觉。搬运尸体的照片，抢“老虎灶”上的砻糠狼吞虎咽的景象，黄浦江上外国兵舰上黑魆魆的炮口，这些印象在他的脑子上烙得太深了。何况今日的世界，政治的和经济的斗争那么激烈，科学发展的步伐，以过去几倍几十倍几百倍的速度在前进。如果不想撅起屁股挨打……

他使劲旋转着“两报一刊”的传动链，人人都顾不得喘息。《语文报》每周一期，每期对开分十六个版面，三万多字，五十多篇文章，三十多幅插图、照片、题头，这样大的工作量，编辑部却只有九人，还兼包通联、校对、美工直到纸张采购；而编、印又不在一个地方：编在临汾，发稿校对在太原。举办各种活动也是这几个人。好在编辑大都是年轻人，平均年龄二十七岁，精力充沛得很哩。加班加点是经常的事。要陪朋友们溜溜马路吗？要带着孩子逛逛公园吗？那就先把分内的事情干完干好再说，报纸是决不能脱期的。陶本一根据实际情况制定了一套工作制度，使编辑部这架机器运转起来紧张而有秩序。总之，千方百计提高效率就是了。他陶本一要的就是效率和效益！

《语文报》的效益，有的可以用数字统计，有的就无法用数字来计算。“每当到了星期一，我就盼望着星期四的到来，因为我们这里星期四才能收到《语文报》。”一位农村中学生来信说：“自从订上了《语文报》，我精神上的营养逐渐增加了；它教我如何读书、写文章，教我如何做人……”一位学生家长来信说：“我家订了一份《语文报》，小女儿在中学读书，要带到学校里去看；大儿子在机关当干部，也想带到机关里去看；我自己茶余饭后也想一饱眼福。结果三人一张报纸，你争我夺，常闹‘摩擦’。没办法，我只好制订一张‘《语文报》阅读轮流表’，才算平息了家庭‘纠纷’。”

读这样的信是使人愉快的，愉快之中又感到一点沉重。“我们要有一种如履薄冰的感觉。”陶本一经常说。不能辜负读者的信任和希望。你看，河南鄢陵县一个中学生的母亲，把女儿装订成册的《语文报》当作废纸卖了。女儿伤心得吃不下饭去。父亲陪她去书店，问她愿买什么书，他都可以给她买来。女儿却还是要她的《语文报》合订本。父亲只好陪她到废品收购站去找。内蒙古一个初中生想订一份《语文报》。家离邮局有几十里路，他骑着马去了。第一次办理订阅报刊的人不在，他白跑一趟；第二次去，却没找到报纸代号；第三次又骑着马去了……有多少青少年读者写信写诗来倾吐他们对《语文报》的感情！“你是百花园中，小小的花朵；你是宽广的沙漠上，绿色的小河。你在开垦，你在播种。我贪婪地采撷，春天的花和秋天的果……”“手捧轻轻《语文报》，好似漫游智慧岛……”

陶本一应该感到欣慰。读者理解他和他的编辑同仁，连那个香港老教师郭全本对他也是理解的。

“您对语文教学工作的积极热诚和惊人的魄力，使我万分敬佩。搞教育，特别是语文教学，在许多近视的庸人看来，是没有多大出息的，您却有这么一股傻劲儿！”这位《语文报》的老读者信上的笔迹有点发颤了，“我不知道您那边的人手够不够，我恨不能在您身旁帮您做些零碎工作……为长远考虑，我建议你多多培养新人，把人力物力做科学化的组织和调配……”老人继续用蝇头小楷诉说自己对祖国下一代的赤诚关怀：“全国十六城市中学生语文邀请赛，筹备时务必注意不要出偏差：第一个偏差是只着重记忆、背诵；第二是锦标主义。香港的教育界、电台（包括电视）经常搞种种竞赛活动，用大量奖品和巨额奖金（厂家和大公司老板捐赠），吸引听众和观众，搞得人人都贪心，贪出风头……”

“这次见面，觉得你必须节劳！！！”这是他出国前，父亲在给他的信上写的。“节劳”两个字下边打了两条杠杠，后边又加了三个惊叹号。老人的心啊！“领导方法要改一改，不能包揽一切。要善于用人。要发动大家来挑担子，一要信任他们，二要给他们权。对待青年，千万不要用家长对孩子的态度，要真诚地关心帮助他们。所谓‘严’，也不是经常板着面孔，动辄训人；要像打太极拳那样，柔中有刚……”

他已经是大学校长，但他承认，五十年代入党、现在已退休在家的前上海海关稽查处主任，他的父亲，永远是他的老师。他为语文教学通讯社制定的工作准则“少说、多做、勤思、高效”这八个字，就是从父亲的教诲中概括出来的。“知子莫若父”，父亲是理解他的。“我深深地感谢你，爸爸！”这句话常常从他的心中涌起。

是的，每个人都渴望理解别人并被别人理解。陶本一就非常理解吉林省惠德县那个患“滑膜结核”、双腿膝关节畸形成直角、干瘦得屁股上连针也打不进的小青年。父亲遗弃了他，哥哥嫂嫂嫌他累赘，像甩一个包袱似的甩掉了他；他只能和高龄的爷爷奶奶住在大队卫生所的传达室里。他投书《语文报》，请求指点他如何生活下去。陶本一发现了那封信，放下手里的工作，立即给他复信："生活的强者决不屈从于命运……"他有多少话要对那个残疾青年说！一个信封里能装进多少温暖，多少关心？哦，祖国大地上一棵羸弱的小草！他决不是无关紧要的。"远芳侵古道，晴翠接荒城"，无边的绿原不是由每棵小草染成的吗？自然，要寄点自学成才的书刊去，以后要按期寄给他《语文报》。这个年轻人还喜爱文学呢。命运坎坷的人常常容易和文学结缘。眼下，他最需要的是信心。

"敬爱的陶老师！九月二十七日收到您的来信，字里行间洋溢着对我的关怀与同情。信中针对性的指教对我启发很大。特别是您在百忙中还牵挂着我的病情（陶本一写信让这个残疾青年把病历本寄给他，他到上海后要去大医院请教名医，"滑膜结核"如何得到有效的治疗。——笔者），真使我感激万分！读着您的来信，我仿佛面对着一位和蔼可亲的长者，他在慈祥地对我微笑。我感到生活中充满光明，因为您理解我这个生活的弃儿……"

哦！光明并不仅仅来自太阳；人的心底里需要暖和；这需要另一种光源。四川那位高考落选遭人侧目"不想再活下去"的青年，在他来信向《语文报》倾吐内心的痛苦之后，陶本一火速去信："要坚强地生活下去，轻生的念头必须绝对抛弃，要对得起生养自己的父母和哺育自己的大地……"从此，这位曾在生死十字路口彷徨的青年，便把《语文报》当作自己"最亲密的朋友"。陶本一办报的口号就是"做读者的朋友。愿人们在生活中都能成为真正的同志和朋友"……

不能说他没有知音，但人与人之间要达到完全理解也非易事。"我自知毛病不少，也很为之苦恼。"他在给编辑部两个年轻人的信上写道："但我自问有一点是可以问心无愧的，即我对刊物和报纸的爱是真诚的，我是把它们当作事业来耕耘的。在这上头我没有掺杂一点私心。我只希望它真能得到读者的喜欢，真能对社会有所贡献。我觉得，我和你们之间产生隔阂，主要在于我的思想方法和工作作风方面的缺点，但同时也在于你们还并不真正理解我。在你们看来，我似乎是个'狂热分子''不肯安分守己'自己受罪，还要别人陪绑……我只觉得生命太短促了，怎样能够在有生之年多做些，再多做些，让每一个小时每一分钟都过得更加充实，使我们的一生不会像长空里的流星一闪而过，虽然那一刹那是辉煌的，但过后仍然是黑夜。我愿我的生命像一把犁，虽然极其粗糙，但却能在母亲的土地上深深地深深地刻下一道痕迹来，那上边将会有新的生命崛起！我确实感到有些淡淡的哀愁，一种寂寞感悄悄地潜入我的心头。”

寂寞之感并非只有独对孤灯时才会产生，在人海中有时也会感到寂寞的。当他在遥远的大洋彼岸时，离开了所有的同志和亲人，他感到深深的寂寞了。他在心里默念着编辑部每个年轻人的名字。他觉得有点对不起他们，对不起他们的妻子、儿女和老父老母。

“哦，哦，原谅我！并且希望你们真诚地理解我，谅解我……”

五

那天在美国一所大学参观时，校长带他们去找一位系主任：“S博士，请你在二十分钟之内，给客人介绍系里的教学情况。”校长说完就走了，他要到另一个地方去拍板解决一个什么问题。十五分钟以后，这位校长又出现了：“对不起，打扰一下，我们还有五分钟就要走了！”S博士终于在二十分钟之内，简明扼要而又重点突出地介绍完了该介绍的东西。那位校长上楼梯都是两步一跨的。真是快节奏高效率。

陶本一的节奏在哪儿？不错，担任山西师大校长一年多来，他干了些事情。语文教学通讯社编辑出版的系列性语文教学报刊将满足各种人的需要。他仍然是那个通讯社的社长兼总编辑。他刚当校长时，全省出国英语统考（EPT），师大被推了光头，一年以后的第二次出国统考，英语的第一、第二、第三名均属师大。省教育厅受到了震动，说是从中看到了师大的教学成绩和学风。他到美国已经签订了两个协议，以二比一的比例和两个大学交换留学生：师大出去两个，接受对方的留学生一个，费用由接受的学校负担，这交易当然合算。他自己呢？业余还和上海一位特级教师合编了一套《中学语文备课手册》，十二本，三百万字；和人合写了《一百个文学形象》，中国少年儿童出版社即将出版；由他和特级教师于漪主持，四个大学的一些教师合编的大型工具书《文学形象词典》正在加紧撰稿；还长长短短地写了有关语文教学的论文几万字。

他自己的节奏似乎不慢，但他却常常身不由己。

“陶校长，那钉子户就是不搬，提出的条件越来越苛刻……”

“陶校长，教工宿舍区的下水道堵了，臭水‘嘟嘟’往外冒……”

“陶校长，实验室那个工人的调动问题仍然解决不了，人事处也无能为力……”

“陶校长，……”

他的生活节奏要由别人来安排。他经常在办公室里被人包围，轮番轰炸。他的耳朵里一片嗡嗡声，像无数架直升机在顶上盘旋。

掣肘的东西太多，包括各种社会因素和无数观念上和体制上陈旧的东西。有时他觉得被五花大绑着，那些无形的绳索常常使他无可奈何。

他在校庆纪念会上大声呼喊：“全校都要卧薪尝胆！”这口号使有些人不解和惊讶。躺在柴薪上舔着苦胆搞四个现代化？没见哪个文件哪家报纸上这样说过。他的计划更使人咋舌不止：要坚决把青年教师从教学岗位上撤下来，给时间给条件，指令性地要求他在一定时间内达到硕士研究生水平。措施一是出国培养，二是请名牌大学代培。当然要花钱的，勒紧裤带也要把这些钱挤出来。从一九八七年起，每年可从国外回来十五个取得硕士学位的青年教师（其余的继续在国外攻读博士学位）；从国内名牌大学回来三十个研究生，其中十个再去攻读博士学位。五年之后，也就是九十年代初期，学校将会有二百个在学识上靠近当代先进科学前沿阵地、眼界开阔、思想敏锐、具有现代生活节奏的各科教学中坚。那时学校就将有可能成为第一流的师范大学。没有第一流的教师，怎能培养第一流的学生！“尊重知识，尊重人才！”只有真正的人才，才能造成人才脱颖而出的环境和条件。在这一点上，陶本一确实有勃勃野心！

作为一个大学校长，他应该抓学校的大政方针，但他却要花相当的精力去解决臭水的外溢、“钉子户”的搬迁、一个实验室工人的调动等诸如此类的问题，以及无数的争吵、扯皮、推诿、拖拉、敷衍、表面文章、嘁嘁喳喳……这就是我们正在发生急遽变化的古老大地上的现实。

拉伸、压缩，经过许多次往复，直到一根金属棒断裂为止：疲劳试验是这么进行的。陶本一也在经受着疲劳试验。他心里明白，要办成点事，就得经受这种试验。他只是不相信自己会断裂。

想起这一切就会产生一种疲劳的感觉。他站起来，伸了一个懒腰，眼光落到墙上的一个精致的镜框里，这是一幅杭州的织锦：夕照中的长城，蜿蜒在莽莽苍苍逶迤起伏的山头上，灰蓝色的城堞和被夕照染成金黄的一侧城墙，色彩对比极其强烈；远处的山头一片黛色，长城渐渐变得朦胧，伸向无穷的远方。这幅织锦和他办公室里那张长城照片那么相似！美国西部一个城市的旅馆里竟也能看到长城！“The Great Wall”，照字面直译是伟大的墙。他们把长城视作为中国的象征。

啊！矗立在祖国大地上巍峨的民族丰碑！矗立在每个炎黄子孙心头上的不朽丰碑！陶本一激动地凝视着她。在久久地凝视中，他的耳边听到了一种喧响，眼前出现了一幅幻景：长城脚下，千万副闪光的铧犁正深深地插进大地，每一把犁都在祖国大地上刻下深深的印痕。

他觉得自己也是其中的一把……

（选自《当代》1986 年 03 期）

一个校长和一张报纸

肖复兴

一

这是一张专门为中学生办的《语文报》，16 开 16 版，貌不惊人，香不袭人，没有花拳绣腿，没有艳女匪男，却吸引着全国广大中学生的心，今年整整走过第十个年头。

他原本是山西临汾山西师范大学一个普通教师，创办这张报纸的时候，他刚过不惑之年，如今正迈过知天命之年的门槛。

当初报纸送到读者手中，看着主办单位：山西临汾，不少读者先皱起眉头。知道山西省城太原、昔阳大寨、苏三起解的洪洞、刘胡兰家乡文水的居多，临汾在哪里？知道的人寥寥。有些事情就是这样怪，穷地方偏偏滋养出俊俏的人，偏僻的小地方越发能创出大事情。十年的光景，他使这张报纸渐渐有名，从临汾走向全国；这张报纸也使他渐渐有名，当上了师范大学的校长。正是这张报纸与他休戚相关、互惠互利，融进他迟开的青春花季，以及以往多次追寻却始终未完的多彩之梦，一起走过十年的路程。

十年！在他 51 岁生命中五个十年里，唯有这一个十年最为辉煌，遗憾的是只有这一个十年。人生能有几个十年？他还能有几个十年？

如今，陶本一端坐在他的校长办公室里，面对着我和办公室阳台上一片葱茏的绿叶与缤纷的花草。他的胡子刮得一马平川，额头已谢，头发稀疏却梳得整齐有序。据说，当初他每次给学生上课时都要把衣服熨平，胡须刮好。这是一个外表严谨、冷峻，内心丰富、火热的人。我不知这一刻他是有些踌躇满志，还是有些惘然若失？但我知道在他生命中流淌更多的不是水，而是燃烧的火。

否则，便不会有他的《语文报》。

二

我始终坚信了解一个人不能仅到办公室，一定要到他的家中。外面总会有花团锦簇的掩饰，家中却如大幕卸装之后的后台，虽不可说一览无余，总可以品味出舞台上没有的况味来。

我来到他的家中，录音机正轻轻播放着理查德·克莱德曼柔美的钢琴曲。家具一一都是他亲手设计，摆放着陶瓷刘邦、屈原以及泥人白雪公主和七个小矮人，一一都是他按自己想象和意愿摆放。房间里很少有女主人留下的痕迹，处处弥漫着他强烈的主观色彩。他先让我看他的“从猿到人”的相集，从光屁股的孩童到堂堂大学校长，一张张相片如室内陈设一样有条不紊。然后，他让我看积攒的各国钱币和邮票……他有着多种多样的爱好，有着常人不及的精力。难怪他的下属说：“只要老陶一回来，我们就感到累！”他事事都要操心到家，与其说操心，不如说他不放心。他的下属又说：“老陶是上海人，从骨子里就有些看不起内地人。所以他得事事染指，否则很难把心放进肚里……”

他先不谈他的宝贝报纸，也不谈他这光辉的十年生涯，而是先跟我谈起音乐。他不大喜欢大音乐家柴可夫斯基、莫扎特，却喜欢小国家的音乐家德沃夏克。他说：“德沃夏克的《自新大陆》第二乐章的抒情慢板，小时候我在上海艺苑跑狗场听的，便永远也忘不了，它就像小溪水一样慢慢从心里流过，把你带进过去和未来，非常纯真，我常听常不由得流下眼泪。祖母去世时，我到一位老师家，他的录音机里正放着这一乐章。老家松江，祖母在煤油灯下给我洗脚的情景，一下子涌到我的眼前，再也忍不住，我泪如泉涌……”

这是一个情感型的人，一个富有艺术气质的人。他的坚忍冷峻里面埋有无法剔除的脆弱。

他说：“在音乐里人最无法掩饰。音乐对人素质的陶冶起着先天的作用。我五岁开始学钢琴，音乐给我以真诚。我当初报考师范，就是看了马卡连柯的《教育诗篇》，欣赏马卡连柯那一个耳光和他讲过的这句名言：‘天底下没有比教师更美好的职业。’”

他说得还如年轻时一样动情，镜片后面的眼睛里辉映着晶亮的光泽。青春，是一幅永不褪色的画，什么时候想起来，什么时候便墨渍水晕淋淋漓漓悬挂在面前。

在华东师大读书时，他是校学生会的学习委员、话剧队的副队长。他爱演戏，爱唱歌，爱到人民大舞台去等北京人艺演出的话剧《蔡文姬》的退票，爱看朱琳、舒绣文、于是之、英若诚，爱在晚自习之后和同学们沿着校园的甬道浴在溶溶月色下谈论契诃夫和易卜生……

“那时，我一直生活在梦里。”他这样说，说得轻轻地如一朵缥缈的云。当初的梦却带他腾云驾雾，鸟瞰世界，天降大任于斯人。只是青春如一只飞得太快的鸟，在他人到中年之际，依然在人生的路上盲人摸象不知如何才能让破梦重圆，苦楚之余始终蒙面的驴子在不停地转磨。他不是没有力量，是时机没有成全他。他是一粒汁水过于饱满的种子，需要的只是气候、阳光和适当的土壤。于是，从青春期的悸动到中年的躁动，命中注定他要像浮士德一样要在磨难中痛苦，又总不甘心地去奋争。他的心永难平静。

那时候，《语文报》正在迢迢那一片梦中。

三

应该说，1962 年，他从上海到临汾，是他命运的转折。虽说给他过于缤纷的梦蒙上一层吕梁山扑来的厚重黄土，却也给他的人生打下伏笔。

那一年，正是三年自然灾害的第二年，国家高等院校缩减，许多地方不要大学毕业生去当老师。当时山西省副省长王中青却看准这一时机叫道：“该发财的时候就得发财呀！”他一下子要了许多大学生。仅华东师大中文系毕业生就要来 50 名，这在山西历史上是绝无仅有的。

陶本一就这样来到临汾。深秋的天，一条尘土飞扬的土道，四周的庄稼收割完了，裸露出黄土地，满目荒寂，一片萧瑟。他坐着一辆三轮车来到学校报到，党委书记望着他一脸土猴模样连说：“你们怎么不事先告我们一声，好派辆车去接！”所谓车，学校那时只有一辆马车而已。

那一夜，他睡在学校一间土房里，四周连围墙都没有，夜晚的风像走得太疲倦的旅人拼命敲打着门窗和纸糊的棚顶。他很害怕。大上海和小县城并不一样，梦与现实并不一样。第二天，他便给父亲打了一封电报想回上海。

父亲立即给他打回一封电报，并写来一封长信，坚决不要他回去。父亲对他说越是艰苦的地方就越能造就人，好马不吃回头草……

那一年，他才 21 岁。

他说：“梦醒之后我有过动摇，但当人们问我，你现在后悔到临汾这里来吗？我说，不后悔，是这块土地培养了我。因此，我永远感谢父亲在人生的关键时刻对我的帮助。”

我只是现在听他这样说。当初，他却是要一步步走过的呀！可以说，每一步都显得那么长、那么沉、那么重！21 岁的生命，正如一只球，很容易泄气，也很容易被打足气而蹦得老高。四清、教改、“文化大革命”、排练《长征组歌》，白天忙得陀螺般旋转，夜晚面对孤灯冷壁读他心爱的狄更斯，听他钟情的德沃夏克，缀网重织他的一片未竟的梦，他仿佛重新又回到大学校园时光……

一个人最容易掉进自己编织的幻影的陷阱之中。他自以为干的是多么惊天动地的事情，到后来不过是一朵谎花、一片枯叶、一只太容易破碎的肥皂泡。一晃，来临汾快一个十年了，他竟这么快就到 30 岁了，却两手空空，一事无成，居然要事业没事业，要爱情没爱情。他才觉得自己如《早春二月》里的萧涧秋一厢情愿又自作多情地来到芙蓉镇般来到临汾，而这里似乎始终未来得及抬起眼皮瞅一瞅他。他蓦然感到一阵心灰意冷。莫非真个娘子关外催人老，要我喟然长叹一声天凉好个秋吗？

在这个对于他人生攸关至重的时刻，在他的面前出现了三个人，不同程度上给他以辅佐、帮助与指点。

一个是他的妻子徐莉英。他不愿意找一个本地的姑娘，无奈青春之树落英缤纷，能够飞来落栖的鸟儿有限了。徐莉英是上海人，又是华东师大化学系毕业的，别人一介绍，他便也认可了。本是浪漫情怀的他，爱情却单一得如一加一等于二。怅惘之余，他也要感谢善良而柔顺的妻子。想象中爱情可以光芒万丈，现实中爱情却只有坚实有力。每个人的心中都会有着这样两重爱情，在矛盾对比中调节融化。在那些个凄风苦雨的日子里，在那段他在临汾、妻子在运城的两地分居的颠簸生涯中，是妻子给予他家人的慰藉。在他患有十二指肠溃疡，住进医院，睁开眼望见的第一个人就是妻子，他感动了。他知道了只有现实才是最有力量的。

另一个人是原副省长王中青，那个把他和一批上海人要来山西的富有远见的人。此刻，他落魄到临汾，就在这所学校当革委会副主任。到任之后，他召集老师开了个座谈会，陶本一在会上发了言，他认识了陶本一，觉得是个人才。会认得人才的人，就如同会品出什么酒是汾酒、郎酒、茅台酒的人一样，只需一次短短的时间，只不过一个是嘴上的能耐，一个是心底的功夫。

一次，王中青把陶本一叫到他家，两人晚上走出房间，坐在校园的石板上，望着远处的吕梁山茫茫山脉和山顶上的苍苍星汉，王中青对他讲："当年刘宁一、赖少其曾经批评我最大的缺点是骄傲。大凡有能力、有个性的人都骄傲，人不能没有个性，这是一。另一个方面，有个性的人往往又不易看到自己的弱点，这就成了弱点。"

陶本一知道这番话是说给自己听的。空有抱负，却无路请缨，傲气与悲观交错，往往是中国知识分子的致命弱点。王中青本人也是大学毕业的知识分子，革命生涯中起伏跌宕，自然体会最深。

接着，王中青对他又讲："解放战争中，一位副连长为掩护我而牺牲，要不我就没命了。解放后，许多老战友失去了联系，一次到石家庄烈士陵园，在墓碑上看到这些人的名字，给我的刺激很大。我们活着的人，应该怎样才对得起他们呢？"

这些话，与王中青当副省长时坐在主席台上讲的话，对于陶本一是意味迥然的。更何况，那时陶本一才 30 岁，年轻的心受到老一辈人格外垂青和平等的交流，这些话便如春雨润物细无声，渗进他的血液之中。

再一人是学校图书馆的老馆长。那时，"四人帮"当政，校将不校，一派混沌，陶本一常去图书馆查阅资料，令老馆长很是看重。他擅长书法，给陶本一写了一首七言绝句："文采风流远自期，妙能腐朽化神奇。平阳十七年间事，老我看君纵横时。"他相信陶本一必有纵横之日。莫非老先生有着仙风道骨、远见卓识，点化着冥冥中的命运之神？

此刻，陶本一知道吗？冥冥之中，《语文报》正在哪个方向，向他一步步走来？

四

命运，是存在的。命运，就是主客观在某一时机瞬间的契合。

1977 年，粉碎"四人帮"的第二年，陶本一到平定县搞教育调查。教育又提到议事日程上，知识再不是任人践踏的奴婢。他也才时来运转，种子方才破土绽芽。虽然熬到 36 岁为时晚些，虽然力量也显得微弱，毕竟回黄转绿。

在平定他看到有的学校里只有一本《新华字典》作为语文教学的唯一参考资料，便下决心办一份《语文教学通讯》杂志，立刻得到学校和系领导的支持。

系主任亲自带领老师写稿，没有分文稿费，却还要自家贴钱买邮票给读者复信。复苏后人们焕发着加倍的热情，热腾腾地感染着陶本一。他不安分的心便如鼓满的风帆又开始跃跃欲试了。他活跃的脑子便如重新安装的风车又开始飞速旋转了。

1981 年，全中国响亮提出要提高全民族文化素质的口号。陶本一想要再办一张报纸，不仅中学生能看，全社会人都能看；不仅课堂上学语文需要，社会大环境也处处需要学语文。他把这种语文称之为“大语文”。这种大语文不是仅仅为了考分，而是人生必备的课程，是开发人思维的重要钥匙。

这一年，他到北京香山参加全国中学语文教学座谈会，和与会的中学老师一谈，反响强烈，大家的想法不约而同。第二天，他和北京、杭州两位富有经验的老师一起来到北海公园，坐在琼岛浓荫的石阶上，兴致勃勃，一谈竟谈到新月初升。

能不能办？能不能在临汾这个偏僻的小地方办一张全国性的报纸？

为什么不能？

天时、地利、人和均有。天时，不用说，社会正处于一个求知若渴的干旱期，十年动乱对于知识的禁锢使得知识格外宝贵。人和，也不用说，全国那么多中学语文老师卧虎藏龙，稿源根本无须发愁，细数从叶圣陶算起多少文人、作家是从中学老师起家的！只差一个地利，临汾是偏点儿，远点儿，但大有大的难处，小有小的好处，船小好调头划动，便也会有游刃有余的便利，不像大地方婆婆多，掣肘便也多。

干吧，还等什么呢？舞台已经搭好，时机已经创造，容不得丝毫犹豫，若是失之交臂，他便再难让生命之舟倒回，只能徒对白发唱黄鸡，人生长恨水流西了。

他生命中最为璀璨的火花是在这一刻迸发的。在学校领导的支持下，在北京、上海、杭州、武汉、长春五处编辑分部的语文老师帮助下，在他手底下刚刚大学毕业为数不多的几个学生没日没夜的苦干下，《语文报》诞生了。虽说编辑部只有三间小房，取信送信的工具只有陶本一自己的一辆永久牌自行车，却是初战告捷：第一期发行 78 万份，以后扶摇直上达到 190 万份，即便今日几乎所有报刊订数纷纷下跌的情况下，《语文报》依然稳定保持在 50 万份左右。

苏北一位民办教师给他来信说：“读了《语文报》，我感到世界更大了。”

他将这话讲给语言学家张志公先生听。张老先生听后感动地讲：“这个年轻人讲得非常好！”

他把这句话作为对《语文报》最好的评价，作为对自己最大的慰藉。

就在《语文报》创刊之际，陶本一的妻子怀孕了。结婚十载，方才怀孕，实属不易。双方均已年过40，也算是苍天有情。谁知，陶本一正忙乎他的《语文报》。《语文报》节节上升，妻子却流产了。幸亏有《语文报》相慰，痛苦才淡了许多。好事总难两全，人生终当补偿。陶本一这样宽慰自己，妻子却只有念着为《语文报》新生正在全国各地云游僧一样四处奔波的丈夫，暗暗弹泪往肚里流。

五

1982年，妻子再次怀孕小产，从此，孩子与陶本一无缘。人生的不幸，使他愈发向事业追回补偿，便也使他的性格有些变异。他脾气并不仅因为官大而大起来，原因也在于这变异的性格。他要求他的下属要像他一样舍生忘死地干，却忘记下属已非初办《语文报》时的年轻人。他没有孩子，而他们已是拖家带口。于是，下属骂他不近人情，他埋怨下属今不如昔，呼唤当初的热情。他胸中浪漫诗情与领导方法的简单生硬，好如不协调的藤交相攀缘，齐头并进。

不过，下属们骂归骂，干归干。他们都说老陶没有私心，全是为了《语文报》，眼下这样的干部也难得，干吗非要求他十全十美？

有上下两方面的理解与支持，他愈发干得起劲，生命血液中的激情便如核外电子一样愈发不同寻常的活跃。即使当了大学校长，他也割舍不开《语文报》。《语文报》已经成了他生命的一部分。

他有着传统文人重名轻利的心理；他有着现代新人永不满足的精神。他有着浪漫天真的情怀，一如年轻人；他有着九旬老太的感叹，又如老年人。他因循着传统的道德规范；他信奉着创新的青春价值系统。他就是这样矛盾着、前进着，在过去与现代的两条河流中，他一只脚踏在一条河流中。可贵的是，他在不停地往前走。他不鸣则已，一鸣惊人，还要时时创新，历久常新。难怪在他手底下干的年轻人一个个都不住喊冤喊累，又一个个不愿意走。

在《语文报》越来越“火”的时候，他要求要办新栏目，给读者新面孔，又想创办活动。他说：“用活动走向全国，树立《语文报》形象！”

首先，他想创办全国中学生推选“我最喜欢的十本书”的评书活动。大人们可以评优秀小说、报告文学，以至全国十佳运动员，中学生为什么不可发挥他们的参与意识呢？不过，一家小小的《语文报》搞全国活动，他抛给自己一块难啃的骨头。

幸好，天助他也。正巧当时团中央书记处书记高占祥同志要到临汾铁佛寺参观，陶本一闻讯一宿未睡安稳，思前想后如何闯将进去，如何说动书记？次日清晨，他赶到铁佛寺，秘书先挡了驾，他便先说动秘书。他知道这一关若过不去，下面的事就泡汤了，便格外讲得仔细具体。没想到，见到高占祥倒简单了，一句话："赞成你的想法。"

有时挺难的事就这样容易地解决了。

《语文报》成功地创办了第一届全国中学生的评书活动。那一次，王蒙的《青春万岁》获奖，他说："我以前得过许多奖，都是领导发的，还从来没有得过学生给发的奖。这是我得的最重的奖！"

十年下来，他率领《语文报》一伙年轻人将办报赚的钱取之民用之民，倾资几十万元，先后举办了四届全国中学生评书活动，三届中学生夏令营，一次全国16城市中学生语文知识邀请赛。小小一张《语文报》发挥了巨大的能量，茅以升、华罗庚、王力等老先生在世时都曾给予热情的关注和支持。当假冒名牌实则伪劣商品蔓延的时候，人们看中的不是牌子的大小，而是实质与实际。《语文报》虽只是山西师范大学所办的一张小报，它给人们带来一股清新的风，十年来图名不图利，重高雅而不媚俗，让人们刮目相看。

十年的路，一步步走起来，显得那么长，那么难。如今想起来，却这样快，弹指一挥间。站在学校刚刚竣工的阶梯教室大楼工地上，眺望校园和远处一片高远湛蓝的天空，他这样对我说："我总觉得还有许多事没有做，我们还可以做得更好些。报社的同志们总埋怨我不表扬他们反倒老爱批评他们，实际上想想全国五千万中学生呀！我们的报纸才发行50万呀！是，有商品经济冲击的因素，但只要我们把报纸办好，真正办成一张有权威性的全国中学生的《语文报》，就能够把读者争夺过来！"

我不打断他，听他说。此刻，他正激情澎湃。他善于表达，并能够感染别人。这一刻，晚霞流溢，辉映在他整洁的天蓝色T恤衫上，镜片上反射着霞光，火一样在跳跃着。他显得年轻许多，似乎仍然在大学里读书，仍然不停地喷涌出激情、遐想与憧憬，仍然生机盎然地保持着未被泯灭或者失去的那一份真诚、那一份单纯、那一份自以为价值连城的清高、那一份色彩虽不缤纷却多情的浪漫与诗情……这一切，在当今显得是那么遥远又陌生起来。

他接着对我说："那一年夏天在校园里王中青对我讲过的话，我总难忘。他去年去世了，我还活着……"

他又说："有时候会有许多难缠的、不愉快的事情。回到家里，我就听音乐，把屋里的灯都关掉，音量放得小小的。上大学的时候，我就是这样。那时，我在钢琴上随意弹着我自己的旋律，我称之为'随想曲'。烦闷和苦恼就真的少了许多……"

我知道，他有成功，也有挫折；他有欢乐，也有苦恼。我知道，他听的最多是德沃夏克的《自新大陆》第二乐章。我知道，在夜深人静、整座校园连同远方的吕梁山和尧庙古村都沉沉睡去的时候，在幽幽的夜色中，在轻柔的乐曲中，他会暗自流下激动的眼泪。我知道，别人不会看见，他也不会去擦拭，就让它静静流淌……

他最后对我说："我没有孩子，《语文报》就是我的孩子。"

1991 年 6 月写于临汾—太原—上海

（选自《文汇报·扩大版》1991 年第 29 期）

耕耘未来的人

思 阳

如果说他具有学者式的严谨的话，他更兼有诗人般的热情；如果说他具有总编辑的冷静与细致的话，他更兼有社会活动家的活泼与潇洒；如果说他能够拼命工作，夜以继日，他也能够放声歌唱、尽情朗诵；当他在千人大会上侃侃而谈时，你不会怀疑他不具有演讲家的才华；而当他与年轻的同仁们倾心交流时，你又会发现，他是一位温和的长者，一丝不苟的老师……

这，就是陶本一：一个为祖国的语文教育事业兢兢业业、竭尽心力的人；一个为千千万万的中小学生及语文教师所熟知和敬佩的人……

1962年，从华东师大毕业的陶本一，从繁华的大上海来到了传说中的古尧都平阳城（临汾市），执教于山西师范学院中文系。他的心中充满年轻人的热情，要把自己的青春奉献给这一落后地区的文化教育事业。谁料想几年之后开始的十年动乱使社会主义的教育事业横遭摧残。他迷惘过，失望过，甚至想离开这个闭塞而落后的地方，与妻子比翼南飞，同归故里。

是历史的变迁给了他人生的机遇。那是1978年的春天，他到一个山区县做调查，发现不少学校的语文教学竟没有一份参考资料。他的心为之深深震动。十年动乱，竟使得这片本应该花香果甜的园地，变成一片荒芜；一种历史的责任感油然而生，要改变这种局面！不改变这种局面，中国的语文教育事业就没有希望。回校后，他立即建议创编《语文教学通讯》，经过反复争取，得到1 500元钱作为创办经费，这番事业就这样开始了。回想当年，那真是创业维艰！组稿、编稿、审稿、校对，甚至和工人一同拣字、排版，没日没夜，废寝忘食，他把全部精力都投入到了这种丝毫不计报酬的工作中。文质彬彬的他，简直成了"工作狂"，而他心中，却燃烧着一团希望之火！

是苦心也是机遇。《语文教学通讯》的创刊，正赶上了那样一个百废待举的时代，得到了语文界前辈和各方面的支持，很快获得了成功，第一年就发行了7万份，订户遍及全国各地。

如果说陶本一的性格中有什么突出的特点的话，那就是他那种不断开拓、勇于进取、永不满足现状的精神。《语文教学通讯》创刊之后，发行量不断增加，影响越来越大，但他并没有以此为满足。他的心中想着更大的事业，装着更多的人——那成千上万的中学生。1981年10月，在他的主持下，全国第一份为语文学习服务的专业性报纸创刊，这就是《语文报》。这份报纸的创刊，引起了社会的广泛关注。新华社及全国许多大报都报道了它的诞生。《语文报》一诞生，就以它丰富多彩的内容，以及杂志化报纸的新颖形式，吸引了广大读者。第一年发行70多万份；第二年由邮局发行，订数超过100万；第三年160万；第四年198万份。《语文报》不仅成为中学生喜爱的读物，很多学校一订就是上千份，连部队战士、工人、农民、商店与宾馆的职工，也把《语文报》作为自己学习语文、增长知识的助手。一时间，《语文报》誉满全国，读声不绝。但陶本一并没有以此为满足，他又相继创办了《中学生文学》《小学语文报》等产品，使语文报社的产品向系列性方面发展，以便全方位地为中小学的语文教学服务。这使得语文报社赢得了全社会更加广泛的赞誉。

作为语文报社的创始人，陶本一始终认为，报社的刊物不仅是传播知识的阵地，更是培育新人的苗圃。他始终强调刊物要给读者健康、清新、优美的内容，要培养读者爱祖国、爱人民、爱社会主义的思想感情和高尚的审美情趣。为此他对报刊的内容严格把关、精心指导。在他的领导下，《语文报》举办了“热爱国旗、国歌、国徽、版图”“我们这个年龄”“我们应该怎样生活”“走向2000年”“走向社会”等多种征文、诗歌比赛，这些活动极大地鼓舞了读者热爱祖国、热爱人民、热爱生活的激情，使《语文报》读者受到了广泛的思想教益。1986年，山西省委宣传部代表山西省委给语文报社颁发了“精神文明之光”的奖牌，应该说，这一褒奖是当之无愧的。

他并没有把目光仅仅停留在报刊上，为了进一步影响和带动全国成千上万的中学生努力学习，成为社会主义建设的优秀人才，他领导语文报社首创了以“读优秀的书、做高尚的人”为宗旨的全国中学生读书评书活动。这一活动得到国家教委和团中央的支持，从1982年开始举办第一届，迄今为止已举办过四届，累计有数百万中学生参加了这一活动，共评选出中学生最喜欢的优秀书籍40多本。这一活动已成为全国中学生中最有影响且最具权威的活动。1985年，与中央电视台联合举办的“16城市中学生语文邀请赛”是中华人民共和国成立以来中央电视台举办的首次语文竞赛。这一活动在全国产生了广泛影响，不仅对推动中学生学好语文起了积极促进作用，其具有的独创性组织方法与竞赛方法，也为后来的许多活动提供了有益的经验与借鉴。此外语文报社每两年还举办一次语文夏令营。所有这些活动的费用，都来自语文报社有限的经济收入。“取之于中学生，用之于中学生”，这是陶本一经常说的一句话。在工作中严格要求、铁面无情，有时近于苛刻的陶本一，在这一点上，也同样是坚定不移的。

1978年至今，语文报社已经有13年的历史。13年，风风雨雨，艰辛备尝，语文报社确实经历了不少困难。好在有各级领导和社会各界的大力支持，有陶本一这样一个勇往直前、不畏困难的带头人，以及报社同仁的精诚团结、共同努力，语文报社才有了值得欣慰的今天。语文界的老前辈吕叔湘先生曾说：“语文报从创刊到现在已满十年，还是办得那么生机勃勃，还是那么受读者欢迎，这是很不容易的，是值得庆贺的。”13年来，陶本一和语文报社的同仁们付出多少汗水和心血，那是无法估量的，语文报社的刊物培养出的人才，也是无法计算的。一个读者曾用这样深情的诗句写着：

不要问我们从哪里来，
不要问我们到哪里去，
祈祷声声，
祝福阵阵，
——我们高歌：
《语文报》，我们的乳娘！

今天，已担任山西师范大学校长的陶本一，仍然兼任着语文报社的社长兼总编辑，因为他热爱这项事业。他深深懂得，要振兴一个民族的文化教育，就必须首先振兴基础教育，而这，就需要踏踏实实、无私忘我的工作。他正是以此来要求他自己和他的同仁们的。

今天的青少年，将是下一世纪的主人翁。如果说他们的心灵是一片广阔田野的话，陶本一就是这田野上的一位耕耘者，他耕耘着现在，也耕耘着未来！

（选自《中华英才》1991年第19期）

关于音乐的对话

树本　刘洪

编者按：本文为2001—2002年间刘洪与陶校长讨论音乐、艺术、人生的部分通信，曾发表于《黄河》杂志（2002年）。文中姓名缩写LH为刘洪，T为陶校长（即本文署名树本）。略有删节。尽管并非音乐专业人士，但陶校长对于古典音乐的痴迷般的热爱，对音乐名家精到的点评、对西方音乐经典的熟稔、对艺术作品理解的深刻，无不令人感到惊异和钦佩！

我读BARBER

LH:

我读Barber的*Adagio for Strings*感受到悲愤，感受到挣扎，感受到痛苦，更感受到灵魂撕裂般的号叫！犹如一头被困的雄狮，它咆哮着、撞击着，它是怎样的向往那丛山密林，但是用尽了所有的力量无法挣脱，于是，整个世界都听到那撕肝裂肺的长号，无望的长号。又犹如排山倒海的巨浪，一阵阵猛烈地扑向海边的岩石，急切地想粉碎它、吞没它，但是，除了击起冲天的浪涛外，一切依旧，于是整个宇宙只能听到那无法排解的震天撼地的悲号。还犹如暴风雨冲击的大地，闪电就像飞游的巨龙，刹那间撕裂了苍穹，紧接着击下一声巨雷，似乎整个宇宙都在那一刻倾倒碎裂。苍天要挣脱密布的乌云，一次又一次地发出震怒的吼叫。

但这就是Barber的*Adagio for Strings*吗？不！ Barber的*Adagio for Strings*其力量远远超过了这些。他是内心的激荡，他是灵魂的呼叫。他震撼的是你的灵魂，你会和他呼应，你会感到有一团东西在你心中膨胀、膨胀，膨胀到马上要爆炸。当弓弦拉出最强音，不停地向着最高音攀上去，你的灵魂会怎样地颤抖，怎样地挣扎，怎样地想摆脱躯壳，你在椅子上再也坐不下去，你站了起来，然后这间书房使你感到喘不过气来，你必须出去，必须到空旷的地方去走，去吼。我不清楚 Barber 的生平，但我想他一定经历过刻骨铭心的痛苦，没有这种经历的人是写不出这种乐曲的。我翻了《牛津音乐辞典》，知道他是美国人，在我印象里美国音乐家应该像格什温，而不应该是他。他应该是俄国人，像柴可夫斯基一样充满激情、充满着愤怒和悲凉。这几天，我几乎天天在读 Barber 的 *Adagio for Strings*，我在和两个灵魂对话，一个是 Barber，另一个是……

T

DVORAK“FROM THE NEW WORLD”

LH：

我又一次读了 Dvorak 的《新世界交响曲》，沉浸在乐曲的旋律中，沉浸在旋律所创造的意境中。记得第一次听 Dvorak 的《新世界交响曲》，尤其是听第二乐章时，我被震撼了。我被乐曲所传递的宁静——悠远、广阔的宁静深深地震撼了。英国管在中音区慢慢地行进，像行进在广袤无边的大草原上，远处和幽蓝的苍穹默默地交融在一起，又淡淡地消失。不知从何处吹来一丝柔柔的风，又不知从何处传来一息渺渺的，一轮月亮冉冉地升起，轻轻地洒下一片臬臬的光，于是一种思念之情油然而生。你会想起最亲近的人，你会想起那虽然遥远，似乎还有些模糊的记忆深处的往事，于是你会感到一种亲切一种说不出的亲切在你胸中回荡，你会在不知不觉中淌下温柔的泪来，甜蜜的泪来。你想拥抱，也想被别人拥抱。这就是 Dvorak 的《新世界交响曲》，每次双簧管和长笛，总把我引回我的童年，想起乡下，想起乡下的老房子，想起老房子里的煤油灯，想起煤油灯下奶奶给我洗脚，那么温暖，那么慈爱，我的眼眶止不住要被泪水浸湿。

据说 Dvorak 的这一乐章是受美国诗人 Longfellow 的长诗 *The Song of Hiawatha* 的影响。Hiawatha 是印第安部落的领袖，他战胜了敌人，但又被灾害袭击，饥饿夺去了他美丽的妻子，于是大家向她告别，这样第二乐章便流露出悲伤、忧郁和孤独的感情，后来有人把它改编成歌曲《思乡》。今天读 Dvorak 的《新世界交响曲》，我突然想起苏轼的词“转朱阁，低绮户，照无眠”，一种淡淡的忧愁却无法排解。月亮缓缓地转过了朱楼阁顶，又轻轻地投入罗纱窗户，彻夜照着无法入眠的人。其实，宋词中此情是很多的——请看“云渺渺，水茫茫。征人归路许多长。相思本是无凭语，莫向花笺费泪行”（晏几道），再看“携手处，今谁在？日边清梦断，镜里朱颜改，春去也，飞红万点愁如海”（秦观），这样的愁思绵绵，不正是那乐章的映照吗，但我却感受不到这种情绪。是啊，一首乐曲传递到听众耳里，已经是经过四度创造了。她是作曲家、指挥、演奏家和听众共同创作的成果。

T

听排练

LH：

英国管的技巧令我感到惊奇，好像是个新面孔。但理解和沟通还很不够。吹不出那种淡淡的孤独，微微的犹豫，然而又很平和。乐手要沉浸进去，才能用弓弦表达出乐曲的感情，指挥是否对你们讲了他对乐曲的理解，整个排练不够滋润丰满，圆号干涩得很，不过初次排练应该说不错了。

T

谈谈最让我感动的音乐

T：

收到了你的来信，看着不禁有一些感动。音乐能使人的心灵产生共鸣，同样一部作品你听我听感觉不一样。就拿上次我介绍给你的德沃夏克《F 小调浪漫曲》来说吧，你就觉得它略显冗长，而我则听得津津有味。你想，在欣赏之前我就强烈推荐，足以表明我对他的一片深情啊！但是对 Barber 的 *Adagio for Strings*，你与我难道不是不约而同地领略了那份震撼人心的“感动”吗？

最让我感动的作品是贝多芬晚年的四重奏，诸如 op.131、op.133、op.135、op.127、op.130，还有 op.59 No.1 以及 op.95（“严肃”）。别的作曲家有：勃拉姆斯的四部交响曲的悲剧性；肖斯塔科维奇的室内乐的极具个性的交响化；肖松的《音诗》对生命悲观、黯淡的色彩，但又富有极其热烈情绪的戏剧性的反差；勃辽兹的幻想，圣桑的华贵，海顿的幽默、睿智与妥协，德彪西《牧神的午后》的朦胧、雅致以及对美好大自然无限的热爱！西贝柳斯对大海和北方森林无限的眷恋，舒曼对钢琴艺术的近乎疯狂的痴迷，马勒交响曲巨人般的阵容和艰涩深奥的哲理以及对生与死的思考，科普兰对美国乡村生活的富有情趣的描写，还有斯特拉文斯基的怪诞、伯恩斯坦的高贵的平民生活——正如我们爱他们一样，我相信他们也爱着我们！

LH

狂轰滥炸

LH:

你在对我“狂轰滥炸”，泻出了一打以上的“炸弹”——至少有14位音乐家的名字，还飞出了无数的“弹片”——什么疯狂、华贵、睿智……这些音乐家的风格，像是在上音乐史的课程，轰得我晕头转向。逼得我不断地进“防空洞”——《牛津音乐词典》避难！没有办法，在音乐的领地上，你当然是强者，我则是弱者，只能受你的“欺凌”，对吗？一笑。

确实，有很多音乐家，我是没有接触过的，比如Chausson，他的两部著名的乐曲都是为小提琴和乐队写的。《音诗》的曲名听到过，但乐曲已经淡忘了，有机会一定要找来再读一下。西贝柳斯是我所喜欢的，他是那么宽阔和宏大，就像大海拥抱陆地，广袤的雪原和无垠的森林。但是我不喜欢圣桑，太平稳，太雕琢了，那种宫廷的装腔作势，像涂满厚厚一层脂粉的贵妇。也许我自己比较浅薄，所以理解不了，可我确实用心听过，就是无法接近他。我喜欢豪放的，所以我能理解贝多芬，能理解柴可夫斯基，能理解西贝柳斯，他们的旋律是怎样在我的胸中回荡，是怎样冲击着我的心扉，打开我心灵一扇又一扇的窗户，让我看见了大地、蓝天、高山、大海。你为什么不练习写些乐曲，我读了《狂想》后，觉得你能作曲，因为你有激情，你有感受，比如能否把《狂想》写成乐曲，大胆试一下！

T

关于印象派的话语

LH:

谢谢你为我提供的长篇背景资料，唱片到现在还没有来得及听（昨天是教师节，很晚才回来），今晚我将首先去“大海”，虽然我喜欢德彪西，但总体上我不愿读印象派的作品。我很难捕捉到那种感受，因为它只存在于作曲家的脑海里，而且也只是那一刹那的感受（比如凡·高的黄色，他为什么如此偏爱黄色，只存在在他的脑中），很难和听者交流，更难产生共鸣。也许这种自然的排斥心理，在我和印象派之间筑起了一堵墙，使我不愿接受他们。你是喜欢印象派的作品的，你自己就是个印象派。你的诗里（是诗吗）就是一连串印象的叠加，一个纯真的、爱幻想的少年，对多彩世界惊讶的印象。我喜欢《狂想之二》，试想，风突然回到大气中，叶突然回到了树枝上，声突然消失在太空上，而那“黄与青繁忙地交织于正从叶隙里抽回的晨光中”（多美的句子），那是一幅什么样的景色。最妙的是主人公——感受的主体，也静静地回到了原位……动消失了，时光倒流了，一切停滞了，一切凝固了。这不是一种哲学的境界吗？你应该把自己的印象用音符记录下来。

T

格里高利圣咏

LH:

格里高利圣咏传递的是一种渴望，对生活的渴望，对未来的渴望，对丰富、对生动的渴望，甚至对爱情的渴望，对一切朦朦胧胧的美的渴望。在表面宁静的旋律里，掩盖着内心的涌动，不时会露出一个跳动，或声长长的感叹，但又立刻收回到灰蒙蒙的粗布道袍里去。他们也力图说服自己，抑制自己，从歌唱中你能听到祈祷，你能听到希望平静可又难以做到的苦恼，你能听到害怕逾越规矩的颤抖，但一切都是为了那个引诱，生活的引诱，人性的引诱，人的正常欲望的引诱。对于这些罗马天主教的圣咏，多少年来一直有教会人士想改造，英国的一些人想把它改得欢快些、明亮些。这大概就是我那张 CD 的效果。今天我得到了一张原汁原味的 CD，没有任何伴奏，只有咏唱，可具有很大的穿透力。这样就有三张不同风格的格里高利圣咏 CD 了。

T

感受肖邦

LH：

肖邦整个就是激情的化身。他的十指之间似乎有千军万马在飞驰，他的胸中好像有大海在澎湃汹涌，听他的作品你会感到有种无形的力量在拉着你，推着你，不断地攀高，攀高，你浑身大汗淋漓，你大口大口地喘气，但你仍然会不由自主地跟着他向上攀登。你会觉得自己的灵魂快要被挤压出躯体，无情地燃烧、尽情地升，你会感受到躯体在强力冲击下发出了怎样的颤抖。但是你不能离开他，你离不开他，你要和他一起出击，你要和他一起冲撞，你要和他一起燃烧……这就是肖邦！

你听他的奏鸣曲，你听他的练习曲，金戈铁马，秋风落叶；怒海惊涛，巨浪击石；大江大河，一泻千里。太激动人心了，你的感情已经由不得你控制，你只能追随着他在黑白键盘间狂奔。

我听李云迪演奏的肖邦钢琴曲已经六遍了——顺便说一句，李云迪演奏得非常漂亮，不仅仅在技巧上，更在感情的理解和贴近上——每听一遍都会有新的感受，每听一遍都会让我激动不已，这就是肖邦！

T

歌德的一句话

T：

今天偶然翻到一篇文章，上面有歌德的一句话，看了令我震惊！歌德说："不听音乐不配做人，爱好音乐只配做半个人，只有倾心爱音乐的人，才算真正的人。"看了后不禁叫绝！但是歌德的话也叫人汗颜，不是太苛刻了点吗？那岂不是全世界至少有一半不是人，余下的一半是半人半非人的东西，只有最后的一点点是"所谓"的人类了。开个玩笑啊！

昨天和一位同学聊到勃拉姆斯的交响曲，不知你对勃拉姆斯有没有兴趣，下次有机会一定要听听他的第三交响曲！我只想告诉你，我第一次听他的时候，只听了两个小节，便惊呆了——我完全被他开门见山、直指人心的冲击力征服了。我一个人呆呆地坐在喇叭前，听了一遍又一遍，忘了时间、忘了周围的一切，忘了自我……在这部伟大的作品里，他注入了自己的灵魂！我从下午听到了晚上，忘记了时间，忘记了吃饭。忽然，停电了，寝室里别的同学又没有回来，顿时，黑暗和寂静几乎淹没了我。脑子里忽然想起两个画面，一个是《悲惨世界》里的冉·阿让在离开珂塞特的那些日子里，孤独、寂寞，他对芳汀的女儿怀着深深的祝福，可又担心马吕斯对他怀疑和误解。啊！是那么忧愁。另一个则是我自己，想到了自己的生活，我爱音乐，学音乐，我已做出了未来的抉择，但那是一条艰难的道路，我能成功吗？

瞬间，勃拉姆斯的音乐好像已经告诉我一切，好像什么都明白了却又什么都讲不出来！所以，每当忧伤的时候，寂寞的时候，我都想听听勃拉姆斯，仔细听、用心听，把自己都交给他了！换来的是——在获得安慰的同时，又给予你对生活的一切应有的信心！

LH

真正的交流

LH：

关于勃拉姆斯的那段话语，写得很好，我读了好几遍，非常喜欢。虽然我也很喜欢你关于肖松《音诗》的文字，它很真切很动人，因为乐曲已经唤起你的感情，把你和它糅和在了一起，于是你捕捉了瞬间的印象，那么鲜明，那么深刻（那么美丽动人却又那么冰冷刺骨），但是，还看得出夸张的痕迹。而对勃拉姆斯的体味则不同。你已经融合到他的乐章里去了。

我可以想象得出你听勃拉姆斯第三交响乐的情景：暮霭四起，周围的一切都隐藏在夜的阴影里，只有忧郁寂寞的旋律在回荡，宁静而平和，突然又激昂而悲壮，仿佛在摆脱，在挣扎……就在夜和乐的交响中，一个少年的思绪被激荡，被呼唤，他已经忘了自己的存在，灵魂被旋律拥抱着飘出了躯体，在繁星闪烁的天际慢慢走去；时光轻轻地从身边流过，轻轻地，轻轻地流回去；回忆在时光的流淌里，柔柔地升起，温暖而亲切，清新而动人。儿时的呼唤，童年的努力，少年的追求……那一幕幕的景象都在星际浮现，多么希望再来一次，但这一切永远永远过去了，只能在遥远的回忆里和他相拥……啊，为什么黄金般的岁月要离我而去？为什么，为什么？一股惆怅的感情油然而生，孤独而寂寞。这难道是你吗？！

我们的对话，我觉得，现在才真正开始。我很高兴。

T

听马勒

LH:

我很少听马勒的作品，也很少收藏他的CD，听百人乐队演奏他的作品恐怕还是第一次。马勒是位激情诗人，他的情绪始终保持着高昂，从乐队的配置就可以看出来，他特别加强了管乐尤其是铜管部分，光圆号就8把，定音鼓两套，这还不够，还加上大军鼓、大锣、大钹，这还不算，他把机会，把主要旋律都给了铜管，而且还要最强音！请闭上眼睛想一想，整个管乐队律动起来，那将会是什么样的效果。就像暴风雨中的大海，汹涌澎湃，疾风卷着怒涛，愤怒地向峭壁摔去，激起拍天的巨浪。一个接着一个，没有止息，你只能在这超强音的波涛上挣扎、翻滚、嚎叫，直到筋疲力尽沉到海底。

我不喜欢马勒，虽然我也是个富有激情的人，但我觉得他似乎有些做作，尽管春天来了，大自然充满勃勃生机，但用不着鼓号齐鸣，疯狂地宣泄自己的感情，至少我还不能理解不能接受。也许这正是表现出了我的肤浅。

T

马勒的音乐

T:

终于收到了你的有关马勒的邮件。我平时也很少听马勒，听他的作品可以说很有限，只有为数不多的几个：第五交响曲、第一交响曲(巨人)、用我国唐朝诗人李白的诗写的《大地之歌》，以及借用他第一交响曲部分主题材料的交响化的《流浪少年之歌》。其实，我最喜欢马勒的第五交响曲的《柔板》，充满的是沉思，浓浓的沉思，就像马勒中年时的一幅肖像，皱着眉头沉思。其他的作品，真如你所说，热情过了火，无休止地宣泄，叫人难以接受。有一次，我在瑞士的一个小镇上听音乐节上马勒的演出，就是第一交响曲，到了第四乐章我就坐不住了。不是因为不好听，是因为耳神经被刺激得麻木了，早已没有了与之一同宣泄的激情。

而《大地之歌》，马勒理解的完全是两回事，和唐诗的境界不同，他总是表现那种极富个性的莫名的悲观总是和"死亡"有关，有一些神秘兮兮的。不过说实话，我不太能听得懂《大地之歌》，不太喜欢他那种神经质的性格！

我不太同意有一种说法：艺术家都是疯子，不疯不是艺术家。艺术给人以健康、幸福、希望，即使是悲观的作曲家，在作品的深处，也有埋没在心底充满呼唤的希望，同意吗？

LH

真正的艺术家

T:

这两天听李云迪演奏的肖邦，听梅纽因演奏的拉罗《西班牙交响曲》以及肖松的《音诗》。我喜欢李云迪的那种富有诗意、充满热情的演奏，我很想学习他。你知道，每次听他都会有一种暗自的庆幸——庆幸自己有机会学习音乐。在这个世界上，除了用语言，我还能用这么美妙的一门艺术来表达自己的情感！甚至能够从中体验、领悟到人生的好多好多道理。而听梅纽因演奏的《音诗》，又可以完全地体验他那种充满灵气又少年老成的大师气质，毕竟这张唱片是他十几岁时的录音，但他的演奏又是那么真实，那么质朴。当时的录音是没有什么高科技加工修饰的，所以灌制的唱片不仅是原汁原味，更是实事求是的。有一点音不准，或者滑音不到位，甚至发音粗糙都会在唱片中表现出来。因此，听他的演奏就像你在摄影时告诉我的那样，没有人为地摆造型，没有刻意地修饰，而是真心实意地把音乐奉献给你了。这样的演奏才能称之为"纯真"。

我想做人的道理和演奏是一样的：修饰加工过的 CD 固然美妙，但绝对比不过大师现场录制的录音——哪怕只是 78 转的胶木唱片也珍贵。做人、交朋友、做事业也是应以诚相待的，艺术上最完美的合作几乎都是和最纯真的友谊难舍难分的——帕尔曼和梅塔、郑京和与她的哥哥、小泽征尔与波士顿交响乐团、杜普雷和巴伦勃姆、阿玛迪乌斯四重奏团……他们都是有着几十年真诚完美的合作，这些才是真正的艺术家们！搞艺术、做人、78 转的唱片，其实都是一回事啊！你觉得对吗？

LH

由冉·阿让想起

LH:

读了《真正的艺术家》，感叹良久，我又记起了你在听勃拉姆斯时想起的冉·阿让。冉·阿让偷过面包，可那是为了救姐姐的 7 个孩子。真正的错误可能就是偷了主教的银烛台。但这对银烛台却决定了他一生的走向。他从烛台上感悟到的不仅仅是主教的宽厚，更重要的是感悟到了对他个人人生的殷切期盼。于是他人性中最纯朴、最真诚的一面，被充分显露展示出来了。他对芳汀的关切和热爱，他对珂赛特的无微不至的体贴关心和慈爱，他对马留斯的理解和宽厚，甚至对沙威——那个使他吃了多少苦的沙威（但不能简单把他归为坏人，他是忠于职守的，当他发现职守和人性的矛盾不可调和时，他自杀了，从这个意义上来说他也不愧是个"人"）也宽怀以待，而这一切对于冉·阿让来说是那么自然，那么简单，那么清晓明达，没有什么思想斗争，没有什么犹豫不决，即便是马留斯对他极其误解，但为了珂赛特和马留斯的幸福，他毅然忍痛离开了珂赛特。当他弥留之际，拿出了烛台，对珂赛特说的最后一句话是："我不知道那给我烛台的人在天国对我是否满意？"雨果是把他作为一个真正的"人"来刻画的，一个纯洁而透明的灵魂来塑造的。这样的人在那个世界太少了，所以那个世界是悲惨的。

你想起了冉·阿让，你对冉·阿让的命运发出了感慨，这说明你还有一颗善良的心，我很高兴。在这个物欲横流的世界上，多少人在追名逐利，能保持一份纯真，能保持一份善良是不易的。愿这些美好的品质永远伴随着你。

T

真实的世界在你心中

T:

下午上完课，就急匆匆回去接收你的信。你给我讲了冉·阿让的故事，你知道从来没有哪一部小说能叫我静下心来，把它的故事细细体味着，一遍又一遍，一年又一年地体味着。我看《悲惨世界》至少五遍了，可是仍然如此炙热地喜爱这部作品。如果说，在一些人的一生中，总有一些事物影响他的一生，那么对我来说，雨果的《悲惨世界》可能就是这样一部文学作品。我理想中的人类生活，简直应该是冉·阿让、主教、马吕斯、珂赛特还有小说中无数善良的灵魂的化身——确切地说，是一种集合。主教简直是无上慈悲的上帝的化身，而冉·阿让则是一个凡人，地地道道的凡夫，可是最后，那几个烛台，却叫从内心中已经积聚了十几年的对世界的仇恨，在黎明来到前化为乌有。而且在他的心中还升起一个那么温暖、那么充满光明的世界。我想，这就是爱的力量！一个人，如果没有感情，不能称为人；没有爱，简直就无法正常地生存在这个世界上。而音乐中蕴藏的无限的人类情感又是那么契合了人性，我想这就是歌德那句苛刻的话背后蕴含的潜台词，这就是人类世界中艺术存在的必要了吧。

有时想，自从一个人一只脚迈进这个有形的世界里，就会觉得处处充满了缺憾，就像佛陀称我们的世界为"娑婆"一般。我想，这个世界就一定是充满了许多遗憾的。但是，佛祖在圆寂之前，也曾微笑着对菩萨说，这个世界又是那么的完美，完美无缺，一点不比极乐世界差。这好像令人难以理解。可有一天，我好像有点懂得了，佛讲的那个世界其实就在你的心里啊！心美，你的世界才能美。

冉·阿让的世界无疑是有缺憾的，但是美的；主教也是美的，珂赛特也是，芳汀也是有缺憾的，可也是一种缺憾的美。甚至，我猜想，在沙威的生活中也有美的一面，只是在他灵魂深处被埋没掉了。一旦光芒从乌云中迸发出来，他那本以为固若金汤的世界顿时颠覆了，土崩瓦解。唉，很是可惜。

我希望每个人的心里都有一个美的世界，如果在现实中我的这个理想不能让我满意地实现——当然，满意是有限度的——即使是这种理想主义的愿望，幼稚的，柔弱的，我也愿为之作无限的努力——这应该是做人的本分，一直到最后。假如现实击败了我，我也不会后悔，因为我在自己、还有一些人的心里，播下一些永远不会有缺憾的种子。为此，就很幸福了。

LH

我认识了真实的你

LH:

勃拉姆斯第三交响乐的第二乐章，乐曲在平缓的音阶上行进、徜徉，单簧管吹出的旋律安宁、宽厚，那么富有同情心，那么充盈着爱心。弦乐的加入使旋律似乎张开了温柔的双臂，要去拥抱这个世界，拥抱这世界上的每一个人，拥抱每个人所拥有的每一颗善良的心，不管是冉·阿让，还是沙威……就在这细腻柔和的行板里，我感受到了前所未有的温馨，感受到了前所未有的爱——被人爱和爱人，感受到了前所未有的真诚和单纯。勃拉姆斯带你走入一个全新的世界，一个爱的世界。这就是我为什么要在读你的信的时候听勃拉姆斯的原因。我没想到你对人生有这么深切的感悟，它使我感动，更使我震撼。

是的，人生永远是一个有缺憾的历程，关键是我们如何来面对这人生；世界也永远是有缺陷的，关键是你怎么来面对这世界。如果我们始终抱着憎恶的态度来面对这现实，那么就有可能看不到希望，看不到光明，因此而消沉下去。一个音乐家，听不到一丝声音，可以想象贝多芬是忍受着怎样巨大的痛苦啊。但是我想贝多芬定是超越了痛苦而走入了一个新的世界。在那个世界里，没有烦恼，没有争斗，只有充盈的爱，只有涌动的欢乐，在欢乐和爱的阶梯上，不断上升、上升，到了极点，人类历史上一组最强音“欢乐颂”喷涌而出，啊，那是多么辉煌灿烂，那是多么欢乐幸福！罗曼·罗兰说贝多芬自己没有享受过欢乐，但他把伟大的欢乐奉献给了所有的人。我以为罗曼·罗兰是错的。如果没有对欢乐有过巨大的体验，如果没有欢乐的巨涛如此强烈地叩击他的心扉，如果不是对光明和幸福有着坚强的信念，那么他是不可能喷发出“欢乐颂”的。

“弟兄们请你们欢欢喜喜
在人生的旅程上前进
像行星在天空运行
像英雄一样快乐地走向胜利
万民啊，拥抱在一起
和全世界的人接吻
弟兄们——在上界的天庭
一定有天父住在那里”

而欢乐是来自于爱，巨大的欢乐来自巨大的爱！我们要收获爱，就一定要播种爱。

所以我读你写的最后一段流泪了，我反复读了几次，我看到了一个坦荡的灵魂，我看到了一颗充盈着爱的心，我更看到了一个有着受难者勇气，对自己的信念有着坚忍不拔精神的大写的“人”，我认识了一个完整的你，我认识了一个真实的你，希望在我们的心中能收获真正的爱，对世界的爱！

T

阿宝与傩戏

T:

读过你的邮件，让我愈发感到欢乐，那是一种如此令人酣畅的理解，非常感谢你能如此赞同我对生活的一点点浅薄的理解。而最让我感到鼓舞和感激的是，你对我文中最后一段的评述和理解，几乎和我写下这段文字时心中起伏跌宕的感情完全一致。有时我觉得我们彼此有着一种难以形容的契合与了解，我们有着两代人之间少有的坦诚交流，有着对待艺术鉴赏的天海一线般的和谐，还有着许多难以解释的巧合和善于彼此相容的性格。

真心祝福我们彼此珍贵的友谊！

今天买了几张流行音乐 CD，都是大陆和日本最流行的歌曲，我已近半年没让自己好好听听流行音乐了。你可能不知道，其实我小时候是一个极其保守的古典乐派者，甚至和一些铁哥们在中学成立了一个保护和维护古典音乐的小协会。那时候有一种固执的想法，认为所有的流行音乐都是靡靡之音，充满了令人作呕的猥亵音符。那时我组织了一个弦乐四重奏团，就是从张扬古典音乐的立意出发的。可是后来当我听了刘欢唱的、北京的作曲家三宝作的，纪念周总理的一首歌曲《你是这样的人》时，我几乎无法形容在听这首歌曲时，那洪水般倾泻而出的庞大气势和巨大伤感，我被震撼了。原本以为只有高雅艺术、古典音乐才具有的高层次艺术感染力，竟然在一首充溢着无限思念、无限感恩情怀的乐曲中，在一首这样简单旋律的流行歌曲中完全表现了出来！我想，这样深厚的情感，即使在很多中外艺术歌曲中也很难达到如此的境地。从那一次开始，我完全改变了对流行音乐的态度。

记得有一幅挂在墙上的面目狰狞的傩戏面具——挤眉弄眼龇牙咧嘴，甚是恐怖。可是当人们变更了照射着它的灯光的方向后，却让我们从他的丑恶面容背后，看到另一个相关人物的影子。刹那间，我忽然想到，在丑恶的东西背后，难道就一定不允许存在着一些美善的幼芽吗？原本我不太情愿接触的面具，在这时忽然间唤起我的许多同情——也许这副面具也有过“恋爱”，而那个仰面长空的女孩剪影是否就是他心中曾经爱慕的对象？女孩的影子是那么的美，她和那个面具之间究竟发生了一些什么故事呢？也许只有面具自己才晓得——如果他们曾经有过灵魂的话。

看似通俗的东西，有时也会体现出那些自为矜持的高雅艺术难以表现的价值；看似丑陋的物品，在憎恶面孔的后面，或许有着人们难以觉察的美与善良，或许也有过动人的故事，有过美好的向往和回忆。

看来，对待艺术，也要像冉·阿让对待生活、对待朋友、甚至对待私敌的态度那样要的是包容！只有包容地接受新的东西，能正确地了解他们、体验他们，才能使自己的生活情趣和品位变得真正的完整起来。

LH

由卡西莫多想到的

LH：

卡西莫多的外貌是极其丑陋的，这个巴黎圣母院的敲钟人，长着一颗让任何人看见都要惊怕掩面的脑袋。这颗脑袋又安装在一个驼背上，驼背又压在两条长短不一的粗壮的腿上。但是他却有着一颗金子般的心，不仅仅在于他是善良的，更在于他的是非分明、疾恶如仇。当他看清楚富洛诺——尽管这是养育他的恩人——阴险丑恶的本性，便毫不犹豫地把富洛诺从圣母院楼顶扔了下去。但他的内心世界绝不是那么简单，他也有他的追求他的爱。他爱艾斯米拉达，不仅因为她长得漂亮，更在于知道她心地的美。当他因为抢劫艾斯米拉达被鞭笞示众时，指使他干这坏事的富洛诺逃了，相反却是艾斯米拉达给他送去水湿润他干裂的嘴，也湿润了他干裂的心。所以他豁出一切保护着艾斯米拉达，直至生命的最后一刻。最后他拥着艾斯米拉达的尸体死去。两年后人们发现他们的时候已经变成了紧紧相连的两具尸骨，要想分开他们，他们倒下来化作了粉尘。我一直被这个结尾震撼着，多么惨烈又多么壮丽，化作了粉尘又回到了大地，那养育着生命的有着宽厚胸怀的大地，这不比化作两只蝴蝶更能引起人的深思吗？美和丑从来都是有两重标准的。人们往往会被外形的丑美所迷惑，而忘掉了真正的美是在人的心灵、在人的精神、在一切体现人的价值的精细末微处。而要真正了解一个人的心那是多么的困难，因为很多人都在有意无意地掩饰自己，制造假象。就像那傩戏面具一样，有谁知道面具底下是什么呢？

奇怪，我们怎么会讨论起哲学的命题了？你的话语不仅给我带来了巨大的欢乐，更开启了思考的门扉。而这种思考也使我感到前所未有的酣畅。

我不喜欢流行音乐，我不认为它是靡靡之音，可是它是浅薄的，它的乐式决定了它难以表述复杂深厚的感情。但我喜欢刘欢，也喜欢腾格尔，一个是细腻的，一个是粗犷的，代表了两种风格。腾格尔使我想起了草原大漠蓝天，一切处于原生态。刘欢使我感受到感情的丰厚，它能最大限度地调动起你的共鸣。我需要进一步了解流行音乐。

T

我对美的理解

T:

你的文章中给我讲了卡西莫多的故事，这让我回忆起小时候初读这本书时的感受，而我的感受又总是和画面联系在一起的。我看雨果的小说，其实是从这部《巴黎圣母院》的电影开始的。我记得是在小学时看的。片中最刺激的画面，是卡西莫多被绑在烈日下、赤裸上身被鞭笞的情景；周围是一群衣衫褴褛的人，指着卡西莫多咒骂他、唾弃他。我看的时候难过极了，现在想着也特难过！这时候艾斯米拉达却过来给他送水喝，正如你所讲的“湿润他干裂的嘴，也湿润了他干裂的心”。于是生命中最伟大的奇迹发生了——卡西莫多忽然之间顿悟了一切，善恶真假，历历在目！而最后他的作为，他的牺牲，不仅仅为了他所爱的人儿，更是为了一种生命至高的价值：真与善！

记得在《悲惨世界》中，主教在他的小花园里种花时常说“美，也许更有用”！那时看这句话百思不得其解——美，除了在艺术欣赏中有价值的体现，在生活中又能有多少作用呢？可是，后来我明白了主教话语的含义了，美不但有用，而且在生活中是不可或缺的！美不仅仅是作为艺术欣赏的最终目的，或者是某种价值取向，美一直是与真、善联系在一起的。我想，美完全可以理解为真与善的外壳，也可以理解为它们的内核。它们是有因果关系的！真与善最终的表现是通过美来昭示于众的。而且它的每一次出现都是自然而然的，从不加修饰，如出水芙蓉，如中秋明月；也不做人为的准备，像桃花飞舞，像野雁南归！

造物主给人类的指引，绝不会是耳提面命地告诉你答案，它将会隐喻在大自然的一草一木中，它将会闪现在不经意的一言一行里，这些都是真善美栖身的神殿啊！明月高悬了几亿年，江河湖海无数载，如果是造物主的旨意，就一定是为了让他的子民们感悟这些道理！你认为是这样吗？

LH

用生命在作画

LH:

最近看俄罗斯画展，我们都喜欢《贵族夫人》这幅画。我们都被她忧郁的眼神、全神贯注的神态、自然流露出来的高贵优雅的气质所迷住。同样，看《乌克兰少女》，我们也被她的充满了欢乐的青春气息以及对生活的热爱和憧憬所吸引。为什么？就因为她们有生命！画布上的生命是画家的生命和被画者的生命交融在一起而诞生的，他了解她，热爱她，甚至深入到她的灵魂，因此才能诞生出活生生的生命体。艺术家是在用自己的生命作画。大凡成功的作品几乎都是如此。狄更斯在写《老古玩店》的结局时，痛哭流涕，像大病了一场，旁人问他为什么，他说，小耐尔（《老古玩店》的主人公，一个极其善良而又美丽的姑娘）死了，他不忍心她死，读者也不愿意她死——当小说在报上连载，小耐尔生命的结局已经显露出来时，多少读者写信来要求不要让小耐尔死去，然而狄更斯痛苦地告诉读者，对小耐尔的命运他已无能为力，他涕流满面地让小耐尔离开了世界。这说明什么？这说明小耐尔已经不是作家笔下的人物，而是一个独立的生命体，她要按照自己的生存逻辑来走自己的路，作家只能成为她生命轨迹的记录者。这样小耐尔就成为一个活生生的“人”生活在这个世界上，一如哈姆雷特、奥赛罗、罗密欧、朱丽叶、冉·阿让以及无数这样的“人”，活在人类社会——优秀的音乐作品不也是这样吗？！我们在这些乐曲中，听到的不也是生命的呼唤吗？贝多芬的激昂，柴可夫斯基的悲怆，拉哈马尼洛夫的热情，德沃夏克的安详，不都是生命的话语吗？不朽的作品必然是依附着作家的生命的，不管你是读他、看他、听他，你都会感受到他的存在。这就是不朽！

T

做个好梦

T:

谈谈这两天法国图鲁兹交响乐团的音乐会吧。这是多么令人感到振奋的节目啊！很久都没有听到如此高水准的演出了。昨天的节目是拉威尔的专场。你知道，你老是说我是个印象派，其实我也不能完全否认，但是我必须承认一点，我是那么着迷于法国音乐优雅的风格和斑斓的和声色彩！法国的音乐就像她的绘画一样，着意刻画的不是在于生活是多么的艰难、命运是怎样的坎坷、哲理是多么的深奥、意境是怎样的虚无缥缈。相反，法国的音乐总是充满了激情，热烈的激情，充满了色彩，炽烈的色彩。即便出现过阴暗的音符，也仅存片刻！五光十色，绚烂多彩！多好啊！法国是一个多情、天真、浪漫的国家，你可以看到，在乐团里的演奏员只要交响曲中有自己露脸的段落，就兴奋得像一个孩子似的，完全自动地投入到音乐中，忘我的表现。我认为这是一件好事，是我们所有不敢表现自己的中国演员都需要毫无保留地学习的东西，但是必须看到，这种忘我的表现是在多少次磨炼和对音乐反反复复推敲、理解之后才能做到的，而绝非那种令人作呕的忘乎所以的个人表现。

昨天图鲁兹交响乐团还演出了拉威尔的钢琴协奏曲，我简直被那位年轻的钢琴家出众的才能所征服！我毫不顾忌地认为，他的才能要远远高于李云迪。不论是技术，还是音乐的配合、协调、记忆能力，还有对作品的理解与舞台经验，甚至过人的耐力，无不显示着无与伦比的驾驭能力！叹服！叹服！（欧洲有很多

这样默默无闻却极富能力的艺术家，可总是没有美国人那么会利用商业机会来炒作，名利双收）

随后的节目中还有波莱罗舞曲，还有最使我着迷的《达芙尼与克罗埃第二组曲》！听现场的音响要超过 CD，而听法国人演奏法国的作品，要远远胜过其他民族的交响乐团对之的演绎！这首作品在昨天大剧院的现场演奏所产生的效果，是我从来没有感受到的！我在现场听到、看到许多以前在 CD 中没有发现的音响和现象，这些东西都使我感到耳目一新！精神一振，健康百倍！看来听音乐会，尤其是听一场自己倾慕已久的，内心充满渴望、充满需要的音乐会之后，人一定会长寿！

音乐会使你满意吗？使你内心中充满了喜悦吗？使你觉得每一天的清晨，光芒四射的太阳都是为你而升起的吗？使你觉得时时刻刻、分分秒秒心中都在歌唱、都在祝福着一切美好的东西并为之感到分外满足吗？

如果是，请不要忘记世界上一定会有人同你一样、和你一起心中充满喜悦、感到太阳为自己而升、无时无刻心中都在歌唱、都在祝福着！

晚安，做个甜美的梦吧！

LH

刘洪，现任上海师范大学音乐学院器乐系副教授、硕士生导师。上海音乐学院《小提琴经典译丛》副主编，上海音乐学院高峰高原学科组专家。主要从事小提琴表演以及音乐美学方向的教研工作。刘洪先后于 2002 年、2005 年和 2009 年获得学士、硕士和博士（音乐美学）学位。刘洪是 2006 年“上海高校选拔培养优秀青年教师科研专项基金”获得者。2007—2008 年应邀赴美国印第安纳波利斯大学、东南密苏里大学访学，举办独奏音乐会及专题学术讲座。2008 年创建了著名的小提琴学习网。2010 年被评为上海师范大学优秀青年教师。2014—2015 年公派赴美国加州大学洛杉矶分校担任访问学者。迄今正式发表著译逾 70 万字。著有《新概念小提琴演奏技术》（上海音乐出版社，2005），译有彼得·基维《音乐哲学导论：一家之言》（华东师大出版社，2010）。

山西师范大学校史（节选）

一、走马上任

1984 年 1 月 15 日，山西省委宣传部部长张雨田和省教育厅厅长、党组书记蔡佩仪代表省委在全校科级以上干部大会上宣布省委和省政府的任命决定，任命陶本一同志任山西师范学院院长。陶校长代表新一届班子在会上做了讲话。他说，我们五位同志是国家处于历史转折时期受命担任我院领导工作的，深感责任重大。我们要尽最大努力搞好山西师院的各项工作，为我省的教育事业做出应有的贡献，决不辜负时代的要求和省委领导及全体师生员工的希望。并提出了“尊重知识，尊重人才，任贤贬庸，奖勤罚懒，以严治校”的办学方针。

二、实行系主任负责制

1984 年上半年，学校实行系主任负责制。在干部选任方面，各系系主任采取老师民主评议、组织人事部门考察、党委研究、校长任命的办法确定，并实行任期制；副主任由系主任提名、报学校审批任命。实行系主任负责制后，学校把教学科研指挥权、人事权、奖惩权下放到系里，给系主任一定的责任和权限。人事权方面，教研室主任由系主任任命，任课教师由系主任聘请，在规定的范围内，有权决定讲师以下的教师、教辅人员和工人的调出调进。不称职的教辅人员和工人，系主任有权辞退。财经权方面，学校下放一批财权，由系主任掌握，实行经费包干制，节约归己，超支不补。同时，建立系主任基金，各系自筹资金，除按规定的比例上缴学校和本系的公益金外，其余由系主任支配。奖励权方面，系主任对教学、科研和行政工作方面表现突出的同志，有权奖励，包括物质奖励。对于违反校纪者，有权处以严厉警告以下的处分。为了使系主任负责制有章可循，学校制定了《系主任负责制工作条例》，对系主任的责任和权限以及与党支部、系务委员会的关系等做了明确规定。

三、转变领导作风

从 1984 年 12 月 14 日开始，到 1985 年 10 月，历时 10 个月学校全面开展了工作。校领导切实转变工作作风，从 1985 年 1 月开始，定期举行“校领导与学生见面日”“校领导与教工见面日”，设立“校长信箱”，畅通校领导与师生对话的渠道。

四、实行校长负责制

1987 年 1 月，经省委批准，山西师范大学被确定为实行校长负责制的试点单位。实行校长负责制后，校长对学校的思想教育、教学、科研、后勤、人事、财务、外事、保卫等各项工作负有全权领导责任，对上述行政管理系统实行统一指挥，对其中的重大问题有决策权。同时对行政处级干部的任免，对副校长的提名任免，对教师的聘任，对教职工和学生的奖惩，对学校和事业费、基建费、创收费的支配和使用等，都是校长应行使的职权。与校长负责制的领导体制相适应，学校设立了教务长、总务长和图书馆长，继续实行系主任负责制，他们的工作直接对校长负责，并设立校务委员会作为审议机构。1987 年下半年，学校颁布《校长负责制暂行工作条例》，对校长应履行的职责权限、校长与学校管理系统的关系、校长与校务委员会的关系、校长与党委的关系、校长与教代会的关系等做了明确规定。

为了进一步完善校长负责制，加强校行政职能，理顺关系，协调工作，学校对部分机构做了调整。将原来的 3 个机关总支合并为 1 个机关总支；增设监审处，对全校行政纪律和单位财务收支及其经济效益进行审查监督；增设物资设备处，负责制订和实施教学、科研及行政设备物资的计划；增设外事处，负责外籍教师专家的聘请、接待和管理工作，以及留学生的管理、组织国际学术交流和其他外事活动。

五、协调党政关系，加强民主监督和民主管理

实行校长负责制后，学校党组织的职能转为对学校整体工作起监督保证作

用。为了协调党政关系，共同搞好工作，我校加强了党政联席会议制度，有关学校工作的重大问题，都在党政联席会议上反复讨论，集思广益，取得一致意见后，再提交审议机构进行审议。校长在对学校重大问题做出决策之前，都要征求党委的意见，而且定期向党委或党委召开的党员干部会议汇报工作，保证学校各项工作健康顺利地开展。

在民主监督和民主管理方面，主要内容有：

（一）建立校务委员会

1984年我校建立校务委员会，主要任务是作为校长的咨询机构。实行校长负责制后，校务委员会转变职能，成为校长主持工作的审议机构。1987年，第二届校务委员会诞生，校务委员会在校长主持下，负责审议校长做出的有关学校全局的重大方针、制度、方案和计划，协助校长做出重大决策。

在各个系，系主任除了自觉接受党总支的监督，协调好党政关系外，还成立了系务委员会，作为一级审议机构，讨论有关提高本系办学水平的重要措施，帮助系主任正确行使正常权利。系务委员会由系主任主持，吸收党总支书记、教师和学生代表参加。

（二）健全教职工代表大会制度

教职工代表大会制度是教职工行使民主权利、对学校工作实行民主管理和民主监督的基本形式。为了使全校教职工更广泛地参与学校管理，行使当家做主的权利，我校于1987年7月5日—10日召开了首届教职工代表大会和第二次工会会员代表大会。出席大会的有正式代表198名，特邀代表15名，列席代表21名。其中教师代表128名，占代表总数的65%，职工代表70名，占代表总数的35%。会上，党委副书记许赤民致开幕词和闭幕词，党委副书记史宽量做了重要讲话，校长陶本一做了《行政工作报告》，总务长苗居野做了《教职工住房分配条例》的报告，工会主席曹志俊、副主席张如玉分别做了《工会工作报告》和《工会财务工作报告》。大会期间，全体代表畅所欲言，讨论、审议并通过了上述报告，形成了《关于行政工作报告的决议》等四个决议，以无记名投票的方式选举产生了第二届工会委员会。对于教职工人人关心的住房分配与管理问题，大会责成后勤处根据有关政策规定，结合本校实际，尽快将《职工住房分配与管理的暂行办法》修改后交大会工作机构讨论通过。这次大会还收到代表提案128条。教代会以后，全校教职工按照大会制订的奋斗目标，齐心协力，立志改革，开拓前进，在“团结、创造、求实、奋进”的校训感召下，为完成大会提出的各项任务而奋斗。

(三)招聘校长助理

1988年5月，学校在三年级学生中以测试、推选、竞争、答辩的方式公开招聘了两名校长助理，正式签订了《校长助理聘约》，制定了《校长助理工作条例》。这两名校长助理是政教系学生刘伟波和外语系学生刘丽娜。校长助理的主要任务是沟通校长与学生之间的联系，及时把信息提供给学校，帮助校长决策，提高决策的透明度。同时，通过校长助理的工作，增强学生的民主意识和参与意识，进一步加强对学生工作的民主管理。

六、党委领导下的校长负责制

1989年12月，为适应新形势下高校工作的需要，根据省委指示，我校的领导体制由校长负责制恢复为党委领导下的校长负责制，并对校级领导班子做了调整。任命武伯琴为党委书记，许赤民、宋守鹏、王春元为党委副书记，陶本一为校长，谈浩良、苗居野、陈哲卿为副校长。同时，把常委会制改为委员会制，武伯琴、许赤民、宋守鹏、王春元、陶本一、谈浩良为党委委员，许赤民兼任山西师大体育学院党委书记和院长。1990年1月20日，省委组织部副部长毕增福、省教委副主任符鸿合代表省委、省政府来我校宣布了党政领导班子的调整情况。1992年7月，省委对学校领导班子再次做出调整，由王春元担任校党委书记，陶本一担任校长、校党委副书记，宋守鹏担任校党委副书记，常务副校长，增补了邵壁华为副校长。1992年11月，省委任命秦良玉为校党委副书记。

1989年12月学校党政领导班子调整后，1990年8月又对部分系处级领导干部做了调整和充实，同时调整与设置了部分机构。撤销监审处，成立监察室和审计室，校纪律检查委员会与监察室合署办公；设立学生工作部，归党委领导，学生工作部与学生处合署办公；恢复设置教务处和科研处，撤销文科教学科研处和理科教学科研处。

为了加强和完善党委的集体领导，充分发挥校长的行政管理职能，进一步理顺党政关系，学校于11月制定了《山西师范大学会议制度》。这项制度对党委会议、校长办公会议、校务委员会议、系党总支委员会议、系务会议和各部、处、室务会议的主要任务、会议内容、研究决定的重大问题和应行使的职权分别做了明确规定，保证了党政各部门各司其职，各负其责，协调工作，提高了工作效率。

1993 年 12 月，党委制定了《实行校系两级管理，加强和完善系主任负责制方案》，同时颁布了《系主任工作条例》《系党总支工作条例》等一系列文件，进一步加强和完善系主任负责制，使各系工作更加主动、积极，以进一步提高教学科研水平，从而提高办学水平。

七、教学改革

1984 年学校新的党政领导班子组成后，就开始酝酿和准备全校的教育改革问题。校领导多次召开会议，讨论贯彻邓小平提出的“教育要面向现代化，面向世界，面向未来”的指示，改变传统教育观念，积极开展教育改革，努力提高教学质量，为“四化”建设培养更多更高质量的人才，以实际行动迎接“新技术革命”的挑战。1984 年 9 月，学校召开科级及教研室副主任以上干部会议，传达省教育厅召开的高校改革座谈会精神。1985 年 6 月，教务处考察团赴北京、上海、西安等六所重点院校学习教改经验。7 月，学校向全体职工传达了全国教育工作会议精神，组织干部教师认真学习《中共中央关于教育体制改革的决定》和中央领导同志的讲话，联系我校实际，就教育改革的一系列问题展开讨论，一致认为高师的办学方向必须为基础教育服务，实现示范性与学术性的统一，加强教育专业知识教学及教育专业训练，使学生树立热爱教育事业的思想，提出了“加强基础、拓宽知识、培养能力”的教改方针，并实施了一系列有利于人才培养的教改措施。

（一）改学时制为阶段绩点学分制

为了更好地贯彻因材施教的原则，调动学生的学习积极性和主动性，培养学生的创造能力，学校首先从改革传统的教育体制入手，决定从 1985 级学生起，全面推行绩点学分制，取消学时制。经过两年的实践，1987 年又对学分制进一步作了修订，使之更加科学和完善。按照学分制的要求，学生在四年学习期间，必须修满规定的学分才能毕业。在课程与学分的比例上，公共必修课和专业必修课的学分占总学分的 65%，教学实习、实验课等实践环节的学分占总学分的 10%，选修课的学分占总学分的 25%。为了适应中学教育的要求，1990 年学校又开设普通话课程，列入必修课，共 36 学时，计 2 学分。为了既保证学生有较深厚的专业基础，又有较宽的知识面；既有一定时限，又留有充分余地，学校对教学计划进行了修订，压缩了必修课，增加了选修课。各系普遍开设了三个以上系列的选修课，每个系列的课程组代表一个专业方向，学生可以按一个系列选修。同时，学生还可以跨系选修，所选修的外系课程可占总学分的5%。为了提高基础课质量，学校合理调整基础课结构，确定了"核心基础课"，在文科系普遍开设高等数学课，在文科以外的系开设大学语文课，全校开设计算机课。在师资力量的配备上，各系任基础课的教师占全部任课教师的85%。为了实现锻炼和培养能力的目的，学分制把实习、见习、独立开设实验课等作为必修课的三大部类之一，占有足够的学分数，使学生充分重视实践环节的分量。

（二）主辅修制、免修免听与重修制

为了充分挖掘学生的潜力，开发学生智力，学校实行主辅修制。学生在学习主修专业的同时，可以跨系或跨专业选修一辅修专业，修满辅修专业主干课程的60%以上并考试合格，毕业后可供用人单位因材选用。

除马列主义理论课、思想教育课（包括军训、劳动、社会实践）、体育课、实验课外，对其他课程学生可以申请免修。但要参加其他年级该门课程的考试并获得二绩点以上的成绩，即准予免修和给予相应的学分。申请免听的学生，经任课教师面试后确认具有自学的能力，可以免予听课。但要按时完成作业，参加实验，课程结束时参加考试并获得二绩点以上的成绩，给予相应的学分。凡属某一门基础课成绩较差的学生，允许补修或重修。

（三）实行中期淘汰制和中期选拔制

中期淘汰制是绩点学分制的一个重要组成部分，是增强学生竞争意识，体现优胜劣汰的有效措施，对于促进学生努力学好专业基础课具有积极意义。学校在1985年秋季以后入学的本科生（包括国家计划、委托培养和自费学生）中实行。按各专业制订的教学计划，在第四学期或第五学期结束时，对学生进行一次包括政治、业务、健康状况在内的综合考核。政治考核根据《山西师大学生思想政治考核试行条例》的要求进行，业务考核在各科平均成绩为3.5绩点学分以下（不含3.5绩点）的学生中进行，3.5绩点学分以上的同学可以免于业务考核。健康考核按学籍管理有关条例执行。综合考核以后，凡属中期淘汰的学生，修满三年内规定的学分，通过教育实习并考核合格，按专科待遇分配工作。

为了鼓励专科委培生勤奋学习，学校参照省教委近年来在各师专委培选拔改革试点的做法，决定在1985级本科生中实行中期淘汰的同时，对全校1985级专科委培生进行一次中期选拔。学校规定，校内选拔仍随原班上课，着眼于本人表现和学业成绩，不受专业和名额的限制。参加选拔的条件是德智体全面考察，专业必修课平均在三绩点以上，其他课程全部及格，没有缺考和补考课程。选拔的方法是在征得委托单位同意的前提下，由个人申请、各系推荐、教务处审核同意后参加综合考试，根据考试成绩，择优选拔，最后由学校审批。

（四）教学改革的新突破

1992年9月经校长办公会议研究，为了更好地激励学生努力学习，打好基础，树立良好的学风，提高教育质量，培养合格的中学教师，决定将中期淘汰制度改为中期分流制度，并从1989级本科学生（包括国家计划、委托培养和自费学生）开始实行。为了加强基础课的教育，提高教学质量，适应新形势对人才的需求，学校决定从1993级新生开始实行新的教学计划。新教学计划的突出特点是强化基础课的学习，把外语、计算机和高等数学定为三大支柱基础课。集中一年半的时间，强化这三门课的学习。在外语学习上，加大课时量，由过去的324课时增加到468课时，要求学生毕业时能通过国家四级考试，否则不予毕业。计算机课时增加一倍，并相应增加上机操作时间，同时聘请有关专家来开设讲座；在文理科都开设高等数学课，尤其在文科建立文科高等数学规范，把教学和思维训练结合起来。除此之外，把大学语文改为实用文体写作，加强学习的实用性和针对性等。新的教学计划的实施，可使学生扎扎实实地打好基础，增强竞争意识，感受竞争压力和紧迫感，掌握真才实学，争做国家有用人才。

（五）改革教育实习

教育实习是学生专业必修课中的实践环节，是培养提高能力的重要途径。学校在总结教育实习经验的基础上，经过反复讨论，于1985年7月制定了《关于改革教育实习的意见》，就教育实习的目的、任务、内容要求、时间形式、管理方法和考核评定等提出了具体的改革意见。为了保证教育实习的效果，教育实习由过去的6周增加到8周，在10所教育质量较高的中学建立了固定的教育实习基地。采取互利互惠、签订合同的方法，由我校每年给实习学校分配一名毕业生或接收实习学校一名进修生免费学习，实习学校在指导教师和食宿条件等方面对实习生给予帮助和支持。这种办法调动了实习学校领导和教师指导我校实习生的积极性，增强了责任心，促进了教育实习质量的提高。另外，在教育实习过程中各系还加强了对教案指导、课前的演习、组织经验交流和观摩教学等。有的系还把学生的教案、师生的心得体会等有关资料汇编成册，为以后指导学生实习提供借鉴和依据。教育实习结束后，学校集中举行全校性的教育实习典型报告会和教育实习演讲活动，推动了教育实习扎实有效地深入开展。

教育见习方面，学校把它列入教学计划，作为一门课程，规定见习四学期，计算两个学分，并制订了实施方案。

（六）实行教师职务聘任制

1986 年 1 月，中共中央、国务院颁发了中共职称改革领导小组《关于改革职称评定，实行专业技术职务聘任制度的报告》，国务院又颁发了《关于实行专业技术职务聘任制度的规定》。根据这一精神，我校开始进行教师职务的评定工作。1987 年 7 月，其他系列（实验、编辑、图书资料、会计统计等）的技术职务也开始评定。为了加强对评审聘任工作的领导，学校于 1986 年 6 月成立了教师职务评审委员会，下设四个学科评议组，各系成立教师职务推荐小组。在技术职务评审、聘任之前，学校首先对全校的人员编制和设岗进行了核准，并于 9 月份颁布了《关于教师职务聘任工作的实施细则》，提出了“坚持标准、保证质量、全面考核、择优晋升”的十六字方针，对定编、设岗的依据和原则、岗位职责、任职条件、评审程序等作了具体明确的规定。经过多方面的充分准备和一年多的努力工作，到 1987 年 9 月，有 167 人晋升为讲师，10 人晋升为教授，94 人晋升为副教授，335 人定为助教。加上原有教师职务，高级职务占到教师总数的 17.8%，讲师占 41.07%。在新晋升的教师高级职务中，有三位教师破格晋升为教授，数学系的侯晋川成为当时全国最年轻的教授。其他系有 27 人晋升为高级职务，71 人晋升为中级职务，155 人定为初级职务。

技术职务评审和聘任同步进行。1987 年 12 月，学校决定聘任教授 5 名，副教授 116 名，讲师 228 名，助教 184 名。聘任其他系列各级技术职务 153 名。高级职务的聘期为 3 至 4 年，中级职务的聘期为 1 至 2 年。

1992 年，学校新聘任 85 名优秀教师担任正、副教授和讲师职务。其中，马志正、田世昆、白新生、张继前、陈德安、杨述贤、周作胥等 7 人被聘为教授，常金仓、邸继征等 17 人被聘为副教授，另外还有 61 人被聘为讲师职务。这些教师严谨治学、奋发向上，在教学、科研、育人方面都取得了优异成绩。

实行教师职务聘任制，使教师队伍的职称结构、年龄结构和专业结构更趋合理，学术梯队初步形成。由于聘任制与教师的政治思想表现、工作实绩挂钩，与教师的生活待遇挂钩，从而调动了广大教师的积极性，推动了教育改革的深入发展。

（七）实行教学质量评估制

根据《中共中央关于教育体制改革的决定》精神，我校从 1987 年下半年开始，在全校范围内普遍实行了教学质量评估制，采取领导、教师、学生三结合的方法，由校长直接聘任教学水平较高的教师担任教学质量评估组的组织和指导工作，组成文科、理科、外语、体育四个组。每个组的教师负责组织有关教师对所属专业的教师进行全面听课，检查教案、讲稿、作业批改情况和学生的考试成绩，组织学生进行评估。同时，建立教师业务档案，对每个教师的任课情况、教学态度、教学效果、科研成果以及学习进修等情况进行详细记载，作为评职晋级、评优评模的业务依据。

在教学方法和目的方面，要求教师改变传统教学观念和“讲听结构”的教学模式，克服“满堂灌”“注入式”的教学方法，运用启发式教学，在加强基础知识、基本理论和基本技能教学的同时，培养学生的自学能力、语言表达能力、实际操作能力、教学能力和创造思维能力。为了检验教师的教学成果，推动教学改革，全面提高教学质量，我校根据国家教委和省教委关于开展优秀教学成果奖励工作的意见，于 1989 年初对这项工作做了具体安排。经过认真评议和反复讨论，最后评出省级一等奖 1 项，省级二等奖 5 项，校级奖 24 项。

（八）实行三学期制

1987—1988 学年起，学校开始实行三学期制，这是教学管理制度的又一项改革。实行三学期制，既保证了学生对主要课程的学习，又便于学生在短学期中多学选修课，参加有关课程的实践活动。三学期制将原来第一、第二学期的标准周数 21 周减为 18 周，第三学期为 6 周，寒暑假照放，第三学期结束后不放假。与三学期制相适应，校系两级都重新修订了教学计划，对必修课和选修课的开设、师资力量的配备、教材的购置都做了重新调整和部署。

在增设选修课方面，对于限制性选修课，一类系要开出三个系列（每个系列课程组总学分应达到教学计划中对限制性选修课的规定学分数），二类系至少要开出两个系列。在任选课方面，各系均为学生提供了 3 ~ 8 门课程，每门不超过 36 学时。

八、建立保障教育改革的制度体系

为了巩固和发展教育改革的成果，保证各项改革措施的贯彻执行，学校十分注意各项规章制度的建设和完善，建立起一套责任制、考核和奖惩三位一体的责任权利相结合的制度体系，包括教师工作量制、教师工作规范、干部责任制、学生规范、工人合同承包责任制等。

为了充分调动广大教师为社会主义教育事业服务的积极性，加强对师资队伍的建设和管理，明确各级教师的岗位责任，进一步推动学校教学科研工作，更好地贯彻1984年12月颁布的《关于建立学校基金和奖励制度试行办法的暂行规定》，1985年5月，学校制定了《教师教学科研管理工作试行条例》；为使青年教师的培养和管理工作走上正规化的轨道，1985年4月，学校制定了《关于青年教师选留培养和管理的暂行规定》，对青年教师选留培养的原则、标准和途径，任用、职责和考核等都作了明确规定。1985年12月，学校颁发了《奖学金试行条例》和《学生科研奖发放条例》，把有限的资金合理使用，用以鼓励和支持德智体诸方面全面发展的优秀学生和积极外事科学研究与创造活动的学生，去除了“一刀切”“平均主义”的弊端。1987年9月，学校正式颁布了《学生规范》，其中包括学生管理规定、学生守则、学生素质综合测评条例、学生思想品德素质测评条例、绩点学分制条例、学生违纪处理办法细则、学生请假制度、学生借阅图书制度、图书馆阅览规则、课堂纪律、考场规则，教室、学生宿舍、学生公寓、文明宿舍、学生就餐管理办法等共22项。1990年9月，学校又根据变化了的新情况，征求各方面的意见，对《学生规范》作了修订和补充，使之更加完善。对于教职工，学校公布了《关于整顿纪律的安排意见》，加强对工作纪律和作风的整顿。1988年《教职工工作条例》出台，1989年相继颁布了《教师工作规范》《辅导员工作条例》《教职工请假制度》等。为了加强对干部、教辅人员和工人培训工作的管理，保证培训工作有章可循，学校还制定了《关于干部、教辅、工人培训学习的条例》和对条例的《补充规定》。这些规章制度的建立和不断完善，使学校工作逐步规范化、制度化，为各项工作的顺利进行提供了可靠的保证。

九、图书资料、实验设备的建设与改善

为了更好地为教学科研服务，学校十分重视图书资料和实验设备的建设与完善。几年来，学校的图书资料工作有了较大发展，图书馆藏书量由1984年的

56 万册增加到 1993 年的 74 万余册，其中中文图书 60 万册，外文图书 4 万余册，中外文期刊 10 万余册。图书经费 30.5 万元，占全校教育经费的 2%。馆内的唐人写经残卷、宋刻魏书残卷、元刻《玉海》和明刻《秦汉印统》均为珍贵的善本。图书馆设有办公室、采编部、流通部、阅览部、期刊部、参考咨询部、技术部、社科资料室等机构，成为学校信息、资料和科技情报服务中心。

为了突出师范教育的特点，学校成立了师范教育资料中心，专门搜集、整理有关师范教育和中小学基础教育的图书、报纸、杂志、资料和信息，直属学校领导，1988 年被列为省教委重点建设工程之一。

实验设备方面，学校的实验室由 1978 年的 8 个增加到 41 个，实验室面积 4 372 平方米，教学科研仪器设备 9 454 台（件），总价值 728 万元，可以开出 41 门实验课，683 个实验，开出率占应开出率的 83%，基本上满足了教学科研工作的需要。

1991 年，学校从发展战略考虑，经过大量工作和多方努力，征得世界银行同意，为我校贷款 150 万美元用于购置教学设备（其中 30 万美元用于体育学院），使我校的物资装备跨上了一个新台阶。

十、加强师资队伍建设，重视青年教师培养

重视师资队伍建设，始终是学校工作的一项重要内容。特别是 1984 年以来，学校领导从振兴山西师大的战略高度考虑，更把师资队伍建设特别是青年教师的培养作为一件至关重要的大事来抓。学校在深入调查研究的基础上，针对师资队伍状况，采取各种渠道，舍得花钱，千方百计让青年教师得到培养和提高。据统计，1980—1990 年，学校共送出 405 名青年教师到国内外学习和进修，其中有 319 名被送往国内有关重点大学，有 86 名被送往美国、英国、加拿大、澳大利亚、日本、德国、新加坡等国家。在送出学习进修的教师中，国内委培研究生有 54 人，在国内或国外攻读博士、硕士学位的有 137 人，通过助教进修班、访问学者等形式学习进修的有 214 人。在培养青年教师的费用上，1984—1987 年总投资 138.5 万多元，相当于 1978—1983 年六年总投资的 26.9 倍，其中仅学校自筹资金就达 71 万元。1988—1990 年，又投资 84 万多元用于出国人员的学习和进修，其中，学校又拿出自筹资金 13.2 万多元。为了支持青年教师的培养工作，学校压缩了许多投资项目。同时，广大中老年教师也拥护学校的决策，积

极支持青年教师学习进修，他们克服身体和工作上的许多不便和困难，主动承担更多的教学任务，每周工作量大多数都在 10 学时以上，一个人承担两门以上的课程，既顺利完成了教学任务，又保证了青年教师培养工作的顺利进行。

在选送青年教师外出培养问题上，学校结合实际，坚持这样两条原则：一是培养紧缺专业人才，即属于某些系科必须开设而当时又开不出或师资奇缺的专业；二是注重培养新兴专业人才，以适应科学技术现代化的需要。为了做好青年教师的培养工作，学校采取了以下几项措施：

（一）妥善处理使用与培养的关系，坚持以培养为主，使用为辅。为了给青年教师的进修学习创造条件，帮助他们尽快成长，1985 年学校制定了《关于青年教师的选留、使用和培养的规定》，明确规定青年教师外出学习，减免全部工作量，在工作岗位上的青年教师减免一半工作量，保证他们有足够的时间和精力用于进修和提高。对承担教学任务的青年教师，坚持了以老带新、在岗培养的方针，通过工作中压担子的方式，使他们在工作中锻炼提高。青年教师上课，必须有中老年教师带头把关，培养严谨教风，把好教学质量关。使青年教师既有学习的机会，又在实践中得到了锻炼。

（二）正确处理接受学历教育与一般进修、长期培训的关系，坚持以提高青年教师的基本素质为主。学校根据不同时期的不同情况，对青年教师的培训工作坚持分阶段、有侧重地进行。1985 年以前，青年教师培养工作的重点是对占相当比重的工农兵大学生进行补课性的基础培训，对不适应做教师工作的坚决调整，对有发展前途的进行重点培养。对 1982—1984 届本科毕业的教师，主要是以上助教班为主进行基础培训。1985 年以后，学校将青年教师培养工作的重点转到研究生课程的学习和硕士、博士的培养上，明确要求 1985 年以后（含 1985 年）本科毕业的青年教师必须在规定期限内考取研究生，对 1985 年以前毕业并上过助教班的教师，也鼓励他们考取研究生。硕士研究生毕业再鼓励他们考取博士研究生。这种培养方式虽然周期较长，但对于改善教师队伍的学历结构和总体水平，对学校的发展和整个教育事业的进步却是远见卓识之举。

（三）坚持国内外培养结合，多种形式并举。学校在重视把青年教师派往国外培养的同时，始终坚持与国内培养并举，以国内培养为主的方针。国内培养又坚持了以派往重点大学为主、校内培养为辅，两者结合、多种形式并举的原则。在重点大学培养的教师中要特别注重在青年教师中培养学术带头人。在校内培养教师方面，学校连续举办脱产、半脱产、业余等多种形式的初级、中级、高级等不同层次的教师外语培训班，为他们报考研究生和出国留学创造条件。有的系实行导师制，有的专业举办读书班，有的学科组织课题研讨组，以各种形式加强青年教师的培养工作。在校外培养，也采取送出进修、委托培养、定向培养、参加外校科研课题、暑假研究生班等多种形式。对于派往国外培养的教师，学校十分注意感情投资，一是编印《展望与交流》，与他们交流信息、沟通思想和加强理解；二是定期邮寄学校的各种出版物，逢年过节以学校名义寄送慰问信、贺卡等；三是对在外学子的来信高度重视，提出的问题尽快解决；四是召开回国教师座谈会，征求他们对设置专业、建设学校的意见。通过这种方式，对他们做到政治上关怀、生活上关心，使他们时时感受到学校的温暖，更加奋发努力，学成回校后勤奋工作。

为了解决好学校地处偏僻、招揽人才比较困难的问题，从 1988 年开始，学校又采取措施立足于自己培养教学人才，即从本校二年级学生中选拔有培养前途的优秀学生，送往重点大学进行后期本科培养，要求他们在重点大学学完本科学业后，根据学校专业要求考取研究生，毕业后得回校工作。这样既可以使后备师资的补充和质量得到保证，也可以为师资紧缺培养教师，做到按需培养。

（四）在教师培养工作中实行倾斜政策。在青年教师培养过程中，学校十分注意政策导向，既对他们严格要求，又果断采取一系列倾斜政策。第一，对于在外进修的教师和委培、定向研究生，享受在校教师的一切待遇，并给硕士、博士研究生（包括原不在我校、毕业后愿来我校工作的硕士、博士研究生）提供一定的科研活动费；第二，在全校教职工住房十分紧张的情况下，对研究生毕业的青年教师优先考虑解决；第三，在人员超编、其他人一律不调进的情况下，设法解决硕士生、博士生的夫妻两地分居问题；第四，青年教师在外进修和攻读学位，晋升教师职务不受影响，对确有真才实学、贡献突出的教师破格晋升职务，并拨给专项资料费和科研费。

经过几年的努力，学校的青年教师培训工作取得了显著的成绩，教师队伍中的学历结构发生了明显变化。教师中具有研究生以上学历的，由 1980 年占教师总数的 3.3% 提高到 25%，在 35 岁以下教师中占到 44%。一大批通过培养提高的青年教师已成为学校教学和科研的骨干和中坚。数学系主任侯晋川博士，是山西省首批破格晋升的最年轻的教授。他在国内外专业学术杂志上先后发表了论文30余篇，在泛函分析、算子理论方面的研究成果已为国内外学术界所瞩目，并多次获得省和国家奖励。1987年，他成为山西省唯一获得中国科学院青年奖励研究基金的青年学者；1990年被国家教委、国家人事部授予“做出突出贡献的回国留学人员”称号；1991年又被授予中国科协第二届青年科技奖。他是美国《数学评论》和德国《数学文摘》杂志特约评论员，1993年又被英国国际传记中心评为“世界名人”。数学系青年教师贾仲孝，赴德国学习期间，以出色的研究成绩，获得了国际应用数学和计算数学界授予世界范围内最优秀的青年学者的L.Fox奖（1993年度）。数学系副教授邸继征博士在逼近论研究方面也取得了良好的成果，被认为是有发展前途的年轻学者。中文系席扬是我校文科科研成果突出的青年教师之一，1990年以来在当代文学研究方面连续发表论文、评论和专著，受到评论界的好评。政法系副主任荆学民是受国家表彰的优秀教师，1990年以来连续出版专著、主编大学教材和发表学术论文多篇。政教系副教授郭学旺1990年以来发表学术论文16篇，担任副主编出版著作两部，参编著作一部。

学校在抓好青年教师培养的同时，也积极采取措施支持中老年教师的培训和提高，一是他们参加国内外学术会、研讨会，或以访问学者身份到外校学习访问，开阔视野，交流成果，探讨学术问题。二是对他们进行短期单项业务培训或在职进修。二是同兄弟院校或其他科研、企业单位的同行或同青年教师合作搞科研，联合编教材。据统计，1984—1986年，我校教师与外单位合作搞科研15项，联合编写教材23种。1988—1990年，我校教师与外单位的83人联合撰写著作、编写教材75部，与单位外的103人合作撰写论文和开展科研课题96篇（项）。通过上述种种措施和途径，一支老中青相结合、素质较高的教师队伍已经在学校建立起来。

十一、增设科研机构，改善科研管理

党的十一届三中全会以来，学校的科研工作逐步走上正轨，并得到迅速发展。特别是1984年以后，学校在抓好教育改革的同时，对科研工作也进行了改革，增设了科研机构，配备了科研人员和必要的科研设备，加强了对科研工作的领导与管理。

1979年，我校就成立了晋国史研究室。1984年4月，成立了教育科学研究所和戏曲文物研究所，相继建立了山西方言研究室、计算机应用研究室、中学数学教学研究室、高分子合成研究室、中学物理教育科学研究室、法学研究室、古籍整理研究室、生殖生理研究室、高能核乳胶研究室、国土经济研究室、现代作家研究室、思维科学研究室、中学英语教学法研究室等14个研究室，还建立了教学、科研实验室41个，仪器设备总价值550万元，为教学科研提供了较好的条件。

为了切实把科研工作搞上去，按照国家有关科技工作方针、政策和规划，根据学校实际，学校积极采取措施，不断加强和改善科研管理工作。

（一）制定条例、规定，使科研工作进一步制度化、规范化。1987年6月，学校颁发了《科技档案管理暂行办法》，使科技档案逐步趋于完整化、准确化和系统化，保证了科技档案的安全和有效利用。为了推动科技工作的发展，鼓励教师和科研人员积极从事科学研究，出成果、出人才，学校于1987年设立了科研基金，1990年又分别设立社会科学基金和自然科学基金，相应制定了《科学基金管理办法（试行）》《社会科学基金管理试行办法》《自然科学基金委员会条例》和《自然科学基金管理试行办法》，使科研工作有章可循，保证了对科研基金的合理使用和有效监督。1988年5月，学校还制定了《关于技术开发、转让、咨询服务的若干规定》，鼓励广大教师和科技人员面向社会、面向生产、面向未来，结合本地区的资源、生产和工农业发展实际，积极参加科学实验、技术开发、技术咨询和技术服务。为此，学校专门为理科系建立了科技开发中间试验厂，为广大教师和科研人员提供研究和实验的基地和场所，调动了他们从事科学研究和技术服务的积极性。

（二）注重扶持重点学科和重点研究所。高等师范院校是教育科学研究的基地，因此，学校始终把教育科学作为重点来抓，在人员、经费、设备等方面尽量给予扶持。教科所师范教育研究室根据我省山区多、贫困地区多的特点，着重研究山区办学问题，建立了一批农村教育研究基地，科研人员经常深入基地了解掌握山区教育情况，探讨发展山区教育的有效途径。教科所在积极进行教务科学研究的基础上，创办了内部发行的学术刊物《师范教育》和《教育信息》资料，在学术研究、传播信息、扩大交流等方面初步打开了局面。教科所所长陈德安教授在教育史的研究上颇有建树，尤其对道家教育观的论述受到学术界重视。教科所前所长李邦权教授是老教育家，对师范教育的研究造诣很高，八十余岁高龄仍孜孜不倦著书立说。

戏曲文物研究所发挥地方特色优势，搜集、整理、制作了近千件古迹拓片和戏曲文物，在全国古代戏曲研究方面处于领先地位。戏曲文物研究所的研究方向是开展对中国戏曲文物的研究，主要研究课题是宋、金、元的戏曲发展，明清传奇的兴衰和近代地方戏的勃兴以及对山西重要戏曲作家及作品研究等。而中国戏曲史对宋、金、元戏曲发展史的研究还十分薄弱，在全国已发现的宋、金、元时期的戏曲文物80%又集中在山西南部，这就为我校开展此项研究提供了得天独厚的条件。1980—1984年，我校先后考察了晋南30多个县市，发现古代剧本20多种，较珍贵的戏曲文物图片100余幅，还有一些拓片、实物及一批戏曲文物图书资料等。为此，专门建立了戏曲文物陈列室，为研究宋、金、元戏曲文物提供了比较雄厚的物质基础，四年中先后发表有一定价值的论文12篇，有的论文被收入《中国戏曲年鉴》，并被介绍到国外，在国内外学术界产生了一定影响。1986年4月创办《中华戏曲》丛刊，以其独有的特色和学术价值赢得了日本、苏联、法国等国家及其东方文化研究机构和国内外研究学者的广泛赞誉。1987年4月在北京举行的首届戏曲国际学术会议上，《中华戏曲》成为国内外专家学者瞩目的刊物。日本横滨市立大学名誉教授、文学博士波多野太郎说："近来山西连续出土戏曲资料，还有好多论文，我高兴极了。"苏联科学院远东研究所教授索罗金先生也对《中华戏曲》给予高度评价，并表示了加强联系的愿望。1986年10月上旬在临汾召开的第二次中国古代戏曲学术讨论会上，江苏昆剧院研究员胡忌说："这次会议我有三个收获：一是看到了《迎赛神社礼节传薄四十曲宫调》，它的价值超过明刊本《琵琶记》的发现；二是看到许多实物；三是参观了山西师大的戏曲文物陈列室。"并表示次年来山西住一段时间，重新修改他的学术专著《宋金杂剧考》。华东师大蒋星煜教授说："山西师大戏研所应成为戏曲文物中心，面向全国。"1990年4月上旬在我校举行的中国傩戏国际学术研讨会上，中国傩戏学研究会会长、研究员曲六乙说："山西师大戏曲文物研究所是除中国戏曲研究院之外在国内和国际上最有影响的戏曲研究所，《中华戏曲》也是在国内外最有影响的学术刊物。"中国艺术研究院副院长、副研究员薛若琳说："山西师大师生以戏曲文物研究所为基地，以大型学术刊物《中华戏曲》为交流阵地，先后对新发现的《扇鼓神谱》等与傩戏有关的古抄本进行了深入研究，值得庆贺。"他还说："除了《戏曲研究》之外，《中华戏曲》是众多的戏曲刊物中影响最大、最严肃的学术刊物。”到 1973 年底，《中华戏曲》已发行到 17 个国家和地区。

对于像戏曲文物研究所这样有地方特色的研究所，学校予以重点扶持，使其在巩固现有成果的基础上，向更高水平的阶段发展。

1979 年成立的晋国史研究室，也是我校颇具地方特色的研究机构，为晋国史的研究做出了重要贡献。晋国从叔虞始封到韩、赵、魏三家分晋，历经 600 年，称霸一个半世纪，在中国历史上占有重要地位。但从古至今，史学界没有深入研究过，只有司马迁在《史记》中写过《晋世家》。中国社科院历史研究所梁寒冰曾两次来临汾，倡议在我校成立晋国史研究室。成立后召开了第一届全国晋国史学术讨论会，逐步建立起了资料室和文物室，开始了广泛深入的研究，出版了专著，发表了 30 余篇论文。李孟存、常金仓撰写的《晋国史纲要》，是研究晋国史的第一部专著，它全面、系统、概括地论述了晋国政治、经济、文化、民族、疆域的历史概况，得到了国内外史学界的好评。关于春秋与战国的时间界线问题，学术界主要有郭沫若的公元前 475 年说、范文澜的公元前 403 年说和金景芳的公元前 453 年说。李孟存撰写的《叔虞封底正误辨析》一文，根据大量文献和考古资料力主翼城说，成为很有说服力的一种观点。另外，关于晋国称霸的问题，晋国与其他民族的融合问题，关于土地制度和郡县制问题等，晋国史研究室都有多篇论文加以研究，为史学界开辟了更为广阔的研究领域。

除了对具有地方特点的研究机构重点扶持外，学校还十分重视建设具有发展前途的研究室。如基础数学研究室、山西方言研究室、山西作家研究室等，学校都是拨给专项经费，重点扶持，使之快出成果、多出成果。

重视重点学科、重点研究所（室）学术带头人的培养。学校采取各种措施，提供各种条件，对一批有希望、有前途的中青年学术带头人进行重点培养，并在重点学科进一步配备研究力量，逐步形成合理的梯队。首先在物理、数学、生物、中文、历史等专业配备了较强的力量。

马列主义教研室主任冯子标教授，长期从事政治经济学理论研究，成绩显著。1978—1985 年期间，他依据党和国家工作重心转移的新形势，密切关注经济开放、经济发展的新趋势，深入实践调查研究，及时提出和回答了经济领域新出现的理论和实践问题，受到中央、省有关部门的高度重视。他撰写的《违反经济规律遭受严重恶果》一文，剖析关闭集市贸易给农村经济和农民生活造成的巨大危害，呼吁开放集市贸易。此后陆续发表的《论包产到户的性质》等一系列论文和专著，从不同角度论证了以家庭承包为主要形式的农业生产责任制的合理性、必要性和可行性，对于澄清思想理论是非、推进农村改革起了积极作用。当经济体制改革由农村拓展到城市后，他又先后撰写了《襄汾轧钢厂试行经营承包责任制的调查》等论文和专著，对不同改革阶段所遇到的问题进行了系统的研究，受到学术界、企业界及决策部门的关注和好评。离开学校后，冯子标教授围绕社会主义市场经济这一主题，继续从事经济理论研究，取得了丰硕的成果，并成为我省社科界的第一位博士生导师。

戏研所所长黄竹三教授一直潜心研究中国古代戏曲文化，硕果累累，造诣甚高，已编写或主编专著多部，发表学术论文近 40 篇，成为中国古代戏曲文化研究室的学术带头人。中文系教授潘家懿在山西方言研究方面多有新的突破，成绩显著，并多次出席国际学术会议，已出版专著 4 部，发表学术论文 20 余篇，成为山西方言研究的学术带头人。

地理系教授萧树文，是省科协推荐的学术带头人之一。多年来，他在气候学和区域自然地理研究方面取得了突出的成就。他首先提出热带台风向北转向变为温带台风的论断，被学术界公认。在他主持下研制的《山西省土地资源图》《山西省土地类型图》《山西省土地利用图》，提出了我省最低海拔 180 米的新资料，已被各方采用，否定了沿用已久的 245 米的旧资料。他不但主持完成了国家“六五”计划重点科研项目《全国百万分之一土地利用图、土地类型图、土地资源图和地貌图》，还主持完成了国家重点科研项目关于黄土高原的综合治理问题的课题，并通过了中科院和国家计委的鉴定。他还参与总编审和参编著作多部，发表学术论文多篇。

物理系教授田世坤长期从事中学物理教学法的研究，成绩显著。他深入调查研究，密切结合中学物理教学实际，重点研究教学规律和能力培养问题，先后发表学术论文多篇，主编国家教委指定的师资培训与师专教材及高师本科辅助教材两部，广播函授和广播讲座教材、录音 30 余万字，他的论文多次获省级优秀论文奖。

植物学教授白新生十余年来，从事植物学研究，取得了丰硕成果，她主编了 52 万字的《中学生生物手册》，建立了树木资源业务档案，参编和主编了中英两种版本的《山西省树木图志》。她参与研究、编审的《山西省果树种类资源及区划》，受到有关专家的充分肯定。认为该项科研成果“在历史上第一次查清全省树木资源，其分类鉴定可靠，修订了前人对一些种类的记载，并发现了一些新品种和新分布，为山西森林植被和植物区系研究以及合理开发利用树木资源提供了新的科学依据，该项成果达到了国际同类研究的先进水平”。她还主持了《山西省珍稀濒危植物的调查研究》等课题研究。

历史系教授史若民多年从事晋商研究，1989 年获国家社会科学基金资助，承担了近代中国金融调拨中心——平遥票号的研究，1992 年由中国经济出版社出版了该项研究的成果《票号兴衰史》，受到史学界的高度重视。中国社科院经济研究所著名经济史专家汪敬虞先生认为该书“资料充实，立论精深，特别是有关票号与中国资本主义方面的宏论，引人深思，为过去同类著作中所仅见”。

史学博士、历史系副教授常金仓，多年来从事晋国史研究，成为历史系的学术带头人。他参加了晋国史研究室的创建，为建立晋国史研究基地做出了重要贡献。他与李孟存教授合著的《晋国史纲要》填补了晋国史研究的空白，受到史学界的高度重视，北大著名考古学家邹横先生认为该书是“到目前为止把晋国史写的最完整”的一部。另外，他还主编辞书两部，发表学术论文 20 余篇。留英史学博士冯仲平在近代中外关系史上的研究也受到学术界的注目。

确立了学科教学研究的总目标。高师的培养目标是中学教师，与中学教育有着密切的联系。为此学校确定了学科教学研究的总目标是研究和探讨提高高中教育质量的合理有效的途径。在继续加强中学教学法研究的同时，逐步向学科教学研究的方向发展，加强对中学整体教学的研究。如：德智体美教育相结合的研究；智育研究方面，加强对中学各门课程形成合理的中学生课程体系的课题；研究校内外教育相结合、利用社会力量为培养合格中学生服务的课题等。

在科技成果推广方面做了一定的努力和尝试。科技成果的推广和应用是科研管理的一个重要组成部分。在这方面，学校做了一些有益的尝试。如：基建处郝永贵等人研制的 WJD–1 型铸铁排水系列管件，应用于工程改装和工程安装，取得了很高的经济效益，达到国内先进水平，获得国家实用新型技术专利。1988 年 4 月在太原和北京举办的地区性新型产品评定展销会和全国性城建环保展销会上受到充分肯定，订货量超过当时两家试制厂年生产量的十倍多。张淑媛等人研究的农用稀土化合物在冬小麦、玉米上的试验应用，许根元、曹风枝研制的植物杀菌增效剂瑞枯霉在防治农作物病虫害方面的应用等取得了显著的经济效益。特别是张淑媛等研究的农用稀土在生产上的推广和应用，经济效益尤为明显，截至1990年底，已在全省推广农用系统面积达888.7万亩，共增产粮食2.682亿公斤，增产瓜果蔬菜8 627万公斤，总计增收1.469 799亿元。

十二、科学研究取得新成果

1984年以来，我校的科研工作又有了新的进展，取得了一批科研成果。在重视基础理论研究的同时，加强了应用课题和现实问题的研究，把科研工作与经济建设、社会需求紧密结合起来。1984—1990年，全校共完成国家级、省级和厅院级科研项目160余项，出版专著、教材171部，发表学术论文1 443篇。获得国家级、省部级科技成果奖的有57项，通过国家级、省部级技术鉴定的科研项目19项，获得国家专利的17项。

社会科学类：黄竹三等九人合著的《宋金元戏曲文物图论》获1988年全国首届古籍图书评奖会一等奖、1990年山西省社科院首届社科成果一等奖。潘家懿等五人合著的《山西省各县市方言志》获1990年省社科院首届社科成果一等奖。卫文选著《中国历代官制简表》获1990年省社科院首届科研成果二等奖。杨述贤、冯子标合写的《山西省生产力布局总体构想》获首届社科成果三等奖，并获省委组织的“社会主义初级阶段的山西”征文一等奖。杨述贤撰写的《能源基地的困境与出路》获省直优秀论文二等奖。

自然科学类：生殖生理研究室1985年承担的省科委重大科研项目“宫颈糜烂电疗仪”的研制及其对宫颈糜烂疗效的研究，经临床实验治愈率达94%，显效率4.76%，好转率1.19%，总有效率100%。1980年杨仙臣主持完成的《山西植被》获省部级一等奖。侯晋川著《关于线性算子的研究》获1990年第二届中国科协青年科技奖。马志正等著《中国1∶100万地貌图编制理论与方法研究（太原、西安幅）》获1989年国家级重大科技成果奖、中科院自然科学二等奖。杨仙臣等著《山西植被区划》《山西植被图及其论述（1∶50）》获1988年度山西省科技进步一等奖。由张淑媛参加的国家“六五”科技攻关项目《农用稀土化合物应用研究》1988年获国家科技进步二等奖，并受到国家计委、科委、农业部、中国有色金属工业总公司、国务院全国稀土开发应用领导小组的联合表彰和奖励。荆健康研制的“篮球中远距离投篮训练器”获1990年国家级学校体育器材改革创新二等奖、省科委专利技术成果三等奖。杨述贤等承担的《山西河津铝基地国土综合规划》获省科委科技进步二等奖。尉子珍、赵修齐、杨述贤、张继前等撰写的《临汾地区国土资源》获 1987 年省科委二等奖。

由张淑媛承担并主持的国家“七五”重点科技攻关项目《稀土农用和机理研究》的子课题《农用稀土在玉米上应用技术的研究》《复合硝酸稀土施用技术的研究》1990 年通过省级鉴定，均达到国内先进水平。《农用稀土在玉米上应用技术的研究》还获得省科委科技进步二等奖。张淑媛与山西农大杨家朴一起承担并任第二负责人的国家“七五”科技攻关项目的课题《农用稀土化合物在冬小麦上的应用研究》1988 年通过省级鉴定，并获 1990 年省科技进步三等奖。许根元、曹风枝研究的《植物杀菌增效剂瑞枯霉》1989 年通过省级鉴定，达到国内先进水平。瑞枯霉通过对 16 个省市粮果、蔬菜等多种农作物病虫害进行防治试验，取得了很高的经济效益，1991 年获省科技进步二等奖。生物系张志端、高仁恒等 5 人用两年时间完成的《山西省运城内陆湖卤虫生物特性开发利用研究》是省属重点科研项目，1989 年通过鉴定。有关专家认为，如果这项科研成果运用于运城盐湖资源的开发利用，将卤虫休眠卵和成虫干体初步加工出口，每年可换取外汇 18 万 ~36 万美元。萧树文等 3 人研究的《黄土高原 1∶50 万森林类型图说明书典型报告之五》《森林在防风固沙防止沙化和改良土壤中的作用》《黄土高原综合治理开发课题》分别通过中科院和国家计委的鉴定。马志正等 5 人研究的《黄土高原晋西“三北”水土保持预防遥感综合调查研究》1990 年通过国家资源局、中科院鉴定。杨述贤等人承担的国家和省重点科研项目“省、地、县级国土规划” 1984 年 8 月—1990 年 9 月已完成 10 多项科研课题，均通过专家鉴定。我校艺术系虽然成立时间不长（1990 年），但在艺术创作上取得了丰硕的成果。1990 年 10 月，在省教委、省高校工委、团省委和省教育工会联合举办的大、中、小、幼、书画作品展览比赛中，我校艺术系师生共有 16 件绘画创作获奖。教师方面，张德禄的国画《绿云》、王莹的国画《七九河开》、忻东旺的水彩画《肖像》获得一等奖；范晓杰的油画《石料厂》获二等奖；杨吉魁的国画《花鸟》、袁有根的国画《山雨欲来》、王伯峻的国画《花鸟》、石磊的油画《风景》获得三等奖。学生方面，刘国薇的国画《石浪》获一等奖；曹鸿的连环画《路》、张宏芳的国画《甘露》、李全喜的油画《星期天的故事》获二等奖；柳静的水彩画《逝去的空间》，李淼的《陶艺挂盘》，张一平、韩湛宁的素描《静物》，马京芒、张一平的纸版《父子情》获得三等奖。

十三、倡导和鼓励学生开展科研活动

自1985年以来，学校每年抽出科研总经费的5%，设立学生科研基金，用于资助和鼓励学生开展科学研究，同时也积极引导，创造学术研究的气氛，使更多的学生参与进来。1985年3月和9月，学校连续两次举办社会调查报告评奖活动；1986—1990年，分别举办了第一届、第二届和第三届青年学生论文大奖赛，收到学术论文300余篇，经过校评委会认真评审，从中评选出具有一定学术价值的优秀论文近百篇。同时，《山西师范大学学报》还专门为学生发表学术论文开辟园地。通过这些活动，激发了学生开展科学研究的热情，取得了可喜的成果。1987年，政教系学生高之光利用寒假对学生消费情况进行调查，用一定事实和数据说明了当时学生中消费指数过高的问题，引起了省委领导和舆论界的重视和赞赏，6月25日的《人民日报》在重要位置全文刊载了他的调查报告。在此之前，政教系学生李耀明也曾利用假期对我省大、中学教育和职业教育情况进行调查研究，提出《改革现行教育体制，加速发展职业教育》的设想，受到了省政府的高度赞赏，《人民日报》《中国青年报》《山西日报》分别在重要位置作了报道。数学系研究生岳珠撰写的《关于Cook统计量的分布》，对多元线性回归模型的影响分析进行了研究，给出了Cook统计量的分布及判别强影响点的方法等新结果，具有较高的理论价值，受到了有关专家的肯定。这篇论文获得了首届论文大赛一等奖。

十四、办好各种出版物

1984年以来，学校出版的几种报刊又有新的发展。《山西师大学报》（社科版）办出了自己的特色，在国内学术界产生了较大的影响。到1990年，所发文章被《新华文摘》《高校文摘》《人大复印资料》以及其他各种报刊转摘、全文复印或摘编介绍的达260余篇，占所发文章总数的50%以上。1986年创办《山西师范大学学报》（自然科学版），1992年下半年又创办了教育科学版（内部出版物）。学报为研讨社会科学，自然科学和教育科学理论，促进学校的学科建设，开展学术交流，提高教学质量和学术水平做出了贡献。

《语文报》发行量逐年上升，1987年达到195万份，在全国同类报纸中名列榜首。1985年又创办《小学语文报》，发行量超过100万份。1985年获得了山西省委宣传部授予的“精神文明之光”荣誉称号。《语文教学通讯》巩固了自己的风格，团结并发展了自己的读者群，1987 年发行量达 12 万份。《中学生文学》1986 年 1 月创刊，发行量达 13 万份，在全国中学生文学社团中广有影响，培养了一批青少年文学爱好者。

1985 年正式出版《中华戏曲》辑刊，发行到 17 个国家和地区，受到了国内外戏剧界的广泛赞誉和高度评价。

《英语周报》也有了新的进步，发行量近百万份。

各种出版物的创办与发展，推动了学校的教学科研工作，也给中小学生送去高质量的精神食粮。

十五、实行多层次多类型办学

随着“四化”建设的迅猛发展，迫切需要各方面的专业人才，学校现有的专业结构和培养目标已不能适应现代化建设的需要。为此，学校充分利用师范大学基础学科比较齐全、师资力量比较雄厚的条件，自 1983 年开始，面向经济建设，面向社会需要，形成了研究生教育、本专科教育、成人教育多层次、多类型的教育结构。

（一）学位与研究生教育。我校从 1979 年开始招收研究生，最初仅设中国古代汉语、中国古代文学、基础数学和中共党史四个专业。到 1989 年，先后在中国古代汉语、中国古代文学、中国现代文学、中共党史、政治经济学、基础数学、应用数学、数学教育，高能物理、自然地理、区域地理学、教材教法研究等 12 个专业，招收和培养硕士研究生 60 余名，其中 51 名同学获得硕士学位，但我校一直没有硕士学位授予权。1990 年 10 月，经国务院学位委员会评审，我校正式成为硕士学位授权单位，政治经济学、戏剧学（戏曲学）和应用数学三个学科，成为首批硕士学位授权点。这三个点的学科带头人分别是：戏剧戏曲学科的黄竹三教授，政治经济学科的冯子标教授，应用数学学科的侯晋川教授。硕士学位授予权的取得，在一定程度上解决了制约学科发展和人才稳定的“瓶颈”问题，提高了学校的办学层次，办学质量也得到了更有力的保障。

（二）本科教育。本科教育中除按国家计划招生培养外，从 1984 年开始，还采用委托培养、自费走读等形式扩大招生。到 1987 年底，学校已为全省 8 个地市和 10 余个厂矿委培学生 763 人。1988—1990 年，又招收委托培养、自费本科生 197 人。1990 年经上级批准，在原有 11 个系科的基础上，将教育专修科改为教育系。本科在校学生总数由 1984 年的 2 486 人增加到 1993 年的 3 013 人。

（三）专科教育。自 1983 年开始，我校先后在教育管理、中文、政教、历史、外语、数学、物理、生物、地理等 9 个专业招收专科班共 24 个，截至 1993 年，共培养专科毕业生 1 554 人，1990 年增设美术专业，当年招生 39 人。有教育、美术、政教、中文、物理等 5 个专业的专科班 11 个，在校学生 481 人。1992 年又增设音乐专业，首批招生 38 人，到 1993 年学校共有专科在校生 916 人。

（四）职业教育与培训。我校举办的职业教育培训分为干部教育专修科和师资班两大类。1983—1987 年，我校先后开设了中文干部专修科、教育管理干部专修科、政教干部专修科、计算机专业干部专修科和工商行政管理干部专修科 5 个专业，共招生 574 人。师资班，有数理师资班、政史师资班、物理师资班和农机师资班 4 个专业，共招生 214 人。1988 年师资班开始招收本科生，1990 年本专科共设英语、物理、计算机、体育、政教、历史 6 个专业，在校学生共计 478 人，其中英语本科 62 人，物理本科 25 人。

（五）夜大学和函授教育。1985 年 4 月，教育部正式批准我校举办夜大学和函授教育。夜大学于当年招收学员 104 人，学制三年，分中文、物理两个专业。1988 年在校学员增加到 260 人，1990 年增加到 290 人，专业设置由两个增加到中文、政教、财会和计算机 4 个。1987 年函授教育开始招生，当年招收物理专业函授生 214 人。1987 年又招收地理函授生 201 人，物理函授生 417 人。1988 年开始招收中文函授生，共计 330 人，学制三年，在校函授生达到 1158 人。1989 年，中文函授又招生 830 人。至 1990 年，函授教育共设中文、物理、政治、教育、历史、生物、地理、体育、数学、教育管理 10 个专业，在校学生达到 3 131 人。其中，中文本科 40 人，专科 1 151 人，物理专科 448 人，政教专科 592 人，历史专科 307 人，生物专科 123 人，地理专科 213 人，体育专科 86 人，数学专科 86 人，教育管理专科 85 人。

（六）短期培训班和补习班。主要是为中学、技工学校、非师范院校毕业的教师补习教育学和心理学等课程。到 1987 年，共举办两期，培训学员 80 余人。

（七）自学考试。根据国务院颁发的《高等教育自学考试暂行条例》，1983 年，我校被选定为山西省高等教育自学考试的主考学校。学校成立了自学考试领导组，下设办公室。1984—1986 年，全省参加汉语言文学专业考试的人数为 1 万余人。我校除了担任命题、评卷任务外，还组织编写了 8 门专业基础课的自学考试大纲、3 种自学考试教材、7 种自学辅导材料，共计 30 余万字。参加协作命题 5 次，与兄弟省市一起，建立了 5 门课的题库。1987—1990 年，又建立了 8 门专科必考课的题库、3 门本科必考课 12 门选考课的小题库，参考人数达 15 000 人。四年内专科毕业生超过 5 000 人，本科毕业生 18 人。

通过以上多种形式和类型的办学，使我校的实际办学容量比国家计划增加了 76.3%，在校学生数超出国家计划本科定额的 95.4%。

十六、广泛开展校际交流与合作

1985 年 1 月，陶本一校长率领代表团前往美国访问了马萨诸塞州布里奇沃特学院、田纳西州奥斯汀皮耶州立大学和内华达州雷诺大学，与布里奇沃特学院和奥斯汀皮耶州立大学签订了校际交流协议，与雷诺大学议定了互派留学生事宜。1985 年 10 月，校党委书记郭璞率领教育考察团赴美国访问了纽约、波士顿、华盛顿和旧金山，考察了哥伦比亚大学、哈佛大学、麻省理工学院、纽约市立大学、国际乡村建设研究院、乔治城大学、华盛顿国立美京大学、旧金山州立大学、旧金山社区学院和布里奇沃特学院的附属中学和附属小学，同纽约市立大学布鲁克林学院签订了建立校际联系的协议书，与哥伦比亚大学师范学院、旧金山州立大学建立了学术联系。1989 年 3 月，陶本一校长率领代表团访问了布里奇沃特学院、华盛顿国立美京大学、奥斯汀皮耶州立大学、田纳西州教育部和内华达州雷诺大学，与布里奇沃特学院等三所院校续签了校际交流协议，与国立美京大学签订了校际交流协议。1988 年 4 月，黄志胜副校长一行三人赴菲律宾参加了在马尼拉举行的“国际乡村建设研讨会”，同国际乡村建设学院进行了学术交流，商谈了加强校际合作问题。我校还与日本山形大学、岩手大学建立了一定的来往和联系。

自 1984 年以来，我校先后接待了美国布里奇沃特学院代表团、奥斯汀皮耶州立大学代表团以及这两所学校的文教专家代表团、田纳西州教育代表团、日本国立教育研究所代表团、日本崎玉县秩父市友好访华团、日本秋田县教育访华团以及日本大阪大学、京都大学、联合国教育部、日本国立教育研究院第五研究所、加拿大文明博物馆、日本横滨国立大学等十余所大学或单位代表来我校访问，增进了相互间的了解和交往。

通过校际交流和其他途径，我校积极做好选派留学生和聘用外教的工作，以便引进国外智力，加强师资队伍建设，促进学术水平和教学质量的提高。1984—1988 年，学校先后向建立了校际交流关系的学院或大学派出了 24 名留学生和进修教师，接收了对方 13 名留学生。根据 1989 年续签和新签订的校际交流协议，三年内又向这些学校派出 20 名留学生，同时接收对方 11 名留学生。我校派出去的留学生，除进修教师外，其他学生都在规定的时间内取得了硕士或博士学位，为学校的振兴准备了雄厚的后备力量。

在聘用外教方面，1980—1989 年，学校先后聘请了 24 名外教来我校从事教学工作，每年在校外教稳定在 4 名以上。他们分别来自美国、加拿大、日本、英国、牙买加、联邦德国六个国家。外籍教师的聘任，有效地提高了外语系青年教师的业务能力和出国留学人员的外语水平，同时也提高了外语系的课程水平，特别是教学方法和教学手段的交流，更好地提高了教学效果。此外，不少外教还赠送了图书音像资料，丰富了我校外文图书资料，增进了国际友谊。

在国内，我校于 1987 年 3 月派出了由校系两级党政领导干部 53 人组成的代表团赴陕西师范大学参观学习，并在思想政治工作、教学、科研、管理四个方面签订了两校交流合作关系协议。

在学术文化交流方面，1987 年 10 月，我校“中国戏曲文化展览” 前往美国克拉斯维尔市和波士顿桥水镇巡回展出，为期 29 天。展览代表团由党委副书记许赤民率领。共展出中国古代文物照片、拓片、实物和复制品 1 350 件，展线长达 2 000 米，观展人数逾 5 000 人。黄竹三教授、杨太康副研究员为观众做了数场专题报告。1988 年 11 月 18 日—25 日，美国布里奇沃特学院艺术系教师工艺美术作品展览来我校展出，共展出该院艺术系 8 位教授制作的陶器、瓷器、金银饰器、油画、摄影等艺术作品 31 件。通过双方举办展览，加强了校际的学术文化交流，增进了了解和友谊。另外，布里奇沃特学院和奥斯汀皮耶州立大学还向我校赠送图书 1 480 余册，我校回赠图书 600 余册，加强了图书资料的交流。

十七、开展国内学术文化交流

学校在派出人员赴全国各地参加学术会、研讨会的同时，还以自己在许多领域学术成就的影响为依托，主办或承办了几次大型学术会议。这些会议不仅在学术界产生了广泛影响，而且促进了学校科学研究的新繁荣。

1986 年 10 月，我校受中国古代戏曲学会委托，承办了第二次中国古代戏曲学术讨论会。参加大会的有全国90多个单位的代表163人，提交论文80余篇。著名专家、教授王季思、蒋星煜、胡忌以及日本、美国和中国香港的专家学者出席了大会。这次学术会议围绕中国戏曲的形成、金元戏曲的发展、中国戏剧美学和戏曲作家作品等四个专题广泛深入地进行了交流讨论。1990年4月，经文化部批准，“中国傩戏学国际学术研讨会”在我校举行。这是一次代表傩戏学研究最高水平的大型国际性学术会议，因而为国内外学术界所瞩目。会议汇聚了全国17个省、自治区和直辖市的116名专家学者和来自联邦德国、瑞典、日本、澳大利亚、法国、奥地利6个国家的11名傩戏学研究专家。大会共收到学术论文70余篇，著名专家教授曲六乙、薛若琳、刘厚生、龚和德、胡忌等出席了会议。我省晋南是古代戏曲的发源地，曲沃任庄傩戏是由我校戏研所发掘并整理的。戏研所黄竹三、杨太康、窦楷、张守中等同志编著的《宋金元戏曲文物图论》是第一部用考古手段从文物角度研究中国戏曲发展史的专著。这些科研成果受到与会者的高度评价。

1990年10月，我校还承办了秦晋联合数学学术研讨会，来自秦晋两省的200名数学专家、学者围绕中学数学、基础数学、应用数学、计算数学等专题广泛展开了交流与探讨，大会收到论文230篇。

1991年6月1日—6日，晋文化学术讨论会在我校召开。这次学术会议是由山西省三晋文化研究会、山西师大历史系和临汾地区三晋文化研究会联合举办的。来自高等院校、科研和文物单位的54位专家、学者出席了会议，对晋文化的渊源、晋国西周史以及多学科研究等问题进行了深入的探讨。北京大学考古系邹衡教授、历史系吴荣曾教授在会上做了专题发言。大会期间，与会代表还赴曲沃曲村、侯马等地参观了晋国遗址、墓葬和出土的文物。

1992年1月5日—8日，由中国教育学会语文教学法研究会与我校联合发起的“全国语文教育理论发展研讨会”在我校召开。这次研讨会是在语文教学改革进一步发展、语文教育理论研究进入新的探索阶段的形势下召开的。会议的中心议题是20世纪80年代我国语文教育理论研究的回顾和总结，90年代语文教育理论发展的预测和对策。专题涉及语文学科教育理论的发展、语文学习理论的发展、语文德育、语文美育、语文教育与文章学、语文教育情报学以及阅读教学、听说教学等。大会共收到学术论文100余篇。

1992年10月9日—13日，国际屈原学术讨论会暨中国屈原学会第五届年会在我校举行。来自日本、新西兰、新加坡的9位外国学者和来自全国各地的117名屈原研究专家、学者出席了大会。这次大会在临汾召开，标志着我国的屈原学术研究从长江流域向黄河流域转移，是对传统文化渊源探究的一个飞跃性转折。大会共收到学术论文92篇，其中会上宣读的论文32篇。这次学术讨论会从屈原的作品辨考、屈原的人格评价、屈原与传统文化关系的探究以及屈原对世界文化的影响等不同层面进行了深入的讨论，同时还对国内外的楚辞学术研究进行了总体观照，作了高屋建瓴的综合性论述。大会取得了丰硕成果。

自1984年以来，我校还具体承办了华北抗战史讨论会（1986年6月）、山西省图书情报工作学术讨论会（1986年10月）、山西省高师教育学术讨论会（1987年1月）、山西省高等物理电子技术教学经验交流会（1987年1月）、晋冀鲁豫成人教育研讨会（1989年5月）、山西省孔子学会第二届年会（1989年11月）等重要学术会议。

十八、开展国际学术文化交流

1985年以来，我校有数十位教授、副教授先后到美国、意大利、联邦德国、加拿大、日本等国家参加国际学术会议、协作会议和做学术报告。1985年6月，物理系吴宙人副教授赴意大利参加了国际原子分子光谱学术会议，提交了论文《本征电致发光》，他是我国唯一的参加这种国际性会议的学者，会场的走廊里飘扬起了中华人民共和国的国旗。1985年8月，中文系潘家懿教授赴联邦德国出席第32届“亚洲·北非研究”国际大会，宣读论文《山西闻喜方言变音与汉越语变音之比较》，引起与会学者高度重视，《光明日报》记者曾对此进行了报道。同年11月，陶本一校长应香港中国语文学会邀请前往香港讲学，内容包括中学语文教学改革之现状、语文学习心理学、叶圣陶语文教育思想介绍、语文能力之探讨，为期10天。1987年3月，物理系孙君芬副教授前往联邦德国参加国际高能核乳胶协作会议，她是国际高能核乳胶协作项目的参加者之一。1988年4月，艺术系杨吉魁副教授赴日本茨城县水户市举办了个人画展，他的画展被日本美术界誉为是对中日和平友好条约缔结10周年的纪念，参观人数3 000人次。1990年，数学系侯晋川教授赴日本参加国际数学家大会，做了题为《关于算子不等式和算子的线性组合》的报告。

同时，学校还邀请著名专家教授来校讲学或做学术报告，活跃学术气氛，推动学术研究的发展。近几年共邀请了68名中外专家教授。著名的有：戏剧家马少波（1984年10月），日本国立教育研究所泽田利夫教授（1985年5月），北京大学陈传康教授（1985年5月），著名国际问题专家安志远（1985年9月），日本国立教育研究院大冢丰研究员（1986年6月），中国人民大学高宏业教授（1986年6月），华东师大张舜舞教授（1986年9月），中国音协名誉主席吕骥（1987年4月），著名电影导演谢添（1987年7月），日本大阪大学市原实教授和京都大学龟井节教授（1987年9月），中国人民大学马奇教授（1987年5月），中央音乐学院陈宗群副教授（1987年5月），著名戏剧家曲六乙（1987年11月），中央戏剧学院朱肇年教授（1987年11月），中国地震局高级工程师孟宪东（1988年5月），中国人民大学葛来晋教授、董乃师先生（1989年11月），中科院陆南泉研究员（1990年5月），加拿大人类学专家何石成博士，中国社科院贾芝研究员和山西文艺家协会刘琦主席（1990年10月），著名评论家何镇邦和《小说选刊》副主编冯立三（1990年10月），日本横滨国立大学长原幸雄教授（1990年11月），优秀教育家、上海第二师范学校校长于漪（1991年11月）等。同时，学校还先后聘请美籍华人、语言学家晋聪先生，著名书法家卫俊秀，香港中国语文学会理事郭全本，运城师专景克宁教授，中央教育科学研究所江山野、陈侠等为我校的客座教授、名誉教授或兼职教授。

十九、成立学生自律委员会发挥学生自律作用

为了更好地发挥学生的自我管理、自我监督作用，在学校的热情关怀和支持下，1986年9月，学生中成立了自律委员会。学生自律委员会是在学生会直接领导下的学生自我管理机构，下设文明监督部、纪律检查部和民意反馈部，分别行使维护校园秩序、处理违纪事件和反映学生呼声的职能。自律委员会主任由校学生会主席兼任，其他委员由品学兼优、法制观念强、乐于奉献，在学生中享有较高威信的学生代表和学生干部代表组成。

自律委员会的第一个任务是维护校园秩序，由文明监督部负责执行。文明监督部从学生中招聘了100余名文明监督员，在清点会操人数、宿舍卫生大检查、餐厅就餐等学生活动的主要场所检查监督批评不良现象，维护正常秩序。自律委员会的第二个任务是调解同学间的各种纠纷，对学生中发生的违纪事件进

行调查，并通过召开“民主自律大会”的方式，广泛征求同学们的意见，为学校处理违纪事件提供第一手材料和合理化建议。到1991年自律委员会一共对67起学生违纪事件进行了调查，所提出的合理化建议多数被学校采纳。校行政领导同志曾多次指出：凡是学生当中的违纪事件，都必须有自律委员会的意见，否则不予研究。这体现了对自律委员会的重视和尊重。自律委员会的第三个任务是向学校反映全体同学的思想、学习和生活等各方面的问题和困难。代表学生利益，反映学生呼声，做到“下情上达”，沟通学生与学校的联系，是“信息的窗口”。在学习和生活方面，如教学设施受损、课本不配套等，民意反馈部都及时深入调查了解，然后把意见反馈给学校领导和有关部门，使问题得到及时解决。在评选优秀班集体的过程中，为了更加广泛地听取同学们的意见，民意反馈部不辞辛苦，多次走访学生宿舍，把收集到的反映送交学生工作部，使“评选”工作更具有群众基础，更加扎实有效。他们还以书面问卷的方式，对应届毕业生的思想等问题进行调查，针对性地向学校提出了从低年级坚持不懈地加强和巩固专业思想的建议，受到校领导的高度重视。

通过自律委员会的努力工作，确实增强了学生的自主意识和主人翁精神。对于学生中的违纪事件，通过民主自律大会的公开审议，使与会同学能够充分了解事情真相，自觉地投入到对事件的定性分析之中，由被动的旁观者变成了主动的参与者，遵守纪律的自觉性大大增强。同时培养了学生的自强心理。广大学生通过自律委员会的工作实践，既逐步形成了自我管理和自我约束的能力，又增强了民主观念，自己教育自己，自己管理自己，从中感受到自身的价值。另外，有利于严格学籍管理。自律委员会来源于学生，服务于学生，在处理各种违纪事件中很少受到学校和社会上各种关系的干扰，堵塞了工作中的漏洞，抵制了不正之风，使学籍管理有了充分保证。

学生自律委员会的成立，在培养学生的自律意识和民主精神、树立良好的学风和校风方面都做出了突出的成绩，受到全校师生员工的一致好评，在全省乃至全国高等学校中产生了广泛影响。《人民日报》曾以《山西师范大学自律机构发挥作用》为题对自律委员会的工作做了报道，并以《提倡自律》为题发表了“编余短论”，认为“自律”作为民主生活的一种保证、法制建设的一种补充，是一种现代意识，很值得提倡。1991年“五四”青年节，共青团山西省委授予学生自律委员会“新长征突击队”光荣称号。

二十、学校基本建设的扩大

自 1984 年以来，我校的基本建设有了较大的发展。1985 年 10 月，物理教学实验楼开始兴建，建筑面积 8 354 平方米。1988 年建成后，缓解了教学用房紧张的状况。1989 年又对一、三号教学楼进行了扩建和装修。1984 年，鉴于校园面积和教职工住房紧缺的情况，购买鼓楼南村土地 42.7 亩，投资 140 万元，建成了教职工 27 号和 28 号家属楼(现为南区 25、26 号楼)，建筑面积 6 720 平方米，同时兴建了 2 410 平方米的教干楼(现为单身职工 5 号楼)。1985 年，在省政府的统一规划下，我校又建起了三幢教授楼和三幢讲师楼，共投资 529 万元，建筑面积 16 539 平方米，使全校中高级知识分子的住房困难有所缓解。1986 年 6 月，又建成当时全省最大的学生食堂，投资 140 万元，建筑面积 3 900 平方米，结束了多年来学生露天就餐的状况；1986 年，将原来的学生食堂改建成了老干部活动中心、学生活动中心和卫生所。1990 年 4 月，建筑面积为 2 540 平方米的外专留学生楼正式投入使用。1989 年和 1990 年，阶梯教室、生化实验楼、幼儿园、中青年教工家属楼开始兴建，投资 710 万元，建筑面积 16 600 平方米。1989 年动工兴建的 1 000 立方米蓄水池到第二年也交付使用。到 1990 年，全校总建筑面积达到 110 386 平方米，基本上满足了全校的教学科研用房和生活及福利用房的需求。

在扩大基本建设的同时，学校注意了美化和绿化的配套工作，坚持建设一块，绿化一块。总务处成立了绿化科，专门负责此项工作。1983—1987 年，学校共投资 15 万元，建成了温室 2 个，大小花圃 20 个，栽花 2 800 盆，经过几年努力，成活树木 5 360 棵，植草坪 1.1 万平方米，绿篱 1 457 平方米，使我校的空地绿色覆盖率达到 40.5%。此外，还修筑了假山、喷水池，主干路面铺上了柏油或方砖，总面积达 1.6 万平方米。1989 年，学校又投资 3 万多元继续用于美化绿化，使校园的绿化面积达到了 30%，为广大师生提供了一个较好的学习、工作和生活环境。学校在着意绿化环境的同时，还十分重视环境的美化，以此创造学习的氛围，充分体现高等学校培养人才的环境特色。学生食堂竣工后，两壁厢绘制了大型壁画。西边的山水画《黄河颂》，气势雄伟，风格凝重，高山劲松、瀑布浑然一体给人以崇高之感。东边的人物画像《青春赞》形象逼真、个性鲜明、活泼高雅，焕发着浓重的青春气息，给人以优美之悦。后墙中间红色底面镶嵌着硕大醒目的校徽，给人以严肃宁静之感。4 号教学楼外观装潢美丽，富有气派，楼口方形水泥柱用黑色透明的琉璃砖贴面，十分庄重。二楼大厅彩色水磨石铺面，两厢用彩色水磨石贴壁，“江山多娇”、杜甫诗“会当凌绝顶，一览众山小”的水磨石彩画古朴典雅、神韵盎然，给人以荡胸决眦之感。厅柱用彩色水磨石镶嵌，青灰色的墙壁，为学生的学习提供了肃静优雅的环境。坐落在厅中央的牛顿的半身塑像目光凝视，那是一双充满希望而时时思考的智慧的窗口。1989 年 3 月，1 号教学楼改建工程顺利竣工，其中粉刷墙壁 1 万平方米，油漆墙壁 6 000 平方米，修水磨石地面近 700 平方米，特别是大楼门厅更是富丽堂皇，下面是水磨石地面，中央镶嵌着硕大的校徽，上面是暗红色顶棚，顶棚正中吊着华丽的吸顶灯，在它的四周是 28 只筒灯。厅的两壁分别绘制了巨幅油画，西边是主题为“文坛精英”的中国历代著名文学家各具形态的肖像，东边是主题为“岁月星辰”的中国优秀传统文化荟萃的艺术浓缩，形象栩栩如生、呼之欲出，给人以历史文化的熏陶。4 号教学楼北边高大的阶梯下，坦荡的草坪上，苍翠的冬青丛中依次坐落着伟大的科学家爱因斯坦、门捷列夫、达尔文、牛顿、哥白尼、李四光、高斯、竺可桢的大型石雕，学生们徜徉在伟人身边，吸吮着智慧的气息。其他如办公大楼、学生公寓、外专楼、生物化学教学楼等也都着意进行了美化，为学生成长成才创造了良好的条件。

二十一、改善服务设施和条件

后勤工作是教学科研工作得以正常开展的保证，是保障学校安定团结的重要因素。几年来，学校总务处不断端正服务思想，对各项工作改革进行了尝试，取得了显著成绩。

（一）搞了承包试点，为全面推进承包制，逐步向企业化、社会化方向发展积累了经验。1984 年膳食科实行承包制后，调动了干部职工的积极性，他们通过技术培训，提高职工的业务素质，保证了饭菜的花色品种，满足了学生的需求，受到学生的欢迎。1985 年，总务处对锅炉房实行承包，使采暖工作有了明显改善。1987 年动力科又分别对电费和供水实行承包，不仅节约了电费，而且供电稳定正常，电器设备完好率也有所好转。1990 年，学校对供电设施进行新建和改造，完善了供电系统，实现了双回路供电，并加强了管理。供水方面，在临汾市供水量大幅度下降的情况下，学校采取了定时供水的方法，对供水设备和管道进行维修和改造，基本上保证了全校的生活用水和教学用水。

（二）成立服务公司和其他服务设施。为了开辟和发展新的生产服务门路，组织和指导本单位职工的待业子女就业，吸收本单位富余人员，根据山西省劳动局有关精神，学校于1984年成立劳动服务公司。服务公司下设门市部、招待所、缝纫组、冰糕房、书店、压面房、裁剪培训班等，是在学校领导下的集体所有制经济实体。服务公司实行独立核算、自主经营、自负盈亏，除学校派任领导和管理人员外，都不占学校编制，但又为学校服务。公司实行经理负责制。至1993年全公司共有11个网点，安排教职工子女就业100余人。

（三）建立煤气站，改善了教职工的生活条件。1989年6月15日，学校与临汾染料厂正式签订合同，确定联合建立煤气站。煤气站共投资120万元，我校出资40万元，经过一年的努力，煤气站于1990年6月顺利竣工。煤气主管道投资8万元，我校出资4万元，与煤气站同时竣工。1990年7月15日，校内管道开始安装，管道走向通过南北教职工宿舍区15栋楼和外专楼，全校513户教职工和外专楼大灶安装了煤气设施。校内管道于1990年底安装完成，经临汾地区建委质量监督站、地区公安消防科等单位验收，工程质量良好。管道安装铺设共投资70万元。在煤气管道安装过程中，负责施工的同志为了确保质量自学了大学专业的教材《煤气的设计与施工》，翻阅了大量有关资料，严格执行国家规范，保证了工程质量。随着集资楼的建成使用，煤气用户新增150户，全校共有663户教职工用上了煤气。市内大煤气站建成后，学校联营煤气站关闭，与市内大煤气站并网。

煤气站的建成和使用，大大减轻了教职工的生活负担，改善了他们的生活条件，使广大教职工可以腾出更多的时间和精力投入到学习和工作中。同时，由于使用煤气干净高效，减少了煤烟污染，净化了校园，为师生员工的学习生活创造了良好的环境。

在其他服务设施方面，1985年设立邮政代办所，1988年开办粮店，年内又设立校内银行，1989年安装了闭路电视。1987年学校自筹资金，将19号和12号学生宿舍楼改造为学生公寓，使2 600余名学生改善了居住条件。这些服务网点和服务设施的建立和改善，极大地方便了教职工和学生的生活。

二十二、发展卫生所和幼儿园

1986年，学生食堂投入使用，学校把原来的第三学生食堂进行翻修改造，建成卫生所，使卫生所的环境条件有了较大改观。为了改善医疗条件，卫生所不断加强医疗设施的建设，有计划地派出在职人员外出学习或进修，提高他们的业务素质。经过几年的努力，卫生所的条件有了较大改善。设有内科、外科、妇科和小儿科、心电图室、化验室、X光室并配备了必要的设施。有卫生医疗器械98台(件)，总价值29 000余元。职称结构上，有副主任医师1名，主治医师4名，医士1名，其他职称的14名，基本上形成了一支素质较高的医疗队伍。为了合理使用医疗费，杜绝浪费，堵塞漏洞，卫生所从1989年3月开始实行新的公费医疗制度，1990年6月又进行修订和完善，颁布了《公费医疗改革试行方案》，使医疗工作走上了不断改革、不断完善的轨道。

幼儿园也有了很大起色。一是增加了人员，改变了幼儿教师队伍的知识结构，变保姆式教育为知识型教育，促进了幼儿智力发展。幼儿园先后派出8名教师到太原、西安、运城幼师学校进修，同时调进8名幼师毕业生，还先后组织人员到太原、西安和临汾市的幼儿园考察学习，学校还聘请了加拿大幼教专家担任幼儿园顾问，使幼儿教师的业务素质明显提高。二是加强了幼儿保健措施，保障了幼儿身体健康。三是扩大了规模，整修增设了5个大教室，班级由原来的6个班200名幼儿增加到9个班300名幼儿，截至1993年，全园共有学前班，大、中、小班和幼儿班共367名幼儿。四是建立健全了各项规章制度，严格奖惩，从严治园，增强了职工的责任心和纪律观念。幼儿园还就地取材，因陋就简，自己动手制作儿童玩具和设施，增加了乐器和服务设备，在大班中试开英语课等。由于幼儿园工作出色，管理有方，园风优良，因而深受教职工的信赖和称赞，多次在临汾市幼儿教育系统举办的知识竞赛中获得好成绩，还被临汾市授予先进集体和卫生文明单位的光荣称号。

语文报社大事记（节选）

（1978.2—1994.11）

1978 年

2　月　《语文教学通讯》创刊，双月刊，自办发行。著名作家、教育家叶圣陶先生应邀为本刊题写了刊名。

4　月　《语文教学通讯》第 2 期发表著名语言学家张志公先生致本刊的重要文章《建议多提倡研究问题》。

1979 年

2　月　著名学者钱谷融先生为本刊撰写《生活之树常青》。

1980 年

1　月　《语文教学通讯》改为月刊，并交邮局向全国公开发行。

同 月　《语文教学通讯》刊登作家蒋子龙给编辑部的长信：《关于〈乔厂长上任记〉的通讯》。

10 月　陶本一、张春林、陶伯英在北京香山酝酿创办一份给全国中学生阅读的语文报纸。

1981 年

2　月　教育部向各省、市、自治区教育厅（局）转发了有关《语文教学通讯》编辑部主办的首届全国中学生读书评书活动的文件。《光明日报》刊登了这一消息。

10 月　《语文报》创刊。著名教育家、作家叶圣陶，著名数学家苏步青，著名科普作家高士其为《语文报》创刊号题词。陶本一任主编，首期发行量为 78 万份。新华社播发《〈语文报〉创刊》电讯稿，《光明日报》《文汇报》《工人日报》《山西日报》都刊登了这一消息。

11 月　首次《语文报》各编辑分部负责人、主要编辑人员会议，在上海新中国旅社举行，会议就已出版的两期《语文报》进行了讨论分析，并确定了 1982 年组稿计划，出席会议的有：陶本一、张春林、陶伯英、陈钟樑、陈刚、陈必祥、方仁工、申士昌、雷秋山、王亚中、叶辉、方向、朱寿同、李文锦。

1982 年

1　月　《语文报》第 7 号刊出著名漫画家张乐平《三毛向〈语文报〉读者贺新年》的漫画，同时刊出上海特级教师于漪为本报撰写的《新年寄语》。

同 月　《语文报》第 8 号刊出著名排球主攻手郎平为本报题词。

2　月　语文教学通讯社被山西省人民政府授予“先进集体”称号。

同 月　《语文报》第 10 号刊登著名科学家茅以升给《语文报》读者的题词，以及著名教育家刘佛年的题词。

同 月　著名文艺理论家、作家唐弢接受本报记者采访，并为《语文报》题词。

3　月　首届全国中学生读书评书活动颁奖大会在太原举行，这是中华人民共和国成立以来第一次在中学生中举办的大规模的评书活动。全国 26 个省、市、自治区的 300 多万名中学生参加了评选活动。

同　月　《语文报》第11号刊登著名作家茹志鹃为本报撰文《用自己的语言写文章》。

5　月　著名作家从维熙为《语文报》撰文《学好语文》，著名作家理由、肖复兴为《语文报》撰文谈中学时代学语文的情况。

6　月　著名作家刘绍棠、《北京日报》总编辑余心言为《语文报》撰文谈学语文。

同　月　著名作家姚雪垠接受《语文报》采访，并为《语文报》读者题词。

同　月　著名数学家华罗庚接受《语文报》记者申士昌、陶伯英采访，留下了“语文天生重要”的名言。

10　月　《语文报》创刊1周年。编辑部分别在北京、上海召开座谈会，总结一年来的工作。著名作家严文井，语言学家吕叔湘、张志公，教育家韩作黎，团中央书记处书记陈昊苏及首都主要新闻单位的记者和中学生代表出席了北京座谈会。

同　月　《语文文摘报》正式创刊，16开16版，半月报。它为读者摘编精彩的语文文章，提供最新的语文动态，辑录实用的语文资料。

11　月　“我读《语文报》竞赛”揭晓，共评出一等奖18名，二等奖38名，三等奖130名。著名儿童文学作家、教育家韩作黎接受本报采访。

同　月　著名诗人臧克家接受《语文报》记者采访，并为《语文报》“新诗专刊”题词。青年作家张抗抗为《语文报》撰文《读书点滴》。

1983年

1　月　《语文报》从第31号起改为周报，版面由8开16版改为8开8版。首届“茅盾文学奖”获奖作家姚雪垠、莫应丰、古华为《语文报》读者题词。

同　月　教育部、团中央联合发出通知，在寒假期间向中学生推荐三本书：《高山下的花环》《可爱的中华》《大地的儿子——周恩来的故事》。《语文报》配合这一通知，举办“我们应该怎样生活”征文活动。

4 月　张海迪接受《语文报》记者采访，《语文报》刊出专访《用保尔精神学语文》。

5 月　新华社、《光明日报》《中国青年报》向全国发出第二届全国中学生读书评书活动揭晓的消息。

7 月　著名诗人臧克家为《语文报》"新千字文"专栏题写栏名，并撰文《多写多读好的短文》。

同 月　第一届全国中学生语文夏令营在太湖举行，参加夏令营的有来自全国各地的学生和语文教师 100 多人。特级教师于漪，作家鲁光、叶永烈、沙叶新、赵丽宏等参加了夏令营的活动。

9 月　《语文报》举办"热爱国旗、国歌、国徽、版图征文比赛"。著名作家公刘、顾笑言为《语文报》撰文《谈语文学习》。

11 月　中央人民广播电台、《中国青年报》相继播发、刊载新华社消息，称誉《语文报》是"社会主义精神文明的传播者"。

12 月　"热爱国旗、国歌、国徽、版图征文比赛"揭晓，60 名学生获奖，3 个学校获集体奖。

同 月　著名科普作家高士其为《语文报》撰文《语文是基石》。

1984 年

1 月　《语文报》版面由 8 开 8 版改为 8 开 16 版。

3 月　著名作家姚雪垠为《语文报》撰文《和中学生谈学语文》。中央电视台特别节目《话说长江》主题歌征集歌词揭晓，《语文报》首先刊出《长江之歌》，并配发词作者访问记。

4 月　《语文报》发刊 100 期。刘绍棠、吕叔湘均为《语文报》撰文，以示纪念。教育部副部长张文松，老诗人臧克家，语言学家王力、张志公的题词，以及张乐平、齐良迟的画，同时刊登了本报编辑部文章《走向新的里程》。

5 月　第二届全国中学生读书评书活动颁奖大会在南京举行，著名作家王蒙、苏叔阳、李存葆等出席了发奖大会。本次活动共选出《高山下的花环》等13本中学生最喜欢的书。会后，在南京中华中学举办了“青春诗会”，著名诗人艾青为诗会题写了“忠于祖国，忠于人民”的贺词。浦安修为《语文报》题词：“文明的播种人，灵魂的工程师。”

7 月　《语文报》与中央电视台联合举办的“16城市中学生语文邀请赛”、第二届全国中学生语文夏令营在北京八中举行。

同 月　《中文自学考试辅导》于本月创刊。16开本，双月刊，全国公开发行。

1985 年

1 月　中共中央政治局委员、国务委员方毅为《语文报》题词：“努力办好语文报。”

3 月　中共山西省委宣传部向全省各地市、县委宣传部，省直各宣传系统，各大院校、大型厂矿党委宣传部及各报刊社发出《关于〈语文报〉坚持正确办报方针的通报》。通报中充分肯定了《语文报》的办报方针和报纸质量，并号召全省各报刊社学习和借鉴《语文报》的经验。

8 月　第三届全国中学生语文夏令营在山西大同隆重开营。参加本次夏令营的营员代表多达300名，遍及全国28个省、市、自治区，是历届规模最大的一次。

9 月　首届教师节来临之际，《语文报》刊登了中共中央宣传部副部长曾德林献给广大教师的题词。

同 月　为纪念英国著名记者、作家和中国人民的朋友斯特朗100周年诞辰，《语文报》出资1万元，赞助拍摄传记电视剧《斯特朗在延安》。

11 月　《青少年日记》和《语文报》联合举办“全国中学生日记竞赛”。

12 月　中共山西省委宣传部授予《语文报》“精神文明之光”牌匾。

1986年

1 月　《中学生文学》（月刊）创刊。这份刊物以“中学生写，写中学生”为指导方针，专门发表中学生自己的文学作品，目的在于发现和培养中学生中的文学新人，帮助中学生文学爱好者培养正确的审美趣味，提高中学生文学爱好者的文字鉴赏能力和写作能力。

6 月　第三届全国中学生读书评书活动揭晓大会在北京举行。国家领导人和评书委员会委员、获奖代表、出版社代表等70多人参加大会。共选出《山中，那十九座坟茔》等14本“我所喜欢的书”。《人民日报》《光明日报》《中国青年报》报道了这一消息。

同 月　日本漫画家诧间文男赠《语文报》漫画《祝贺〈语文报〉》。

7 月　“全国中学生日记竞赛”评比揭晓。评出一等奖5篇，二等奖10篇，三等奖30篇，鼓励奖100篇。

10 月　文化部副部长刘德有，中央宣传部副部长滕藤，山西省委宣传部副部长温幸为庆贺《语文报》创刊5周年题词。

11 月　国家教委副主任柳斌为《语文报》题词：“教学的园地，知识的摇篮，青少年的良师益友。”

12 月　“农村中学语文教改研究会”成立，这是一个面向全国农村的教学研究组织。

1987 年

1　月　《语文报》(小学版)正式创刊,面向全国发行。开始举办第二届小学语文知识智力大奖赛。

3　月　著名作家端木蕻良接受《语文报》记者采访,并为《语文报》题词。

1988 年

1　月　《语文教学通讯》创刊 10 周年。连续刊出纪念文章与照片,柳斌等人为《语文教学通讯》创刊 10 周年题词。

同 月　《中学生文学》由 16 开本改为大 32 开本,并改由陕西教育出版社出版、新华书店发行,仍由原来的《中学生语文》编辑部编辑。

同 月　《语文报》(小学版)更名为《小学语文报》。

2　月　《小学语文报》与全国百余家报刊共同举办"全国少年儿童金凤凰童话写作大奖赛"。

5　月　语文报社与中国教育报社、山西教育报社、山西省教育工作者书法学会联合举办"叶圣陶杯"书法大奖赛。

7　月　《中学生文学》恢复由语文报社出版,改回 16 开本。

1989 年

1　月　《语文报》成为全国中学语文教学研究会会报,《小学语文报》成为全国小学语文教学研究会会报。

4　月　第四届全国中学生读书评书活动揭晓大会在石家庄举行,来自全国各地的 50 多位作者、编辑、出版社代表和评委委员及国家机关领导人参加了会议。此次评选出《长征——前所未闻的故事》等 18 种获奖作品。

7　月　《语文报》改版，版面由 8 开 16 版改为 4 开 8 版。

12　月　著名女作家王小鹰接受《语文报》特约记者采访。《中学生文学》终刊。

1990 年

1　月　著名作家刘绍棠为《语文报》题词。著名女作家程乃珊接受《语文报》记者采访。

2　月　全国 7 000 多种报纸收藏品在盐城开展，《语文报》荣获“栏目设置奖”。

4　月　语文报社参与主办的“全国中语会叶圣陶语文教育研究中心成立大会暨首届学术讨论会”在扬州举行。

1991 年

1　月　国家教委副主任、《语文报》顾问柳斌接见陶本一。柳斌同志还为《语文报》题词并撰文《学好语文最重要，趁着年少下功夫》。

6　月　全国人大常委会副委员长周谷城为《语文报》10 周年题词：“努力办好语文报，为提高民族文化素质服务”，山西省副省长吴达才题词：“再攀新峰”。

7　月　《文汇报》（扩大版）刊登了作家肖复兴撰写的《一个校长和一张报纸》，讲述了《语文报》创始人陶本一先生和创办《语文报》的故事。

同　月　采访著名作家柯灵先生，柯老为《语文报》题词：“勤阅读、勤观察、勤思考、勤写作”。

8　月　《人民日报》刊登消息，由语文报社和团中央、国家教委、新闻出版署等七家单位联合举办的第五届全国中学生读书评书活动成效明显。

同 月　著名杂文作家冯英子先生接受本报采访，并为本报挥笔题词：“学海明灯”。

9 月　首届华夏中学生作文大赛落下帷幕，颁奖大会在北京举行，中央书记处书记陈丕显、著名语言学家张志公、作家刘绍棠及其他一些知名人士到会并为获奖者颁奖。

10 月　采访《周恩来》摄制组，著名演员周恩来的扮演者王铁成为本报题词：“学习周总理的好思想、好作风、好品德。”

11 月　国家副主席王震题词：“勤奋攻读。”

同 月　第五届全国中学生读书评书活动揭晓大会在北京举行，全国人大、全国政协、国家教委等部门领导出席了颁奖大会。这是历届活动中规模最大的一次。

同 月　《语文报》问世 10 周年，社长陶本一以《一切将更辉煌》总结了 10 年的发展历程，作家韩少华、赵丽宏等分别撰文表示祝贺。著名语言学家张志公，著名诗人臧克家等题词祝贺。

1992 年

3 月　冰心为《小学语文报》题词：“希望《小学语文报》永远是小学生的知心朋友。”

同 月　国际象棋世界冠军谢军为《语文报》题词：“努力拼搏，为祖国丰富的文学宝库增添异彩！祝《语文报》越办越好！”

5 月　中央电视台少儿节目中播放《学语文的好伙伴》，介绍《语文报》。

同 月　《小学语文报》向中国青少年发展基金会捐资 1 万元，支持“希望工程——百万爱心活动”，资助 50 名儿童上学，同时向这 50 名儿童赠阅报纸，直至其小学毕业。《人民日报》（海外版）《中国教育报》《中国青年报》《青年导报》《山西日报》《临汾日报》刊登了这一消息。

8 月　语文报社与中学生学习报社、陕西师大出版社、《中学语文教学参考》编辑部联合发出“七彩阳光杯”中学生作文大奖赛征文启事。

10 月　《语文报》(低幼版)正式创刊，面向全国发行，这是全国第一份面向小学低年级及学龄前儿童的全彩报纸。

同 月　新加坡著名女作家尤今接受《语文报》采访，并题词：“愿以文学搭成美丽的桥梁，通向中国所有读者的内心世界。”

同 月　中央电视台著名节目主持人鞠萍为《小学语文报》题词：“祝贺《小学语文报》，愿她为小朋友带来欢乐、增长知识，个个长大成材。”

1993 年

1 月　《语文报》增出《语文报》(七彩月末)，每月一期，每期 4 开 24 版，以开阔学生视野，丰富学生课余生活。

同 月　著名童话作家郑渊洁为《小学语文报》题词：“我小时候是差生，长大以后不知怎么成了‘优秀生’，由此我知道了一个道理：小时候是差生，长大了不一定是差生。我祝《小学语文报》读者中的所有差生和优秀生春节愉快。”

3 月　语文报社社长兼总编辑陶本一教授被英国剑桥国际名人传记中心提名为 1992—1993 年度国际名人。

4 月　全国首届“郑渊洁杯”小学生童话写作大赛开赛，这是由著名童话作家郑渊洁和《小学语文报》共同发起举办的，旨在激发儿童读童话、写童话的兴趣，繁荣我国童话创作。

5 月　《光明日报》刊发文章《耕耘在黄土高坡》，报道了山西师大校长兼语文报社社长陶本一几十年奋斗在教育战线上的事迹。

7 月　《语文教学通讯》成为“全国中学语文教学研究会会刊”。

同 月　香港《大公报》刊登《〈语文报〉的香港版》，报道了香港广大师生希望《语文报》创办香港版的消息。

8 月　《语文报》和南京金箔集团共同举办的第一届中学生“金箔杯”课本作文大赛揭晓，共收到来稿 6 万余件，150 多位学生和他们的指导老师获奖。

9 月　《语文报》《语文教学通讯》参加“1978—1993 年中国报刊业发展成就博览会”。

10 月　中国少年儿童报刊工作者协会在昆明举行的首届全国少儿报刊好稿件、好作品评选中，《小学语文报》编辑分获 1 个一等奖和 4 个二等奖。

同 月　《语文报》发起的“时代需要什么样的偶像”大讨论告一段落。这次大讨论历时 5 个月，共收到来信 1 万余封，《光明日报》《文汇报》《新闻出版报》《山西教育报》等报刊为此作了专题报道。

11 月　《山西日报》刊登文章《问渠那得清如许》，深入报道了《小学语文报》的成功之路。

1994 年

2 月　国家新闻出版署署长于友先为《语文报》600 期题词：“教好学好祖国语言文字，是对青少年进行爱国主义教育的重要内容，也是语文报刊的历史使命。”梁衡题词：“成人成才语文为大。”

5 月　在北京召开《语文教学通讯》成为中语会会刊 1 周年座谈会，国家教委副主任柳斌、著名语文教育家张志公、全国中语会理事长刘国正分别为《语文教学通讯》题词。

7 月　在第一届全国优秀语文报刊评比中，《小学语文报》荣获“优秀报纸奖”，《语文报》荣获“整体设计奖”。

10 月　由中央电视台和语文报社联合制作的 20 集语文知识短剧《十分钟学语文》，在中央电视台少儿节目中首播。这是国内首部把语文知识和生活故事结合起来的电视系列剧。《中国教育报》刊登了这一消息。

后　记

王光龙

当这本饱含着100多位作者对陶本一先生真挚感情的书即将付梓的时候，作为本书的策划和主编之一，我有些话要在这里说一说。

在我的心目中，陶先生首先是一位令人敬佩的师长。作为先生的学生，我一直在向先生学习，学习如何做一名学生们非常喜爱的好老师。我经常回忆和先生在一起的美好时光，回味先生言传身教的点点滴滴，庆幸自己在大学期间遇到 位好老师。

在我的心目中，陶先生还是一位极不平凡的出版家。谁也无法想象，在那样一个思想保守的年代，在那样一个全面落后的地方，在那样毫无可能的条件下，先生竟然创办了后来驰名中外的《语文报》，并和教育部、团中央等部门联合举办了许多很有意义的品牌活动，为我国数以亿计的中小学生提高民族文化素养做出巨大贡献。

在我的心目中，陶先生又是一位非常杰出的大学校长。作为山西师大的一名教师，我为学校有一位视野开阔、学识渊博、积极进取、气质非凡的学者型、开拓型校长而感到自豪。在我与其他高校的朋友们交流的时候，常常和他们分享先生大刀阔斧推进学校教改的故事，而那些名校的朋友们往往露出艳羡的目光。

前年10月，一位杭州的校友给我发来微信说："这次杭州的几位校友聚会，大家谈到了陶校长在山西师大领导教育改革的事情。认为应该很好地总结一下，并一致推荐你来主持这项工作，不知你意如何？"读罢微信，我的心情难以平静。如此重要的工作大家推举我来主持，是对我的一种信任；但我也认识到这项工作的难度很大。先生离开山西师大已经20多年了，我离开山西师大也已经 10 多年了，单是搜集和整理资料就非易事；总结和评价高校的教育改革，须有一定的高等教育理论基础，而自己没有这方面的积累；我虽然在先生任校长的后期担任过山西师大中文系一段时间的领导工作，但没有在学校层面参与过教育改革；我的身体总体还好，但眼疾却在加重。那些天我一直在矛盾中徘徊和思索着，拖了十几天才回复那位校友："编写一本反映陶先生主持山西师大教育改革的书，无论从哪个方面讲，都是很有意义和价值的。你们推荐我主持这项工作也是有一定考量的，能参与这件事是做学生的本分和荣幸。但近来我的眼疾逐步加重。鉴于目前的身体状况，我怕难以担负编写这本书的工作了。"微信虽然回复了，但此事却成了我的一桩心事。

去年 8 月，我萌生了编写题为《师长·社长·校长——我印象中的陶本一先生》一书的想法。遂与浙江校友会的邸继征老师做了交流。同时，又通过微信向山西师大校友会副会长兼秘书长原战勇同志做了汇报，得到他的肯定。之后，我又与一部分校友就此想法做了交流，得到了他们的附议和赞成。于是，我起草了编写构想，征求了部分校友的意见，很快形成了共识。消息传开之后，得到在北京、上海和太原等地校友的赞同和支持，认为这是一件很有意义的事。随后，我就起草了编写方案，征求了许多校友的意见。编写工作于 2017 年 11 月初开始启动。

征稿工作是本书成就的基础和关键，需要组织团队行动。语文报社是先生一手创办的，参与本书的编写工作自然责无旁贷，义不容辞。于是，由全国语文学习科学专业委员会和语文报社两家单位联名发起，联络中国语文报刊协会、中国教育学会中学语文教学专业委员会、山西师范大学上海校友会、山西师范大学浙江校友会、山西师范大学北京校友会和上海师范大学硕博校友联谊会六家单位共同参与编写这本书。具体分工为：全国语文学习科学专业委员会与其他六家单位负责语文报社之外的全部征稿工作，语文报社负责社内的征稿工作和后期的编审、出版工作。蔡智敏社长表示，语文报社将组织一个专门的工作班子，由裴海安副社长具体负责，认真做好本书的征稿、编审和出版等多项工作。

从 2017 年 11 月下旬到 2018 年 5 月底的短短半年时间里，共征集到文章过百篇。山西师大各地的校友纷纷为本书撰写稿件。牛仁亮校友欣然为本书作序，并担任顾问。卫建国校长也应邀为本书做序。山西师大的任林深、李春芳、蔡权、潘家懿、龙梦晖、高仁恒、周征松、牛道生等多位教授，也都应邀撰稿。陶先生的许多学生，如李文儒、刘志和、杜黎明、邸继征、冯仲平、程竹汝、孙金岭、狄国伟、高力夫、苏涵、武志勇等都在第一时间积极撰稿。就连寓居海外的林和生、郭贵恒、杨栋、杨涛等校友也闻讯赶写了文稿。在此期间，由原战勇同志牵头组织在校的老同志召开了主题为“我印象中的陶本一校长”的座谈会，整理出内容丰富感人的《“我印象中的陶本一先生”临汾座谈会发言纪要》；由高国顺同志牵头组织在太原市的校友举行了主题为“我心目中的陶本一先生”小型座谈会，与会校友全方位高度评价了陶本一先生对山西师大发展做出的杰出贡献，会后整理出《“我心目中的陶本一先生”太原座谈会发言纪要》。著名书法家柴建国、贾起家、薛珠峰等校友为本书挥毫作书，著名国画家杨吉魁等校友为本书泼墨绘画。中国教育学会中学语文教学专业委员会理事长顾之川、中国语文报刊协会会长王晨、著名语文特级教师于漪、长春市政协原副秘书长于亚中、原杭州大学《语文战线》总编辑张春林等多位先生，陶先生的老同学过传忠、顾朝晶、陆继椿等三位老师也发来了稿件。各位校友和同仁对本书编写工作的高度热情和大力支持，令人感动不已！

在征集文稿和书画作品过程中，语文报社的蔡智敏、裴海安、何桦，上海校友会的王葆华、范玉吉、白瑞宏，北京校友会的刘志和、任志宏，浙江校友会的史长虹，上海师大硕博校友联谊会的方有林，山西省的高国顺、杨荣、李文锦，山西师大的原战勇、任林深、李德龙、朱晓民、王承吉，中国语文报刊协会会长王晨等，通过电话、微信，多方联络，一一相邀，付出了辛劳。语文报社何桦担任本书总收稿人和联络人，不辞辛苦，不避烦琐，圆满完成了收稿联络工作。

进入编审阶段后，我与蔡智敏社长商定了本书的基本框架：分为“师长篇”“社长篇”“校长篇”和“亲友篇”四个板块。附录编排了《犁》《一个校长和一张报纸》《耕耘未来的人生》《关于音乐的对话》《山西师范大学校史（节选）》和《语文报社大事记（节选）》等。在编排要求方面，以作者的姓氏笔画为序排列文章；书法和绘画作品以插页形式单独安排；充分尊重作者原意和文字风格，力求文从字顺；文中照片限于与陶先生的合影和集体照；作者简介限在150字内。裴海安副社长细化了编审工作具体操作规程，组织本社的杜丹、张建喜、路静文、陈树廷、梁耀辉、何桦、赵昊翔、张倩、肖永杰、张玺格、张建芳、姚晓娟12位编辑，分工负责，认真工作，基本完成了本书的文稿编审、版面设计和排版校对等前期工作。定稿工作安排在上海完成，后期终审与出版工作将由山西教育出版社完成。山西教育出版社雷俊林社长、刘立平总编辑非常重视本书的出版，安排了张金柱、祁黎负责全书审读、编辑工作，并邀请资深编审宋金龙同志阅读了全书，体现了高度的工作热情和责任心。

虽然这本书汇聚了100多位作者，从不同侧面记录了陶老师的多彩人生、非凡业绩和高尚人格，从个人视角总结了山西师大和上海师大教育改革的经验，展示了新时期一代教育家陶本一先生的光辉形象；但是，我还是企望有后继者能够从高等教育发展理论上全面系统地总结陶老师领导高校教育改革的经验，给我国的高等教育发展提供有益的启迪和借鉴。

借此机会，向为本书题词、作序的各位领导，向为本书撰文、作书、绘画的各位同仁，向为本书征稿、编审、出版等各项工作做出贡献的各位校友和朋友，表示真诚的谢意！

借此机会，向我的母校山西师范大学建校60周年和语文报社建社40周年表示热烈的祝贺！

2018年6月于杭州三塘

图书在版编目（CIP）数据

师长·社长·校长：我印象中的陶本一先生：全2册 / 王光龙，蔡智敏主编.
-- 太原：山西教育出版社，2018.9
ISBN 978-7-5440-9966-0

Ⅰ.①师… Ⅱ.①王… ②蔡… Ⅲ.①陶本一—教育思想—研究
Ⅳ.①G40-092.7

中国版本图书馆CIP数据核字（2018）第169470号

师长·社长·校长：我印象中的陶本一先生（全2册）
SHIZHANG · SHEZHANG · XIAOZHANG: WO YINXIANG ZHONG DE TAOBENYI XIANSHENG（QUAN 2 CE）
王光龙　蔡智敏 / 主编

出 版 人　雷俊林
责任编辑　祁　黎
复　　审　王　倩
终　　审　杨　文
装帧设计　王耀斌
内文设计　张建喜
　　　　　肖永杰
　　　　　张玺格
印装监制　蔡　洁
出版发行　山西出版传媒集团·山西教育出版社
　　　　　（地址：太原市水西门街馒头巷7号　电话：0351-4729801　邮编：030002）
印　　装　山西臣功印刷包装有限公司
开　　本　787 × 1092　1/16
印　　张　35.25
字　　数　690千字
版　　次　2018年8月第1版　2018年8月山西第1次印刷
书　　号　ISBN 978-7-5440-9966-0
定　　价　108.00元